チャートのマジックに
騙されるな！

人生を逆転する10倍株入門

アセットマネジメントあさくら
シニアアセットコンサルタント
西野匡
Nishino Tadasu

ビジネス社

推薦の辞

孤高の天才投資家・西野匡

アセットマネジメントあさくら代表　朝倉慶

「本当か！　西野がうちに来たいって」

私は長谷川伸一の言葉に一瞬、耳を疑いました。西野匡が当社に来たがっているというのです。

「あり得ないだろう。どうして？」と思いました。というのも、相場で大成功、身代を築き上げた西野はまったく働く必要もないはずだからです。

当社「アセットマネジメントあさくら」で時折銘柄紹介を行うのですが、その的中率がいいことは徐々に知られてきていました。「あさくらは当たる」という話は株式市場に携わっているわれわれにとって嬉しい評価でもあります。

しかし、当社には秘密の情報網があったのです。それが西野でした。当社取締役の長谷川と西野は彼らが社会人となってから長くの付き合いであり、ともにもっとも信頼している仲でした。

長谷川は毎日西野に電話をして、相場の情報交換を行っていました。長谷川が銘柄を発掘しようとしているとき、常に西野と相談し、情報交換しながらことを進めていたわけです。

かような長い付き合いのなかで、長谷川が常に指摘し続けてきたことは、「やっぱり西野はすごいです。この銘柄もこんなに買ったようですよ」とか「西野が大量に買ったこの株を見てください」とか「この株は西野が強気ですから大丈夫ですよ」など、相場や銘柄を語る上での話題は常に西野が中心線にいたわけです。

そして当たり続けている西野とその購入株数を聞いていれば、西野が巨万の利益を得ていることは容易に想像できました。

その西野が長谷川に対して、当社で働きたいと申し出たというのです。信じられないのは当たり前でしょう。何のために働くのか？　お金などたっぷりあるのに？　しかし徐々に西野の気持ちがわかってきました。

「価値のある仕事がしたい。自分の力で世の中に貢献したい」と言うのです。

少し冷静に考えてみると、西野の気持ちが手に取るようにわかってきました。成功者であるがゆえの孤独、成功者であるがゆえの虚しさ、成功者であるにもかかわらず社会的に認められていない寂しさ、かような気持ちは一時期私、朝倉が痛いように感じ続けた葛藤でもありました。

なぜ世間はかような自分の実力を評価してくれないのか、もっと自分の力を世の中に発信したい、自分の力を世に示したい。かような欲は成功すれば成功するほど強くなってくるものです。

私も証券マンとして大成功し、巨額の報酬を得ていたわけですが、まったく無名でその存在を大きく認められるわけでもなく、お金の不自由はなくとも何か足りないものを感じ続けていました。幸いにも私は故船井幸雄先生に認められ、レポートや講演で世の中に情報を発信できる立場となったのです。かような立場を得られて、どれほど生きがいを感じるようになったか計り知れません。

お金がないうちはお金が欲しいと思うものです。ただお金もある一定の額を超えて得てしまえば、それ以上多くのお金を手に入れても、さほど大きな感激も起こらないものです。

幸せ度を収入で測ることは難しいものです。一般的に年収が3000万円を超えてくると、概ね幸せ度は大きく変わらないという調査結果もあります。この年収3000万円は欲しいものはなんでも不自由なく買えて、好きなことができるという年収水準のようです。

いわば、この水準を超えてしまえば、お金に対しての欲求はさほど強くはなくなる、というラインとも言えるかもしれません。

そして成功者というものは成功すればするほど、お金でない何か違う価値を求めてしまうものです。それは「真に世の中に貢献したい」、あるいは「自分の力を示したい」という欲求かもしれません。

やりがいのある仕事がしたいのです。自ら投資家として相場を張っていれば、巨額の利益が稼げることがほとんど確定している立場を捨て去って、当社でお客様を持って、そのお客様に尽くすことがしてみたい。この西野の嬉しい申し出、そしてその気持ちが痛いほどわかったのです。

西野が入社してくれると決まって、私は長谷川と西野を前に言いました。

「アセットマネジメントあさくらは、二人の好きなようにやっていってくれ」

西野が来てくれて当社は格段に変わりました。短期で上がる銘柄の的中率が劇的に上がったのです。お客様は驚異的な当たり方に大満足状態です。

当社は社長である私の方針で、残業は一切ありません。証券会社としては珍しく5時で勤務終了、それでいて高収益です。私、朝倉も証券マン時代には5時以降、仕事はほとんどしたことがなくトップセールスを続けていました。

われわれの世界においては、銘柄を当てること、相場の先行きを正確に捉えることがもっとも重要なことなのです。西野が入社してくれて、当社はますますパワーアップしました。

「西野塾を開かせてください」と私に直訴してきたのは当社で長く働く吉田沙織でした。まず吉田をはじめとする女性陣が、西野の能力や才能を世の中に発信すべきだと強く迫ってきたのです。

さすがに時期を見てからにしようと感じていましたが、昨年から西野をYouTubeに出演させることで、世間的にも認知が進んできたようです。特に西野が初めてYouTubeに出演したときに紹介した「BASE（4477）」の10倍高は強烈でした。

この本は西野のノウハウがすべて積み込まれています。西野の良いところはそのノウハウがオーソドックスで、万人に受け入れやすいところです。西野が投資家として成功してきた体験を共有することで、多くの人が株式投資で利益を出せるようになるはずです。決して難しいことではありません、西野流のやり方を学んで自らのスタイルに取り入れることで、相場の世界の勝者になれることは必至でしょう。

2021年3月

はじめに

国内対面証券会社の妙なしきたり

昨秋、個人投資家、証券関係者を募ってセミナーを開催したときのことでした。

私はその席で、直近で東証マザーズに上場している新興企業について喋りました。なかでも本書にも登場してくるプレミアアンチエイジング、ＳＴＩフードホールディングスなどのユニークなビジネスモデルについて詳しく紹介しました。多くの皆さんが興味を持たれたようでした。

セミナー終了後、参加された方々からアンケートを回収しました。すると、以下のような非難めいたコメントが戻ってきたのです。

「同業者だが、相場が乱高下しやすいマザーズのＩＰＯ銘柄を初心者にすすめるべきではない。『プレミアアンチエイジング』の例もあるように、上場して間もない新規公開企業を紹介、推薦するあなたは不届き千万だと思う。１回も決算発表をしていない銘柄をすすめるとは何事か！」

ちょうどその頃、私の紹介したプレミアアンチエイジングは上場直後に７６５０円まで上昇したものの株価は５３９０円まで下げ続けているところでした。

これを見た私は、こうしたコメントをよこした人たちは、株式投資の初心者や個人投資家を〝馬鹿〟にしているのかなと、強い憤りを感じました。

この言葉こそが一般的な証券会社に勤務する人たちの考え方、だと思います。たしかにごもっともな考え方ではあるのです。

彼らにしてみれば、海のものとも山のものともつかない会社の株を、何年か研究してから買うのならばわかるけれども、上場後間もないときに買うものではない。そう心底思っている。

当然ながら証券会社は「買い推奨銘柄」を出すのですが、上場直後の銘柄についてはまずありません。上場直後の会社を推奨したり、目標株価を付与することを幹事証券会社は協会に禁じられている、ということも確かにあります。「公正な株価の形成を妨げるから慎むべきだ」「新しい銘柄にそんなに焦って飛びつくな！」そんな戒めもあるのかもしれません。

ＩＰＯ銘柄はダメだとかマザーズ銘柄は危ないから投資しないようにとか足かせをつければつけるほど成功の可能性はどんどん小さくなるのではないでしょうか。自分の投資のルールは自分でつくるものなのです。

しかしその一方で人気のないＩＰＯが上場するときは安いからという理由で個人投資家にも

すすめていると思います。証券会社には引受業務があり、資本市場における重要な役割を担っていることは理解しているつもりです。現場の営業マンは大変だと思います。

しかしいつもその割を食っているのは個人投資家なのです。

ＩＰＯは上場決定して日が浅いため取材できず真の姿が伝わっていないことがあります。上場後、日が経つにつれ理解が進むため、上場前の評価と上場後のその会社の真の姿にはギャップがあることがあります。このギャップを埋めに行くとき株価は大きく上昇します。

ギャップにもいろいろあります。

すでに存在している事業だと思っていたらまったく新しい事業内容の会社だったり、成熟している事業内容だと思っていたら、独自の技術やサービスで成長している企業であったりという具合です。

このように上場前と上場後で評価が変わってくる場合があります。

そのギャップを埋めに行くとき、ＩＰＯは大きく上昇するのです。新しく上場したＩＰＯ銘柄はまだ取材も進んでおらず、真の姿が理解されてないことも多いのです。上場後に理解が進み、株価は上昇するわけです。

私は個人投資家にこそ新しく成長する企業をしっかりと調べて大きく利益を取ってもらいたいと思っています。

私は株式投資は**ルールにのっとっていれば**、本来自由であるべきだと思っています。

せっかくのチャンスを逃してきた個人投資家

証券関係者の慎重な姿勢は理解できます。けれども、かつて個人投資家として14年も生きてきた私としては、そんなまどろっこしいことをやっていられません。せっかくのチャンスを逃してしまうのを身をもって体験しましたし、激しい後悔の念にもかられました。

実際、昨年のマザーズ市場を牽引したＢＡＳＥのように、上場後数カ月で10倍に急騰する場合だってあるのですから。証券会社がおかしな自主規制を行うことで、個人投資家がせっかくのチャンスを逃してしまうのは納得できない。これが正直な私の心持ちなのです。また、証券マン自身も乱高下するＩＰＯの売買に自信がないのかもしれません。

誰もしないのなら、自分が〝体系化〟してお客様や読者の皆さんに飛び切りのデータを提供しよう。今回、本書に掲載した「公募売出総額から見たＩＰＯの成功例」と「新興ＩＰＯの海外配分比率」の表は、私の信念を具現化したものの一つで、貴重なデータだと自負する次第です。しかも、これらは上場直後の短期のマネーゲームに使われるような銘柄ではなく機関投資家好みの銘柄です。

これだけ良い結果が出ているのにもかかわらず、そこを投資マナー的にどうなのかと疑義を呈するのは如何なものかと、私は思います。

証券会社のしきたりに従って、上場からしばらくして買い推奨して、その銘柄が上がってからお客様にすすめる。それは本当に正しいやり方なのでしょうか。


上場直後は、やはりいままでその株式がまったく取引されていないことから、取引自体がこなれていません。ですから、その時期には株価の乱高下が当たり前のように起きます。

「新興ＩＰＯの海外配分比率」の表に出ている銘柄のなかにも、上場直後の数日で20～30％も株価を下げ、その後急に上昇し出したところもありました。一昨年上場したＦｒｅｅｅやＪＴＯＷＥＲもそうでした。先に書いたプレミアアンチエイジングも同様です。

ＩＰＯ投資にあたってＩＰＯ直後の株価の乱高下については覚悟をしなければなりませんし、本書のテクニカル編でも言及していますが、やはり安値を割ったとき一度売却して現金化するとか、もう一回買いゾーンに上がってきた場面で買い直すとか、そうした見極め、売買判断は不可欠になります。

自分の立ち位置と使命

私は自分の経験をふまえて保有株が設定している安値を下回ってきたら、一度損をしても売却し、次のチャンスを狙うべきだと思います。一度現金化すると不思議とそのこだわってきた銘柄も冷静に見ることができますし、フラットな気持ちで再度投資判断に臨めます。良いと思えば、売った位置より高くても又買えばいいのです。

なかには売ったり買ったりせず暴落時に目をつけていた銘柄を買い込んで長期保有するという方もいらっしゃると思います。

私はそれはそれですばらしい投資方法だと思います。私は他人のやり方を否定する気持ちはありません。要は自分の実績をあげてきた得意とする方法で、利益をあげていけばいいわけです。

あれもこれもやろうとすると失敗する可能性が高くなると思います。

グロース（成長）株が得意な方は、グロース株が上がっているときに勝負すればいいのです。バリュー（割安）株が上がっている相場なら現金化して不得意なので投資をしない。極端ですが、それでもいいと思います。株式投資は一年中ずっとやっていなければならないというわけではありません。やらずに休む、そういう選択肢もあるのです。まず自分にあった投資方法を見つけてください。銘柄の選別についても同じです。

資金のある方は、大型株や景気敏感株のバリュー株に投資するのも良いでしょう。そういった銘柄は、大量に売買しても出来高が多いので取引しやすいですし、配当金利回りの高い銘柄が多いからです。

けれども、お金のない個人投資家がそのような銘柄を買って大きく資産を築くことは実際問題としてきわめて難しいと思います。

私がいまの仕事、口幅ったいですが「投資判断のプロ」になったのは、資産の少ない個人投資家の方々に、株式投資によって劇的に人生を変えてもらいたいと願っているからです。

10億円も20億円も持っている人が少しずつ配当で資産を増やすのであれば、年間の自分が生活していく以上のものを稼げるので、それでいいでしょう。けれども、資産を持っていない人がそんなやり方で劇的に資産を増やすことははっきり言って難しいと思います。私は、そういう方こそ高成長の新興企業に投資するべきだと思っています。

大事なのは、銘柄の選び方と投資の仕方なのです。上場初値が公開価格の何倍にも上がって人気になっているIPO株を人気があるから良い株と勘違いして飛びつく。だがそこが高値でどんどん下がって大損をし、やっぱりIPOは危ないと後悔する。まあ、これは危ないに決まっています。


「常識を疑ってください」

初心者である個人投資家はIPOをやるべきではない、その常識は本当に正しいのでしょうか。この後データを公開しますが、**毎年IPO銘柄のなかからテンバガーといわれる10倍株が**

出ています。3倍以上になる銘柄は2桁にのぼります。これは事実です。こういった事実に目をつぶり敬遠することが、果たして正しい投資方法なのでしょうか。もちろん新興市場IPOは玉石混淆《こんこう》の市場なので、それを見分ける必要はあります。本書を読めば、銘柄を見分ける一定のフィルターの役目を果たしてくれるのではないかと思います。

誤解を恐れずに言えば、**株式投資は業績の良い銘柄を当てるゲームではありません。株価が上昇する銘柄を当てるゲームなのです。**

そのことを本当の意味でわかっている人は少ないと思います。

「いや業績が良くないと株は上がらないだろう」それはその通りです。しかし業績が良いから株が絶対上がるというのは危険な考え方でもあると私は思います。株が下がってきても「業績が良いから大丈夫」と信じてずっと持ち続ける。その結果どんどん株価は急落する。また好業績の発表があっても株は上がらない。「なぜ上がらないんだろう。相場は間違ってる。みんなわかってない。でも業績が良いから上がるはず」

こんな具合の考え方です。イレギュラーな動きということもありますが、いつもこんなことを言っている人を見ると、（申し訳ないけど）この人は儲からないなあ、と思ってしまいます。私にも当然こういう経験はあります。私はこういうとき相場に対して謙虚にならなければと思うようにしています。相場にイレギュラーはあっても間違いはないと思うようにしています。川の流れが変わったからといって川の流れが間違っているという人はいないでしょう。株価の流れも同じです。間違ってるのは相場ではなくて自分なのです。これを忘れないでください。

謙虚になってください。予想外の株価の動きになったとき謙虚になって相場を観察して冷静に売買の判断をするべきです。業績だけではなく全体の相場動向、需給関係、そういったことを見ていく必要があるかもしれません。冷静になったうえでもう一度買いという判断なら私はそれでいいと思います。盲目に業績を信じすぎないことが大切だと思うのです。

私はこういう業績が良いことを信じすぎる人は専門家といわれる証券関係者に意外と多いと思います。失礼ですがアナリストとか頭の良い方に多いようにも思います。下がったときの理論武装ができるようにかもしれません。「今度こんないい材料の発表があるから上がる」「業績の上方修正があるはずだから上がる」材料の発表が予想通りありました。業績の上方修正の発表がありました。でも株は上がらない。そりゃそうです。私が知ってるならみんな知ってるんだから、この後誰が買うの？　誰も買わないよね、ということなのです。

ですので初心者の人は安心してください。証券界の常識が株式投資では邪魔をすることもあるのです。

常識を疑って自分で勉強していくべきなのです。

さまざまな夢を持っておられる、個人投資家の方々の夢の実現に少しでもお手伝いがしたい。

それが私の立ち位置であり、使命だとも捉えています。

本書を最後までお読みいただければ幸甚です。

西野匡

第1章 なぜセカンダリー投資なのか

第2章 負けないための損切りの重要性

第3章

チャートのマジックに騙されるな！買いの判断の手法

第4章 出来高が示す需給の善し悪し

第5章 海外配分比率の高い銘柄を狙え！

証券コラム

第6章

目が離せない成長銘柄

証券コラム

第7章 不人気業種の銘柄を考察する

第8章 最強の日本株はこれだ！

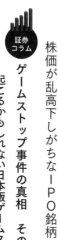

第1章

なぜセカンダリー投資なのか

銘柄選びのための準備

私事で恐縮ですが、私が証券会社に入社したのは1990年4月でした。知っての通り、その前年末に日経平均株価は4万円近い値をつけてピークを打ち、その後はずっと下落を続けていました。日本はデフレ経済に突入し、その後「失われた30年」と呼ばれる低迷が続きました。そんな長期下落トレンドの環境下、証券営業マンとしてお客様に利益を出してもらう銘柄を〝発掘〟するのは正直、かなり困難なことでした。

そこで私が注目したのがまだ黎明《れいめい》期であったインターネット関連株でした。また新奇性のあるビジネスモデルや独自の技術を持っている企業にも注目しました。

こういった企業の多くは、年々バブルの後遺症で伸び悩む大企業と反対に売上高を伸ばし株価も上昇していました。またその多くが中小型の新規公開企業、IPO銘柄でした。

個人資産を何億円、何十億円も持っている人であれば、配当利回りの高い安全な大型株に投資してもよいでしょう。でも、大事な給料やボーナスを貯めて、50万円、100万円から自分の人生を株式投資で変えたいという人は、やはり売上も株価も上昇する新興の成長銘柄に投資するほうが、リスクはあるとはいえ資産を大きく増やすことができるのではないか？　私は個人的にはそう思っていましたし、いまでもその考えは変わっていません。

そうした大化け銘柄の典型例が皆さんご存知の、１９９７年にジャスダックに上場したヤフーでした。ヤフー株は最初、２００万円で買えました。３年後にどうなっていたのか。覚えていらっしゃる方もいるでしょうが、１株６億８５２０万円まで跳ね上がりました。３４１倍になったのです。

新規公開企業や中小型の高成長企業には、そうした大化けするパワーがあるのだと痛感した私は、それ以降、新規公開企業、あるいは中小型の高成長企業を丹念に探し出す努力を続けてきました。


高成長企業に投資するには、まず会社の内容をしっかりと調べなければいけません。

ＩＰＯ企業の情報はまだ四季報には詳しく出ていません。四季報に詳しく出るのは上場して数カ月後になることもあります。これもＩＰＯの評価が上場直後に広がらない理由の一つです。ＩＰＯ企業を調べるには、まず目論見書に目を通してください。証券会社でＢＢを申し込みする際、必ず閲覧できるようになっています。ただわかりづらいと思うので会社のＨＰを見ると良いと思います。マザーズに上場する企業ならＩＲに「成長可能性に関する資料」があるはずですので目を通すとよいでしょう。これは一般の投資家にもわかりやすく説明してくれています。また中立の有料情報サイトを利用するのも良いと思います。おすすめは（TRADERS WEB）と（FISCO）です。IPOを専門に解説してくれていますし、何より中立なので信頼できます。私はTRADERS WEBを20年以上利用しています。IPOを調べるには非常に有効で素晴らしいツールだと思います。

次に銘柄を観察していくのに銘柄を登録してグループ分けしていくと良いと思います。IPOを見ていくなら時系列でIPOを順番に並べて動きを見ていくのも良いでしょう。私は直近5年間のIPOを登録しています。

そして銘柄を業種別にグループ分けをしてみていくと良いと思います。電気、通信、機械、不動産、金融、サービスといったように、新聞や四季報を見ると簡単に分けることができると思います。慣れてくれば、テーマ別にグループをつくると良いと思います。たとえばEC（電子商取引）、外食、ヘルスケア、SAAS関連とか自分の好きな業種、投資対象としている企業が多いグループをつくって見てみましょう。

インターネットで「株探（カブタン）」にアクセスすると、無料で株式投資の情報を見ることができます。そのなかで人気のテーマ・ベスト30などのランキングが毎日更新されているので、株式のテーマがわからない人は参考にすると良いでしょう。

たとえば、今なら全固体電池、再生可能エネルギー、海運、半導体、5Gといったテーマが人気です。慣れてくると各グループ別に自分で銘柄を付け足していけるようになるはずです。

1日が終わって売買代金上位の銘柄や上昇率が高かった銘柄などをチェックして、良さそうな銘柄があればグループに加えてウォッチしていくと良いのではないでしょうか。また、各市場で売買代金上位に連日名前が出てくる銘柄は現在の市場の主力銘柄と考えることができます。

こういった銘柄は主要指標に先行することがありますので、今の各市場の主力銘柄がどういった銘柄で株価の動きがどうなのか見ていくと良いと思います。たとえば昨年マザーズ市場をけん引した**BASE（4477）**は、マザーズ指数に先行する形で昨年10月8日に高値をつけて調整に入りました。マザーズ指数の高値は10月19日でした。

加えて、中小型株のみならず、Topixや日経平均など株式市場全体を見ていくことも大切です。相場が上昇に転じる際、安定感のある優良な大型株からまず上がり、そしてその後になって中小型株に資金が流れてくる場合が多いからです。中小型株や新興企業を投資対象にする場合でも大型株の動きは見ていかないといけません。大型株の銘柄のページをつくって、景気敏感株とディフェンシブ株、バリュー（割安）株とグロース（成長）株の動きがどうなっているのかくらいは常に把握しておかなければなりません。

あとは、日本株の状況は常に米国株の動静に大きく影響を受けるため、米国株も見ていったほうが良いと思います。朝起きたときにはちょうどニューヨーク株式市場が終わっているので、NYダウ、NASDAQの指数は最低限チェックしておくと良いと思います。NASDAQは成長株の指数だと思ってください。NYダウは大型の30銘柄の平均でしかないので、全体の動きを見るにはS&P500の動向をチェックすることと、半導体関連の多いSOX指数まで見るように習慣付けるべきでしょう。米国の個別銘柄については、GAFAなど当たり前の主力銘柄から見ていくことから始めましょう。マイクロソフトやエヌビディアやタペストリーなども見ておくといいと思います。

自分が注目している日本の銘柄と同業種の人気銘柄が、米国株にも存在することがあります。たとえば、Eコマースプラットフォームの**BASE（4477）**に関しては、2006年にカナダで創業した、中小規模事業者を対象にした独自ECサイト構築の「Shopify（ショッピファイ）」とビジネスモデルが似ていたことから、Shopifyの株価はいつも意識していました。

遺伝子治療の東大発バイオベンチャーの**モダリス（4883）**はピンポイントでゲノム（遺伝情報）を改変できる技術「CRISPR（クリスパー）／Cas9（キャスナイン）」関連の銘柄です。米国では類似企業としてクリスパーセラピューティクスやサンガモ、ビームセラピューティクスの株価を見ていました。とりわけ、昨年のノーベル化学賞をＣａｓ９の開発に携わった研究者2名が受賞したことから、欧米のゲノム編集関連企業の株価の動向からは目が離せません。このように自分が興味のある日本株の類似企業を米国株から見つけて観察する銘柄を増やしていくと良いと思います。

このように日本で注目されている新興企業と同じビジネスモデルで、海外ではるかに高いレベルで成功している類似企業が存在していることがあります。特にインターネット関連において（今だとクラウドを使ってＳａａＳ形式でサービスを展開している企業など）、海外で類似企業が成功して、その企業が日本国内でシェアトップであれば成功する可能性は高いと思います。

そもそも海外で成功しているインターネットのビジネスモデルを国内で模倣していることも多いと思います。日本は海外のネット企業から見ると、言語の特殊性もありローカライズが難しいのだと思います。海外企業が日本上陸に手をこまねいている間に日本で起業して先にシェアを取ればいいわけです。そういった事情なので、日本も海外展開は逆に成功が難しいのかもしれません。

以上のことから海外の類似企業の業績や株価の動向を見ていくことは、日本の株価に対して先行性がある場合も多く、海外の個別銘柄も少しずつ（自分の銘柄と関連性のある銘柄から）で良いので勉強していけば銘柄選びも楽しくなってくると思います。

10倍株を見つけるには売上高の伸びに注目

10倍株を見つけるのに一番大事なことは高成長企業であることです。今回、本書は需給関係やテクニカルに重点を置いて解説していますが、ファンダメンタルズはもちろん重要です。

高成長企業で一番大事なことは、売上高が伸びていることです。

売上高の伸びは毎期安定して伸びていることが望ましい形です。なぜなら業績が予想しやすいからです。そういう企業は安心して株を購入できますし、株主になった後も保有し続けやすいので株価も安定する傾向にあると思います。また機関投資家のようなファンダメンタルズを重視する中長期の資金も呼び込みやすくなると思います。売上高の伸び率は最低でも15％以上、できれば20％以上がのぞましいと思います。

まずは表を用いて説明したいと思います。

左ページ上の（例）の売上高の表を見てください。毎年20億円ずつ伸びています（ここでは20億でも30億でも良いのです。要するに同じ金額ということです）。これが一般的な成長企業の売上高の伸び方です。大体ですが、年間の売上高の増えている金額は同じくらいの伸びになっていることが一般的です。ですので増収率は年々下がり、これが普通（基準）だと考えてください（私

（例）	売上高（億円）
2018年９期	100
2019年９期	120
2020年９期	140
2021年９期	160

＋20（＋20%）
＋20（＋17%）
＋20（＋13%）

BASE	売上高（百万円）
単17.12	1,147
単18.12	2,352
単19.12	3,849
単20.12	8,288

＋1205（＋105%）
＋1497（＋64%）
＋4439（＋115%）

はそう思っています）。

その下の表を見てください。昨年10倍株を達成したBASEの売上高です。

売上高の伸びを見ると2018年は12億円の売上高が増えています。さらに2019年は14・9億円売上高が伸びています。105％増収から64％増収に率は下がりましたが、金額は伸びています。このときはコロナ前の業績です。BASEはコロナ禍が追い風となって株価が上昇しましたが、そもそも驚異的な成長企業だったと言えます。しかし当時は営業利益が赤字だからという理由で株価は上がりませんでした。そして2020年は売上高が44億円増加して株価は10倍になったのです。

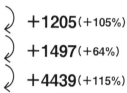

アンビス	売上高（百万円）
連18.9	3,100
連19.9	5,300
連20.9	9,100
連21.9予	14,400

＋2200（＋71％）
＋3800（＋46％）
＋5300（＋58％）

2020年はコロナ禍がこの会社の売上高を増加させたのは間違いありません。本来、数年先に来るはずの世界がいきなり来てしまったために売上高も株価も急上昇しました。

しかし私が最初にBASEをお客様におすすめしたのはコロナ前の上場時でした。

私はこの会社の上場時（2019年10月）の売上高の増収率64％にもびっくりしましたが、増収額の金額が2018年から2019年のほうがさらに増えていることに驚きました。まだこの会社の成長は黎明《れいめい》期だと思いました（もちろん会社の内容も調べたうえで）。つまりコロナがなくとも株価が動いていなくとも、売上高からこの会社の潜在的な成長力を感じ取ることはできたわけです。

上はアンビスの売上高です。

アンビスの場合は（例）の売上高の理論をあざ笑うかのように毎年驚異的な売上高の伸びを示しています。2019年が22億円、2020年が38億円、2021年は53億円売上高が伸びる予想です。

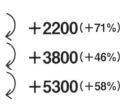

こういう売上高の伸びの大きい企業はほとんどありません。ですので上場して株価は初値から3・5倍まで上昇しています。

このように売上高の伸びが（例）と比較して型破りな企業は内容をよく調べていくと、よいでしょう。表には出していませんが、**プレミアアンチエイジング（4934）**なども上場時から驚異的な売上高の伸びでしたので、上場初値から投資をおすすめしました。2018年からの売上高の伸び方をぜひ見てみてください。

営業利益に関しては大事ですが、業種によって見方を変えたほうがいいと思います。

成長株や新興企業に投資する場合でも、日本では相変わらず黒字じゃないと駄目だという見方が一般的です。ですが私は少し違います。普通の企業であれば、増収増益で利益がしっかりと出ている企業を選ぶのは正しいのです。

現在は各国の中央銀行の低金利政策が続いている環境なので、米国の長期金利が多少上がってきているとはいえ成長株優位な展開は変わらないと私は思っています。

このような投資環境が続いている間は、インターネットを使ってクラウドでサービスを提供しているＳａａＳ企業をはじめとする高成長企業であれば、営業利益が黒字にこだわる必要はないと思います。

実際、一昨年の後半くらいからＳａａＳ企業のＩＰＯが多くなってきています。もちろん無計画な赤字は駄目だと思います。しかし今急成長中のＳａａＳ企業やインターネット企業などは主力事業で業界のシェアをとるためなら、宣伝広告費にお金をかけて成長のスピードを早めるべきだと思います。株主に良く見せるために無理に黒字にしようと宣伝広告費を削る企業であれば、私なら残念に感じるかもしれません。ただＳａａＳ企業とはいえ黒字化の目途がつかないと、株価のパフォーマンスはよくないように思います。今期大幅な赤字予想をだした**ヤプリ（４１６８）**は年初から調整を余儀なくされていますし、再度赤字転落した**ＢＡＳＥ（４４７７）**も同様です。あまり前のめりにならないよう営業利益に関してもしっかり見ていかなければいけません。

ＰＳＲを見る

どうしてもＰＥＲやＰＢＲで株価を割高か割安かで測りたいという人がいらっしゃいます。今の相場環境では私は基準としては見ますが、投資の尺度としては意識していません。ただ赤字のＳａａＳ企業（黒字だったとしてもＰＥＲではかなり高くなるので役に立たないため）や成長企業を見るうえでＰＳＲという指標を意識しています。ＰＳＲはＰＥＲやＰＢＲと違って、あまり使われることは多くありません。

PSRとは株価売上高倍率といって、時価総額÷今期予想売上高で計算されます。その企業が赤字であっても計算できます（PERは赤字だと計算できませんよね）。

PSRは数年前までは一般的には20倍以上なら割高だといわれていました。しかし今の株式市場では人気のSaaS企業になると、PSRは30倍以上の銘柄もたくさんありますし、40倍以上の銘柄もあります。ですので同業他社や比較的ビジネスモデルが近い企業で比較して自分で投資できるかどうか測っていくとよいでしょう。

ただバブルだバブルだと騒ぐのではなく相場状況に合わせて基準を自分で変えていくことが大事だと思います。PSRだけでなくてPERも同じです。

今（2021年3月）は東証一部のPERは25倍ですが、1年前は14・5倍でした。グロースであろうがバリューであろうが割高割安の基準は変わるわけですから、PERにしろPSRにしろ数字にこだわらずに柔軟に比較していくことが大切だと思います。

公募売出総額15億円未満の銘柄にありがちな打ち上げ花火パターン

私が皆さんに今回おすすめするのは、新規上場したばかりのIPO株の値動きを見ながら売買し収益を得る、セカンダリー投資というスタイルです。

これならば狭き門である抽選に当選することに固執する必要はないし、IPO株に対して金額的に自由に投資が行えます。上場直後のIPO株の値動きは荒っぽくなりがちですが、それはすなわち高いリターンを得られる可能性があるということになります。

私自身、個人投資家時代には、中長期的に成長が望める業種で、新奇性のあるビジネスモデルを持っていたり独得の技術を持っている企業であったり、ニッチな分野でのシェアトップ、将来的に理解され高く評価されるような新興企業を見つけて投資をするのが得意でした。結果、多くの中ヒットをものにしてきた経験があります。10倍以上の大ヒットは年間に一度あれば良いほうです。それよりも2倍株3倍株の中ヒットであればチャンスはたくさん転がっています。いわばツーベースヒット狙いを主眼として、その延長線上でホームランを狙えば良いのです。

ただし、セカンダリー投資に臨むときのいくつかの常識を身につける必要があるので、本章においてはその具体例をいくつか挙げながら、解説していきたいと思っています。


皆さんはIPO銘柄を買うとき、どんなところに注目していますでしょうか。

企業の業種や業績、事業内容はもちろん大事（一番大事）ですが、どのくらいの公開規模で上場してくるのか公開規模について注目してみてください。

公開規模と時価総額は上場後の株価の動きなど需給関係を計るうえで重要な指標になるからです。

今回は、

- **15億円未満の公開規模の小型IPO**
- **15億円～100億円未満の公開規模の中型IPO**
- **100億円以上の公開規模の大型IPO**

の3つに分けて解説していきたいと思います。

まずは、公募売出総額15億円未満の小型IPOのグループです。

公募売出総額とは俗にいう公開規模のことです。公募売出総額とは、上場時に増資される公募株と上場前から保有している既存株主から売り出される売出株によって構成されます。なかには公募をしない売出のみというIPOもあります。売出のみというIPOは、既存株主が上場して株式を売りたいだけではないかと勘ぐられ、人気のないことが多くなる傾向にあります。そういった企業への投資は注意が必要です。IPO時に市場に出回る株式の総額が「公募＋売出株式数×発行価格」で計算されます。

これが小さい、具体的には15億円以下（10億円以下ならなおさら）だと、テーマ性のある人気の高い銘柄は最初からどんどんと実態以上に株価が上昇して、マネーゲームになりやすいのです。

業績水準が低い企業が多く、玉石混淆の傾向がより強いのがこのグループです。打ち上げ花火のごとく、公募価格から初値にかけて株価が急騰、その後時間の経過とともにどんどん下落していく。公募売出総額が15億円未満の会社のほとんどが、こういうタイプと言っても過言ではありません。

その一方で、テンバガー（大化け株）がもっとも出るのもこのカテゴリーなのです。

２０１６年、２０１７年の２年間のＩＰＯでテンバガーに近い８倍以上になった銘柄は７つ。内訳は小型ＩＰＯが６銘柄、中型ＩＰＯは１銘柄しかありませんでした（**44〜45ページの表では上場後３年以上経過した２０１６年と２０１７年にしぼって統計をとりました。ＩＰＯ銘柄が短期的にではなく中長期的にどのようになっているのか見ていただきたかったからです**）。

テンバガーを狙うには、公募売出15億円以下のＩＰＯで、なおかつ時価総額１００億円以下の銘柄が多いことがわかります。ちなみに公開規模では中型ＩＰＯに分類された**「串カツ田中（３５４７）」**も時価総額は56・６億円と超小型のＩＰＯ案件でした。

この小型ＩＰＯのグループからは大化け銘柄を狙うことになりますが、初値投資は初値から急落する銘柄も多く、上場初値を買いに行くのはリスクが高いといえましょう。

上場直後の出来高の多かった高値を更新してきた場合は買い

むろん、公募売出総額が15億円未満の会社にも上場以降、そういうパターンに陥らずにぐんぐん株価を上げていく銘柄も存在します。

どういう銘柄なのでしょうか。一つには、初値が比較的抑えられた銘柄です。優れたテーマを持ち、公募売出総額が15億円未満であれば、上場初値が公募価格より上昇しないという銘柄はまずありません。しかしながら良い銘柄であっても、初値が公募価格に対して2倍くらいの比較的上昇率が抑えられた形の銘柄もあります。そういった銘柄はかえって狙い目といえます。

それではどのタイミングで買えばいいのでしょうか。

ここが一番重要になります。

小型のＩＰＯの場合は初値を買いにいくのは、リスクが高いので基本的には見送りで良いと思います。次ページの表にある２０１７年の小型ＩＰＯのチャートを見ると、初値＝高値でその後、長期間にわたって調整している銘柄が多いことがわかります。良い銘柄を見る前に、そういった多数の銘柄でリスクを感じることもＩＰＯ投資には必要です。

買いに行くのは初値＝高値を超えてきたときが最大のチャンスだと思ってください。

小型IPO（公開規模15億円以下）

銘柄	コード	公開規模（億円）	時価総額（億円）	初値騰落率（%）	高値上昇率（%）
セグエ	3968	4.1	22.9	+223.5	160
イノベーション	3970	6.3	23.6	+214	54
グレイス	6541	8.7	32.7	+130	1799
リネットJ	3556	5.3	31.7	+92.9	150
モーゲージS	7192	8.5	46.7	+39.8	197
エルテス	3967	4.4	42.1	+263.6	54
フィルカンパニー	3267	4.5	30.6	+205.3	390
岐阜造園	1438	5.3	16.3	+3.5	37
CAP	3965	3.7	20.4	+130	231
G−FAC	3474	8.2	41.1	+54.3	37
シルバエッグ	3961	5.4	24.6	+191.3	76
チェンジ	3962	5.9	37.9	+149.9	3309
バリューデザイン	3960	6.9	28.7	+111	18
ノムラシス	3940	5.3	17	+51	436
カナミックN	3939	7.6	34.6	+188.6	243
デジタルI	3916	6.4	31.9	+88.3	382
リファインV	6531	3.2	23.4	+62.9	229
デュアルタプ	3469	5.6	11.5	+127	156
Ubicom	3937	3.1	33.1	**+235.3**	289
ストライク	6196	9.0	101.1	+125.8	442
農総研	3541	4.5	21.4	+78.1	528
ホープ	6195	4.3	18.8		882
グロバルウェ	3936	4.4	33.6	+372.9	17
エディア	3935	4.6	26.4	+94.1	82
ＨｙＡＳ＆Ｃ	6192	5.1	21.8	+189.4	153
チエル	3933	4.3	14.6	+165.5	405
アグレ都市ｄ	3467	4.8	14.2	+102.6	100
昭栄薬品	3537	4.7	15.5	+48.2	119
富士ソＳＢ	6188	7.2	20	+13.4	288
ヨシムラＨＤ	2884	3.0	38.3	+50	815
バリュゴルフ	3931	4.7	21.5	+151.1	19
はてな	3930	6.9	21.2	+278.1	81
2016年IPO				**119**	**336(152)**

ミダック	6564	5.0	42.4	+53.85%	723
みらいワクス	6563	4.4	21.5	230.4	129
すららネット	3998	5.3	24.5	+112.9	975
ナレッジS	3999	6.8	47.5	+150.5	1
イオレ	2334	5.5	42.9	+169.8	4
LTS	6560	5.1	24.4	+313.2	118
一家ダイニン	9266	7.1	36.7	+173.4	49
トレドワクス	3997	5.3	22.4	+518.1	8
ポエック	9264	4.0	12.7	+126.7	122
クックビズ	6558	10.9	47.5	+134.6	27
サインポスト	3996	7.8	53.6	+287.7	163
CSランバー	7808	7.3	25.7	+84	1
ニーズウェル	3992	6.7	32.5	+130.5	8
ウォンテドリ	3991	1.5	45.7	+401	130
エスユーエス	6554	9.4	48.1	+116	55
ユニネク	3566	6.4	33.8	+137.1	29
SYSHD	3988	8.8	31.8	+116	3
フリンジ81	6550	7.8	62.5	+133	8
エコモット	3987	5.1	17	+53.6	110
DMソリュ	6549	5.6	30.1	+184	29
ビーブレイク	3986	5.7	22.6	+361	7
アセンテック	3565	9.0	30.4	+197.5	240
旅工房	6548	8.8	30.8	+173.7	48
テモナ	3985	8.5	32.5	+215.6	68
No.1	3562	7.9	23.1	+120.3	167
フルテック	6546	7.7	31.2	+105	36
力の源HD	3561	6.9	66.6	+271.6	142
IIF	6545	3.0	16.2	+281.8	175
ファイズ	9325	7.9	30.5	+220.8	122
U&C	3557	4.8	21.5	+177.7	130
フュージョン	3977	1.8	8.2	+151.9	2
日宣	6543	4.6	30.4	+87.5	1
安江工務店	1439	7.0	15.3	+4	98
シャノン	3976	2.6	20.3	+320.6	16
2017年IPO				**185%**	**116(70)%（6564と3934除）**

小型のＩＰＯは需給が良いので、初値は大幅に上昇します。その反動で初値を付けた後は、いったん調整する傾向にあります。そしてその皆が飛びついて出来高が多い上場直後の高値を調整後、じりじりと上昇し、超えるような強さを株価が見せ始めたとき、ここに株価の違和感を感じてください。

そしてそういう動きを見せたとき、あらためてファンダメンタルズを確認してみてください。新しい発見や自分なりの新しい成長仮説が立てられれば、そのときこそ打診買いをします。そしてはっきりと高値を更新すれば、買い増すという手法をおすすめします。

具体例を申し上げます。

２０１６年12月に東証マザーズに上場した**グレイステクノロジー（６５４１）**です。上場時の公募売出総額は８・７億円、時価総額は32・７億円の超小型のＩＰＯでした。初値は５９４・２円で公募価格からは１３０％の上昇でした。44ページの表を見てもらうとわかりますが、２０１６年の小型ＩＰＯの初値上昇率の平均は１１９％ですので、特に人気があったわけではありません。ほぼ平均的な初値人気だったわけです。

次にチャートを見ていきます。グレイスの日足を見ると上場初値５９４・２円から急落し３８５円まで下落しました。上場して３日目に35％下落したのです。しかしグレイスはずるずると下落せず、その後は横ばいに推移していきます。そして月足の〇丸の位置に注目してくださ

グレイステクノロジー（6541/T）
日足2016/12/21～2017/06/01［109本］ロウソク足

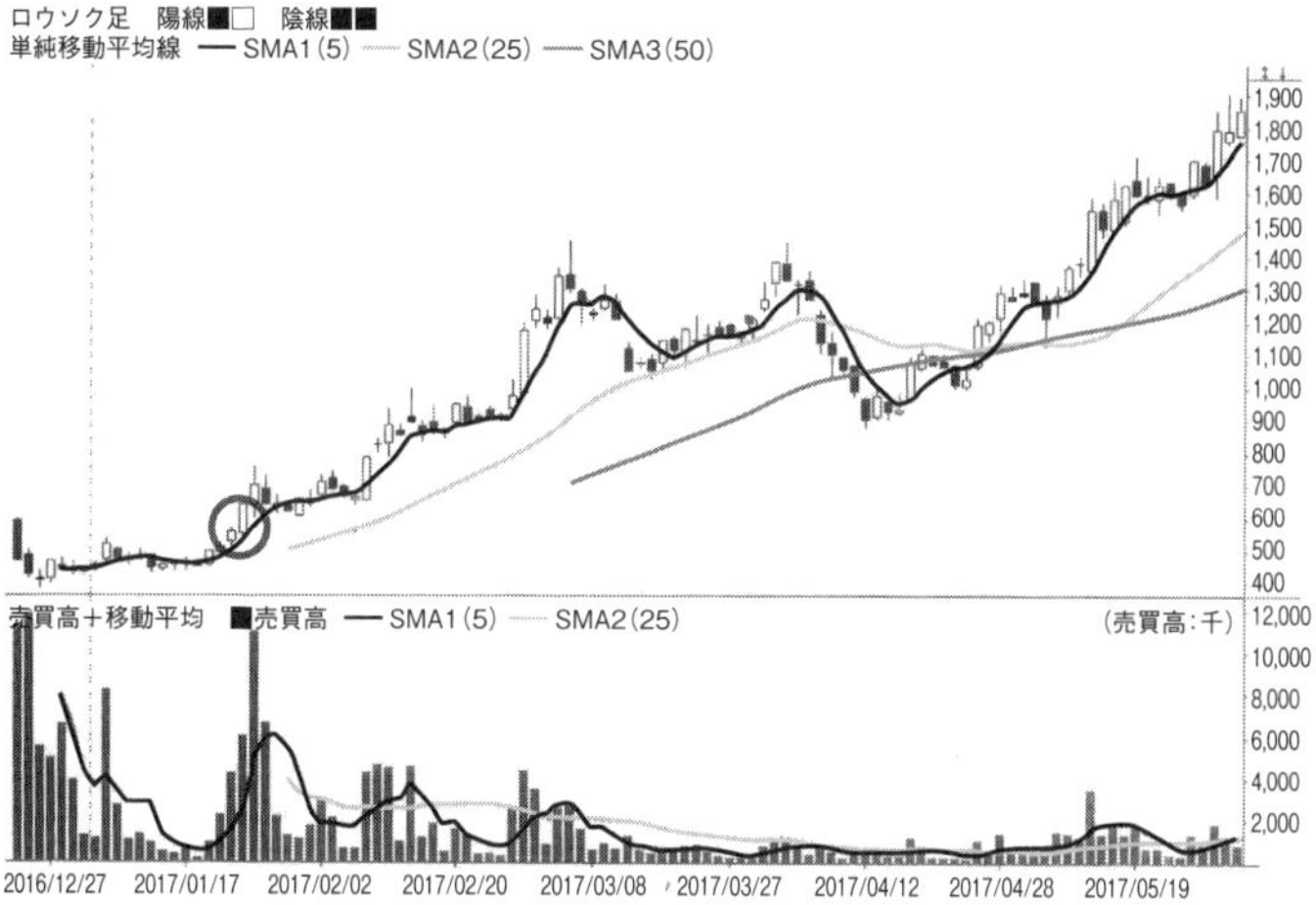

グレイステクノロジー（6541/T）
月足2016/12～2021/03［52本］ロウソク足

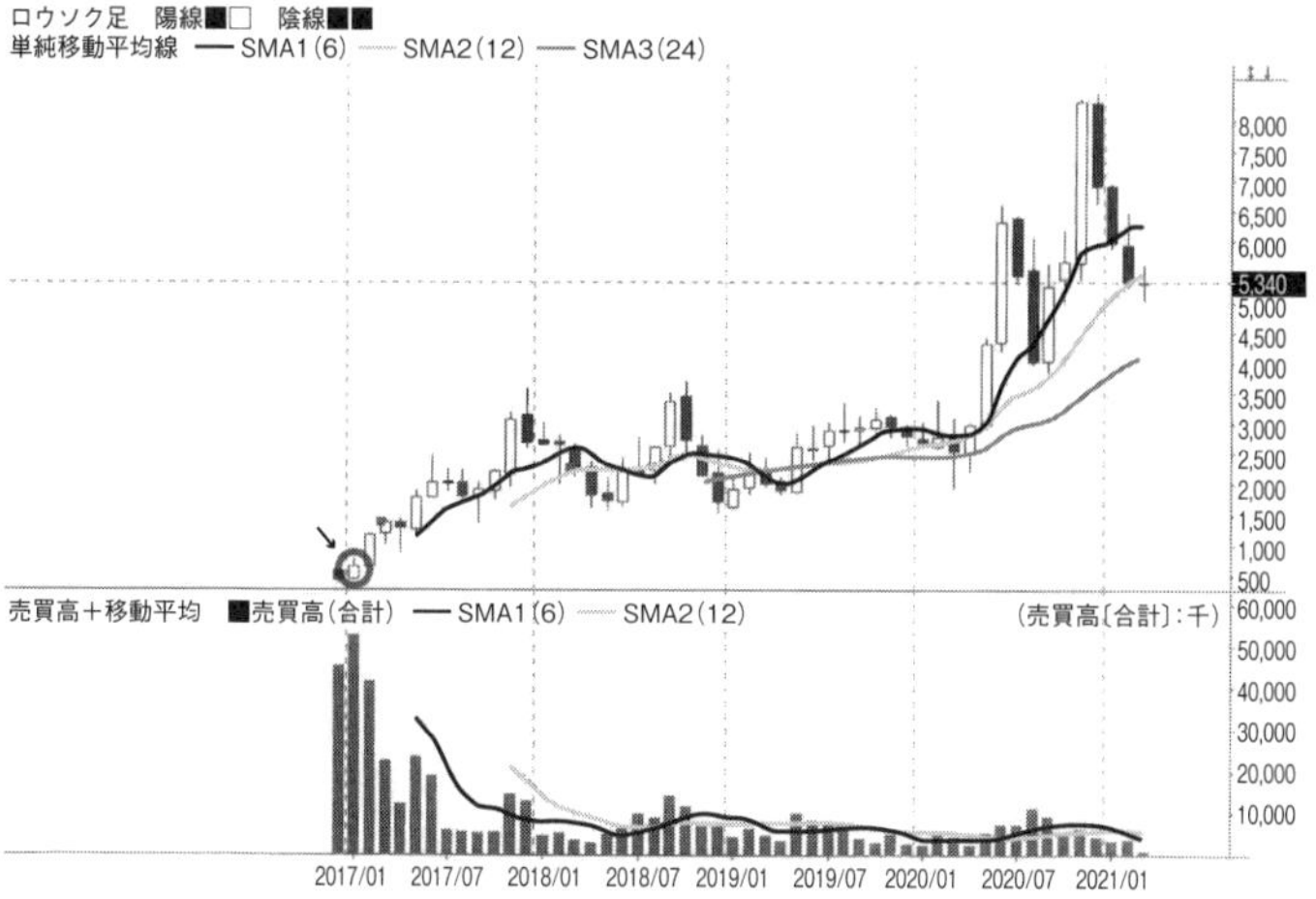

い。上場直後の出来高の多かった高値に向かって、じりじりと上昇していきました。

私はここで、あらためてファンダメンタルズに注目しました。上場前の評価は、すでに成熟している業態の産業用マニュアルの作成会社というものでした。同業他社がPER10倍に対してPER14・9倍と、特に割安感もないものでした。

しかし、足元の売上高は1億2600万円から10億円予想と低水準ながら37%増収と急成長する兆しが出てきていました。2000年の設立当初からマニュアルの電子化に積極的で——今でこそ旬なテーマです——クラウドサービス運営とともに文書の電子化を推進していました。

また上場前に出ている「成長可能性に関する説明資料」を読むと、グレイスの電子マニュアルを導入した企業が印刷費や人件費を合わせ年間20億円のコスト削減に成功したことがわかりました。私は、世間一般の評価とこの会社の真の評価にギャップがあるのではないかと思い始めました。そして○印の位置でおそらく高値を更新するだろうという見込みでグレイス株に投資しました。結果はグレイス株は大きく上昇してくれました。その後8470円まで上昇し、17・9倍になったのです。

ここで注意したいのは高い位置で株を買うのをこわがらないことです。私が買いと思う○印の位置は、当時であればもっとも高い所です。こんな高い所で買えないと思っても、月足で見ればこんなに低い位置なのです。株価が高いか安いかを決めるのは今の株価ではありません。

後の株価なのです。月足を見て、そのことはよく覚えておいてください。

続いては**「弁護士ドットコム（6027）」**の例を紹介しましょう。

同社は2014年12月に初値1293・3円で上場してきました。弁護士・税理士のポータルサイトを運営する注目のネット企業ということで、上場初値は公募価格から215・4％増（3・15倍）と急上昇しました。PERは256倍とかなりの割高でした。高値は上場直後の1373・3円。

初値が上昇しすぎたこともあって、その後2年以上、上場直後の高値を更新することなく調整に入りました。2017年6月、2年6カ月ぶりに高値を更新するとグレイスと同じく、上昇トレンドに入り、その後は1万5880円まで上昇しました。株価は12倍以上になりました。

人気株の場合、初値は高くなりがちです。それでも調整後上場直後の出来高の多かった高値を更新してきた場合は、その後の潜在的な上昇力が高いと捉えて、業態や業績ファンダメンタルズを踏まえ、投資を考えてみてもいいと思います。弁護士ドットコムの上場時の時価総額も86・9億円（公募売出総額は15・8億円）と100億円以下でした。

「ホープ（6195）」も同じです。

ホープは地方自治体専門の広告代理店というユニークな業態ではありましたが、上場時の時価総額は18・8億円、公募売出総額は4・3億円と超超小型株でした。

上場初値は805円で、その直後に830円の高値を付けた後は、長らく調整しました。そして2019年8月に3年2カ月ぶりに高値830円を更新すると、翌年7910円まで急上昇したのです。地方創生の関連銘柄として、子会社の電力販売事業が急成長で人気になって業績も大きく拡大しました。この銘柄も初値高値を超えてきた瞬間に大きく上昇し始めました。ホープ株は初値から9・8倍上昇しました。

「ヨシムラ・フードHD（2884）」も大きく上昇しました。

ヨシムラ・フードは2016年3月に東証マザーズに上場、初値を付けました。初値と高値が同じ264円ということで、絵にかいたような初値高値銘柄でした。その後212円まで調整しましたが、上場5カ月目に初値の264円を超えると、1年半の間に2418円まで急上昇しました。

同社は食料品などの製造販売業を行うグループ会社です。M&Aを駆使して、地方に隠れた優良な商品や技術を持ちながらも、事業承継問題や経営面の課題を抱える中小食品企業の受け皿になることを目的に設立された会社でした。

ユニークな業態です。しかし公募売出総額は3・0億円、時価総額は38・3億円と、この会社も超小型企業でした。ヨシムラ・フード株は9・1倍になりました。

以上テンバガーになった4銘柄を紹介しましたが、いずれも上場直後の高値を超えた直後から急上昇し、上昇トレンドに変わっていったことがわかってもらえたと思います。また公募価格から初値の上昇率はグレイスは130％、チェンジは149・9％、ホープは130％、ヨシムラHDは50％と小型IPOのなかで突出してあがっていたわけではありません。

また時価総額はそれぞれ32億、38億、19億、38億と小型IPOのなかでも超軽量級でした。この通り小型IPOは需給が良いため上場直後はマネーゲームの標的になり、初値は急上昇します。ところが上場から日が経つにつれ出来高は少なくなり、株価は失速するのが一般的です。しかし、その過熱しすぎたはずの上場後の高値を超えるときには意味があるのではと考えてください。

注意点を申し上げます。良い銘柄だと思っても上場後、そろそろ上がるだろうと株価の強さを確認できていないのに買うのは、止めておいたほうが良いと思います。延々と下がり続ける場合があるからです。詳細は第2章の「我慢しても株価はもどらない」を参照にしていただきたいと思います。

初値が抑えられる傾向にある公募売出総額15億円〜100億円の中型IPO

前述したように、新規公開で初値で人気になる銘柄は、公募売出の小さな企業です。幹事証券会社のブックビルディングに参加して、抽選で当たると、当該IPO株を買う権利をもらえます。

フタを開けてみると、公開初値が公募価格の2倍どころか3倍以上になる銘柄も珍しくありません。なかには5倍以上あがるものもあります。こういった銘柄に投資すると、当然ながら業績と株価が乖離《かいり》していることから、その後の調整も荒いものになりがちです。したがって、こうした銘柄に安易に初値から投資するのは控えたほうが良いと思います。

初値投資の狙い目は、公募売出総額が15億円から100億円の中型IPO株です。もちろんファンダメンタルズは大事です。新奇性に富んだビジネスモデルであったり、実はありそうでなかった業種（類似企業がすでにあると思われていたが細かく分類すると今までになかったサービスを手がけているとか）、独自の技術やサービスを提供していたり、ニッチな業界でシェアがトップ。そういった企業に注目してみてください。

ところで、なぜ公募売出総額が15億円からなのでしょうか。このところIPOが活況なため、上場初値買い付け代金は以前より増加傾向にありますが、通常は10億円前後のことが多かったのです。

そのため中型IPOの初値の上昇は、公募売出が多くなる分だけ〝抑えられる〟傾向があります。時価総額も小型IPOに比べると大きな企業が多いので、大化け株は少なくなりますが、2倍とか3倍以上の中ヒットの確率は高いのです。

したがって、セカンダリー投資入門編には最適のカテゴリーといえます。初心者はこのグループの企業を狙うとよいのではないでしょうか。

データが物語る中型IPO銘柄の優位性

データでも中型IPOへのセカンダリー投資の有効性がわかります（中型IPO・小型IPOの表を参照）。

2016年の中型IPOの初値から高値の平均上昇率は285％でした。大化けした「串カツ田中」を除いた平均上昇率は250％です。対して、初値人気の高い小型IPOの2016年平均上昇率は336％ですが、大化け株4銘柄を除くと152％になります。

中型IPO（公開規模15億円以上100億円未満）

銘柄	コード	公開規模（億円）	時価総額（億円）	初値騰落率（%）	高値上昇率（%）	
中本パックス	7811	18.9	57.6	0.6	222	2016年IPO
リタリコ	6187	17.7	80	88	352	
UMCエレ	6615	71.2	250.7	-17.3	186	
アカツキ	3932	73.2	260.0	-0	523	
アイドマMC	9466	26.5	97.3	-14.5	75	
グローバルK	6189	41.5	163.4	60	14	
エアトリ	6191	20.6	96.6	48.3	340	
JMHD	3539	48.8	263.1	2.9	274	
VEGA	3542	15.5	82.4	25	326	
串カツ田中	3547	13.4	56.6	13.4	914	
マーキュリア	7190	15.2	64.3	-4	387	
ユーザベース	3966	21.3	177.8	15.8	511	
アイモバイル	6535	84.1	292.4	-6.8	48	
WASH	6537	29.4	74.6	40.8	282	
スタジオA	3550	22	62.1	25.7	157	
イントラスト	7191	16.4	61.4	35.5	116	
キャリインデ	6538	30.1	104.6	1.4	326	
MSジャパン	6539	38	124.1	5.7	350	
船場	6540	31.2	126.2	-7.5	17	
2016年IPO平均				**16.0**	**285**	**19社**
ロコンド	3558	33.5	95.7	41.8	218	2017年IPO
JESHD	6544	18.3	52.7	61.8	2386	
うるる	3979	44	91.5	11	83	
JSB	3480	16.6	139.9	33.7	74	
TKP	3479	35.5	286.6	74.2	292	
グリーンズ	6547	70.8	168	8.6	28.8	
ソレイジア	4597	41.4	155.5	26.4	178	
オロ	3983	23.8	82.8	129.4	298	
マネフォ	3994	45.4	283.3	93.5	255	
ウエブロック	7940	45.3	83.4	-3.8	148.9	
ゲームウイズ	6552	16.2	158.4	133.8	9.1	
ソウルド	6553	32.1	111.5	76	176.8	
シェアテク	3989	22.1	92.5	86.8	167.8	
PKSHA	3993	57.2	306.7	205	128.3	
ロードスター	3482	23	90.7	37.4	146.2	
ウエルビー	6556	56.7	228.3	28.1	108.5	
MSコンサル	6555	55.7	58.4	-2.3	42.6	
シルバーL	9262	18.7	62.7	85.2	218.7	
スキヤキ	3995	16.9	67.8	147	13.8	
Casa	7196	84.4	123	2.6	42.4	
マツオカ	3611	98.1	250.3	46.1	39.2	
ハナツアー	6561	58.6	220	10	123	
ジーニー	6562	20.3	231.5	98	11	
CIメディ	3540	36.3	330	22	208	
要興業	6566	38.6	114	26.6	43.1	
オプティマス	9268	33.4	95.3	11.1	54.9	
2017年IPO平均				**57.3**	**221%**	**26社**

大化け銘柄を除いた平均上昇率は、かえって中型ＩＰＯのほうがパフォーマンスが良いことがわかります。

しかも公募価格から初値の上昇率は、２０１６年は小型ＩＰＯが１１９％に対して、中型ＩＰＯはわずか16％。同じく２０１７年は１８５％に対して57・３％と、中型ＩＰＯの初値はあまり上昇しておらず、初値人気とその後の上昇にはあまり関連性がないことがわかります。中型ＩＰＯは小型ＩＰＯと比較して、初値上昇率が低く投資しやすい上に、その後のパフォーマンスも良いことがわかってもらえたでしょうか。

大化けにはそれなりの理由がある

また、中型ＩＰＯには中ヒットが多いといっても、大化け銘柄がないわけではありません。

２０１６年上場の**「ユーザベース（３９６６）」**は高値上昇率が５１１％。６・１倍になっています。ビジネスデータのＳＰＥＥＤＡ、ＳＮＳ型ニュースのＮｅｗｓＰｉｃｋｓを運営しています。ビジネスマンならご存じの方も多いと思います。

以前なら株式市場が上昇すると大手の総合証券株が買われました。しかし現在は一時的に買われることがあっても、中長期投資の観点からは、物色の対象外に置かれているように思います。メガバンクをはじめとする銀行株も同じです。最近になって景気敏感株のバリュー株の物色の流れに乗って上昇していますが、期間限定だと思っています。私は両セクターとも構造的な問題を抱えていると思っているので、基本的に投資対象に考えていません。

そのセクターの〝代替的〟な意味も含めて、中長期的な資金が入ってきているのも株価の追い風になっているのではないでしょうか。ですから、これから上場する類似企業があれば要注目だと思います。

またユーザベースは、上場時の時価総額がすでに177・8億円ありました。適度な大きさがあったほうが機関投資家の買いは呼び込みやすいと思います。このように超小型規模でなくても成長性や業種の新奇性によって、株価の上昇は可能なのです。

2017年上場の**「JESHD（ジャパンエレベーターサービス）（6544）」**も大きく上昇しました。上場後株価は初値から3年強で23・8倍にもなったのです。

上場前の評価は、昇降機メンテナンスとしては初の上場ではあるが競争が激しく利益率は低い。世間的な目新しさはないエレベーターおよびエスカレーターの保守・保全業務の企業と見られていました。当時は営業減益で、在庫負担や有利子負債も重いという印象でした。

しかし初値は61・8％上昇し、サプライズの人気となりました。こういうときは要注意です。

一般に知られていない別の評価が株価に働いている可能性があるからです。

その後、メーカー系列が圧倒的に強いエレベーターメンテナンス業界に、同社が価格戦略で風穴を開ける存在と評価が一変し、株価も大きく成長したのです。

このように株価と実態に〝ギャップ〟が存在するとき、株価は実態に大きくサヤ寄せします。特にＩＰＯの初モノ上場の際は注意が必要です。すでによくある成熟業態と似ているが実は違っていたり、ニッチすぎて評価が定まっていないものは、上場後新しい観点から評価を受け始めることがあります。そういった企業を探せるのもＩＰＯの魅力なのです。

上場後に評価が見直され株価を上げた銘柄

なかには市場から不人気業種と見なされて、初値からほとんど上昇しない銘柄もありました。たとえば、昨年上場した**「ユーピーアール（７０６５）」**という銘柄がそうでした。業務内容は、物流に用いる輸送用パレットの販売やレンタル。公募価格から初値までの上昇率が21％と非常に低調でした。要は不人気株だったわけです。

これは上場前の評価と現在の評価とでは、かなりの乖離《かいり》があった。たかが輸送用のパレットの販売、レンタルの会社だというふうに見られていた。ところが、創業以来のユーピーアール

ユーピーアール（7065/T）

週足2019/06/12～2021/03/08［92本］ロウソク足

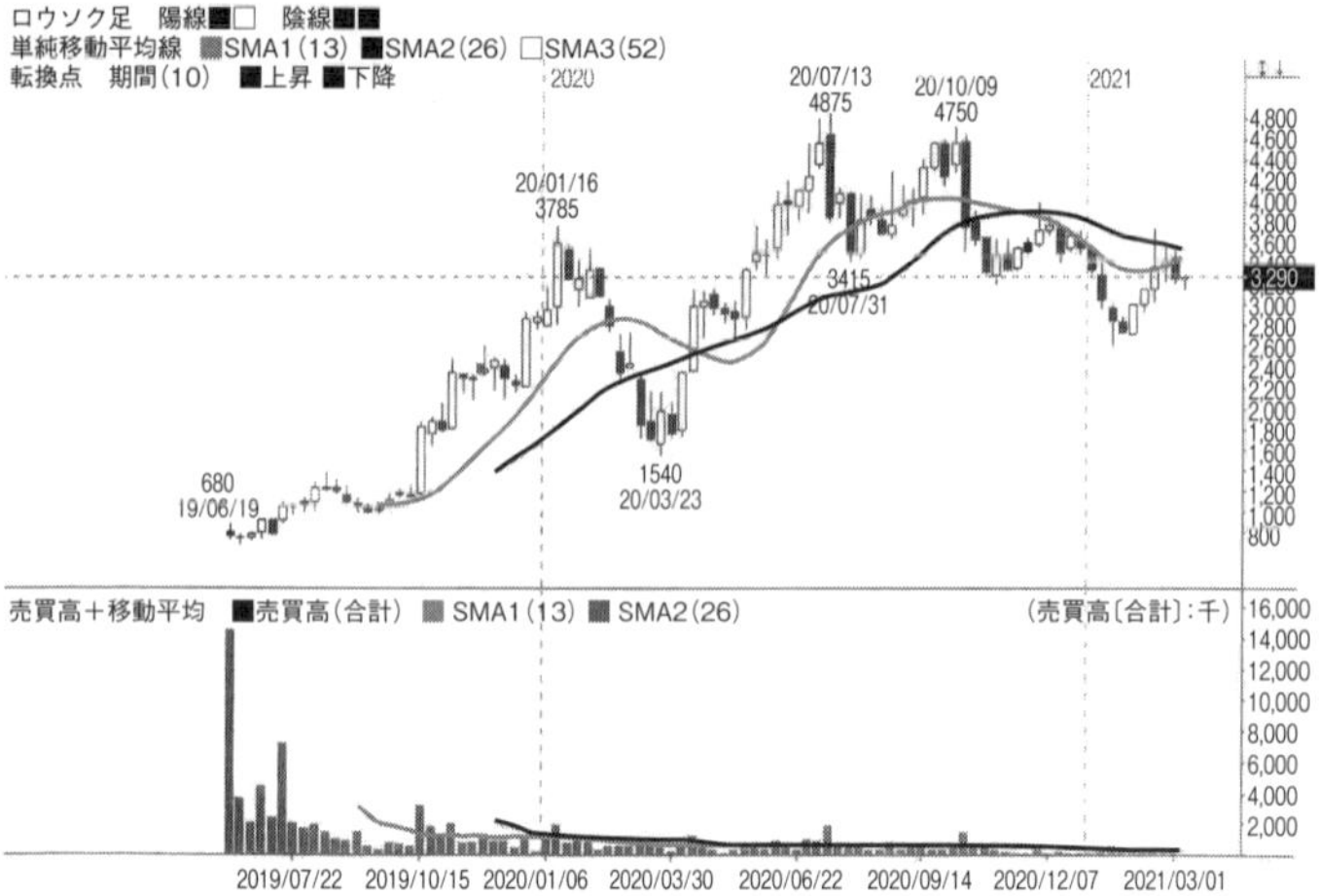

の歴史をさらってみると、リーマン・ショックのときを除けば、ずっと増収を続けてきている超堅実な会社だったのですね。

なおかつ、輸送時にはパレットを使用しなさいとする、国土交通省による指導がありました。つまり、ユーピーアールの事業は国策に乗っていたのです。

昨今、ＥＣ（電子商取引）の急増に軌を一にするように、物の輸送量も急増しています。各家庭にまで配送しなければならず、物流業者は従来に増して労力を強いられている。そこであらためて見直されたのがパレットの存在でした。パレットを使わないと、時間も労力もかかることから、国土交通省からの後押しがあったという次第です。

以上のような経緯により、ユーピーアール

の評価が見直されることになりました。ユーピーアールの株価は、その後1年半あまりで6倍の上昇を見せています。

もう一つの例は、公募価格から初値までの上昇率が70％であった**「日本情報クリエイト（4054）」**です。同社の事業内容は、不動産業者向けのソフトウェア・サービスの提供。同社の公募価格から初値までの上昇率は、先に取り上げたユーピーアールほど低調ではないとはいえ、70％に留まっていました。公募売出総額は22億円でした。

同社の株価が抑えられた理由は、地方の宮崎県本社である一般的なソリューションの会社と、市場に捉えられたからだと思います。しかし日本情報クリエイトは26年間増収を継続中と長期間にわたって安定的に成長を続けています。IT化が遅れている不動産業界に「賃貸革命」というクラウドのサービスを提供することにより、毎月のストック収入が全売上の61％にも達していることで、市場の評価が変わってきているところです。

同社は昨年上場して、初値は1105円でしたが、その後高値は3720円まで上昇しました。3カ月で3・3倍になりました。その後は調整していますが、業績と株価の推移を見ていきたいと思っています。

以上解説してきた公募売出総額「15億円以上100億円未満」の中型IPOは小型IPOと

比べると、公募価格から初値の株価上昇率が抑えられる傾向にあります。ですので初値投資をするならば、このグループから選ぶと良いと思います。そして先ずは中ヒットを狙ってみてください。その延長線上には〝大化け〟する銘柄があるのではないでしょうか。

掘り出し物の多い大型IPO銘柄

公募売出総額「100億円以上」のカテゴリーは、全体的に人気のないグループです。大型IPOの表を見てもわかりますが、初値の上昇率は、2016年から2017年の平均でわずか5・1%の上昇です。

しかし、セカンダリー投資において、このカテゴリーには実は〝掘り出し物〟がけっこう多いのです。実際表を見ると10倍株が出ていますし、14銘柄中5銘柄は3倍以上に上昇しています。IPOというと、初値がすごく上がって、5倍、10倍と突き抜けるように上がって新記録更新だ、という銘柄ばかりに目が向かいがちですが、実際にはそれで大きく利益を出すことは不可能です。

なぜなら、先にもふれたように、公募株を手に入れられないと、つまり抽選に当たらないと、そのチャンスの芽さえつかめないからです。数百倍以上の倍率の抽選に当選しても買えるのは

大型IPO（公開規模100億円以上）

銘柄	コード	公開規模（億円）	時価総額（億円）	初値騰落率（%）	高値上昇率（%）
バロック	3548	275.5	710.1	-5	0
JR九州	9142	4160	4160	19	27
KHネオケム	4189	419.2	506	-5.3	245
ベイカレント	6532	283.3	324.9	-6.5	1013
コメダ	3543	601.7	858.5	-4.7	28
プレミアG	7199	129.1	140.6	-4.3	144
森六	4249	105.6	457.9	10	15
オプトラン	6235	120.9	647.6	66.8	95
アルヒ	7198	248.6	469	-2.3	136
スシロー	3563	760.8	988.5	-4.7	430
マクロミル	3978	532.8	753.1	-4.2	87
西本WIS	9260	202.1	681.3	-6	29
SGHD	9143	1276.2	5187.2	17.2	233
カチタス	8919	377.6	644.9	1.5	311

最低単位の株数で、金額にして数万円から数十万円にすぎません。そういった銘柄に関して経済メディアは騒ぐのですが、実際にはあまり興味を持つ必要はありません。投資の勉強という意味では興味を持っても構わないでしょう。しかし、自分が投資する対象の候補として興味を持つべきではないのです。**労力のむだ遣い**だからです。

大型ＩＰＯの特徴は時価総額が大きいために、初値が強く抑えられます。モノによっては「公募価格割れ」に見舞われます。仮に抽選に当たっても儲からないので、興味が薄れてしまいます。けれども、その後さまざまな理由によって大きく成長する銘柄が増えてきたのが、この公募売出総額「１００億円以上」の大型ＩＰＯのグループなのです。ですので、こういったグループこそ下がったからといってあきらめず、労力をはらって観察をつづけてください。

ここ1年を振り返っても、われわれはこのグループに該当する「JMDC（4483）」、「JTOWER（4485）」、「freee（4478）」を初値から買いをすすめ、株価はいずれも1年未満で3倍以上に達しました。それと、このグループでの出世株は何と言っても、冒頭でも紹介したEコマースプラットフォームのBASE（4477）です。

BASEは公募価格1300円に対して初値は1210円と、公募価格割れしました。それが2020年10月には1万7420円まで上昇して1年も経たないうちに14倍になりました。

このように公募売出総額が大きなIPOは人気がなくとも上場後、驚くほどに大きく株価を上昇させることがあります。

ですから、同グループのIPO銘柄に時間と労力をかけて観察するのは、あなたの投資活動において有益なものになるはずです（中型IPOグループも同じです）。

また上場時に海外勢が株式を多く取得するIPOに注目してください。大型のIPOに多いのですが、不人気だったIPOが、上場後予想に反して大きく上昇するケースがよくあるからです。上場直後に買い付けるケースも同様です。このことについては「海外配分比率の高い銘柄を狙え」の章で詳しく書いてあります。

証券コラム

取り付け騒ぎが起きた太平洋証券梅田支店

大学卒業後、私が証券会社に就職したのは1990年4月、日本のバブルが盛大に弾けた直後のことでした。太平洋証券という山一證券系の中堅証券会社に入社、最初の赴任地は三鷹支店でした。

いまでこそ「切った張った」のイメージは霧消しましたが、その当時はなかなか破天荒な日常がまかりとおっていました。

私が証券マン時代に見たのは、日本経済が大きく沈んでいく姿でした。証券会社はバブル崩壊の後遺症で、下落トレンドに嵌まり込み、そこからどんなに足掻いても脱出できない状況に陥っていました。

残念ながら私には経験できなかったのですが、バブル全盛の頃は株式相場に勢いがあったので、お客様と証券会社は「WINWIN」の関係であったと思います。けれども、バブル崩壊後はお客様も証券会社も大損しました。証券会社の現場の人間（私も含めて）は会社のためには働いていたけれど、それは必ずしもお客様の利益にはつながっていなかったような気がします。その心残りが、今私をあさくらへとかきたてたのかもしれません。

1997年11月、私は太平洋証券梅田支店の営業マンとして働いていました。ご存知の方もいるかもしれないですが、太平洋証券は四大証券の一角を担う山一證券の系列筆頭会社でした。

「山一證券倒産の記事が明日の朝刊一面に出る。覚悟するように」

それを伝えてきたのは、出張先の太平洋証券労組本部の人間でした。実際には倒産ではなく、自主廃業。1997年は山一證券創立から100年目という節目の年で、何とも皮肉なめぐり合わせとしか言いようがありません。

実は山一證券の破綻は2度目でした。1965年にも山一は経営破綻寸前まで追い込まれ、当時の大蔵大臣の田中角栄が辣腕をふるい、「日銀特融」を発動させたことで、破綻を免れました。

そんな65年の日銀特融の経験が頭にあるから、「潰れるわけがない」と考えていた山一證券の社員はけっこういたといいます。なかには二度目の日銀特融をアテにして、監理ポストになった山一證券の株を10万株以上買い付けた豪傑社員もいたそうです。

　われわれ太平洋証券の社員がすべきは、顧客に電話をかけて、「山一が潰れようが、連鎖で太平洋証券が潰れようが、顧客資産は法律により守られるので、ご安心ください」と顧客をフォローすることでした。

　翌日の午前7時に梅田支店に出社した私の視界に、支店前に押し寄せている殺気立つ群衆と、その取り付け騒ぎの様子を撮影する報道陣の姿が飛び込んできました。

「山一じゃなく、うちを撮ってるんだ」

　私は思わず身震いしました。

　前日発売の週刊ポストに、次に潰れる証券会社のトップに名指しされたのが太平洋証券だったことも、顧客の不安を煽ったのでしょう。

　支店内は電話の嵐で、すべての電話が保留といっても過言ではありません。全国中の支店が同じ状況だったと思います。次々と信頼してくれていたと思っていたお客様から、証券口座の解約を命じられているところに、私の一番大きなお客様から電話を受けました。電話口の声はこう言いました。

「西野君、忙しいだろう。何も言わん。駄目になったら全部持ってこい。そうでなかったら、君が大丈夫だと判断するのなら、そのままにしておいてくれ。（忙しいだろうから）私に連絡する必要はないからね」

　有り難くて有り難くて、泣けてきました。多くのお客様が声を荒らげて何もかも引き揚げていくなかで、最大のお客様が、私を気遣って声掛けをしてくれた。そのときの電話の声はいまもはっきりと覚えています。

　2002年12月、私は13年間勤めた証券会社を退社しました。退社時の社名はUFJつばさ証券になっていました。ITバブル崩壊後、株価はさらに下落し、10月に日経平均は8000円台に突入という時期でした。

　その後小泉バブルが起きて、郵政民営化が株式市場を活性化させ、2007年7月には日経平均を1万8200円にまで押し上げます。ところが、2008年9月に発生したリーマン・ショックにより、日本経済は再びデフレ不況に逆戻りしたのでした。

第2章

負けないための損切りの重要性

投資家の〝時間軸〟により異なる損切りのタイミング

「損切り」とは証券用語で、投資家が損失を抱えている状態で保有している株式を売却し、損失を〝確定〟させることです。ロスカット、ストップロスとも呼ばれます。

損切りについては、基本的に二つのやり方があります。

一つは「下落率」で判断することです。あらかじめ自分自身で、買った時点から10％、あるいは20％下落したとき、保有をあきらめて「売る」ことを設定しておくというものです。この場合気をつけなければいけないのは、プラス目標のほうを高くすることです。利益目標がプラス5％なのにロスカット目標がマイナス10％では、勝率が5割だとすると資産は減っていきます。ロスカットがマイナス10％なら、利益目標は最低でもそれ以上見込める自信がないといけないことになります。

もう一つは「移動平均線」での判断です。移動平均線とは、一定期間における終値の平均値を線でつなげたもので、売買タイミングの決定に非常に役立つ指標です。

これは個々人が行っている投資の〝時間軸〟により異なってきます。デイトレーダーもいるし、1週間くらいのスイングトレーダーもいるし、それよりも長めの時間軸を持たれる人もいるからです。市場環境にもよりますが、**私は基本的に保有銘柄が買った値段より10％下落した場合か、「25日移動平均線」を割り込んできた場合、損切りすることをおすすめ**します。また
IPOの場合は、基本的に買値から10％値下がりしたら損切りします。
当然ながらイレギュラーもあります。たとえば、ザラ場（寄付から引けまでの間の取引時間）中では25日移動平均線を下回ってきたものの、終値ベースでは持ち直した。あるいは買ってから10％下がったが、終値では持ち直したとか。そうしたイレギュラーはありがちなので、しっかりと株価の動向をチェックする必要があります。

そうは言っているけれど、本当に25日移動平均線を目安に損切りを行っているのか？　そんな疑問を呈されている人もいるでしょうから、ここからは実例を挙げて説明しましょう。

ドローンの専業メーカー**「自律制御システム研究所（6232）」**のチャートをご覧になってください。上場後、しばらく高値が抜けない状況が続いていたなか、われわれはチャート❶のポイントで買いの判断をしました。高値圏での滞留日数が4日、5日と伸びてきたことから、株価はさらに上昇すると判断したからです。期待通り、すぐに上昇しましたが、5000円近辺で持ち合いに入りました。

われわれはさらなる高値を期待していたのですが、一つ気懸《が》かりがありました。それは株価

自律制御システム研究所（6232/T）
日足2018/12/21～2019/08/30［165本］ロウソク足

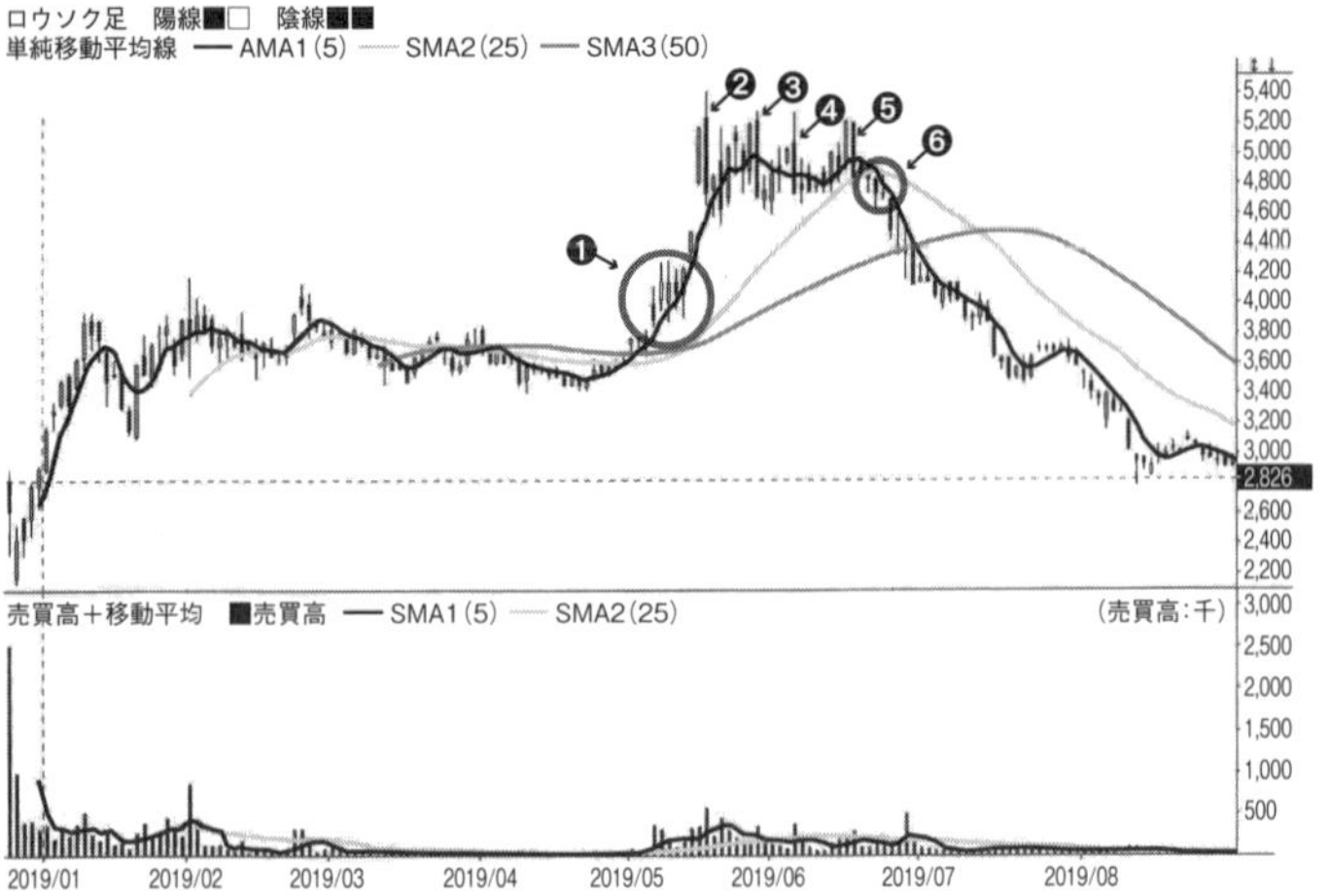

が5400円近辺に達すると、必ず大陰線が出ることでした。大陰線とは、長い陰線で寄り付きが高値で、終値が安値となっている弱気なシグナルの一つです。高値圏に出ると、「売り」を暗示すると言われるものです。日中は上昇しても、終値ベースでは下がってしまう。しかも、価格幅が400～500円とかなり大きい。これが何度も続いたのです（チャート❷、❸、❹のポイントです）。

　こうした現象は、明らかに5400円近辺で〝売りたい〟主体がいることを物語っているかのようでした。数日後、株価が5400円近辺に上昇、今度こそ新高値達成だと期待したけれど、やはり大陰線が出ました（チャート❺のポイント）。そして、その後買ってから初めて同株は25日移動平均線を割り込み始めたのです。点線のグラフが25日移動平均線です。翌日はそれをさらに下回る動きを見せました。❻のポイントの数日間で、われわれは同株を売却しました。その後株価は残念ながら軟調となりました。買いポイントが❶ですので明確な損切りではないかもしれませんが、❷～❺のポインで追加買いした分もあり、私のなかでは損切りの例の一つと考えています。

損切りした銘柄を再び買うことの是非

次の例は、法人向け名刺管理サービスの「**Sansan（4443）**」です。上場初値は4760円。その後順調に株価を上げて行ったのですが、6200円近辺にどうしても壁があって、なかなか抜けられない。持ち合いが続くとはいえ、いずれ抜けてくるのではないか。私はそう考えていました。

時期は2019年9月で世界的に投資家心理が悪化しているときでした。米国で8月のISM製造業景況感指数が3カ月連続で好不況の境目となる50を割り込んで、株式市場でもIPOの延期が相次いだりしていました。ウィワークやUBERなどユニコーン企業の評価が急落し、世界の直近IPO銘柄や新興企業が苦境に立たされている時期でした。日本のIPO銘柄も同様でSansanの株価も急落していきました。

一度、25日移動平均線を割りましたが、動きとしてはさほど大きくなかったので、損切りを我慢しました。けれどもその後、25日移動平均線を明確に割り込み、大陰線を乱発するに至り、売却を決めました。5400～5500円での撤収となりました（チャート○印のポイント）。

その後Sansan株は下落し続け、3000円台まで下がりました。IPOは初値を割ってしまった場合、下げが加速する傾向があるので注意してください。

ただし、今年2月25日には10150円まで上昇しています。これを見ると、我慢して持ち続けていたら儲かったではないかと思われる人もいるでしょう。それも一理あるのですが、IPOにかぎらず、中小型の成長株は乱高下が大きいので、含み損が大きくなりがちです。

Sansanに関してはうまく高値を更新してきましたが、そうでないことも多いのです。私としては、あの時点で損失の確定を行ったのは正しい判断であったと思っています。同社が本当に成長するのなら、もう一度買えばいいのですから。

実際、2020年に入ってSansanが再び良い動きを見せ、5000円台に戻ってきたところで、われわれは買いをすすめています。

損切りした銘柄を買わないという考え方もあるのでしょうが、私はそうは考えていません。あらためて良い銘柄だと判断したならば、もう一度買えばいいのです。

Sansan（4443/T）

日足2019/06/19〜2019/10/31［91本］ロウソク足

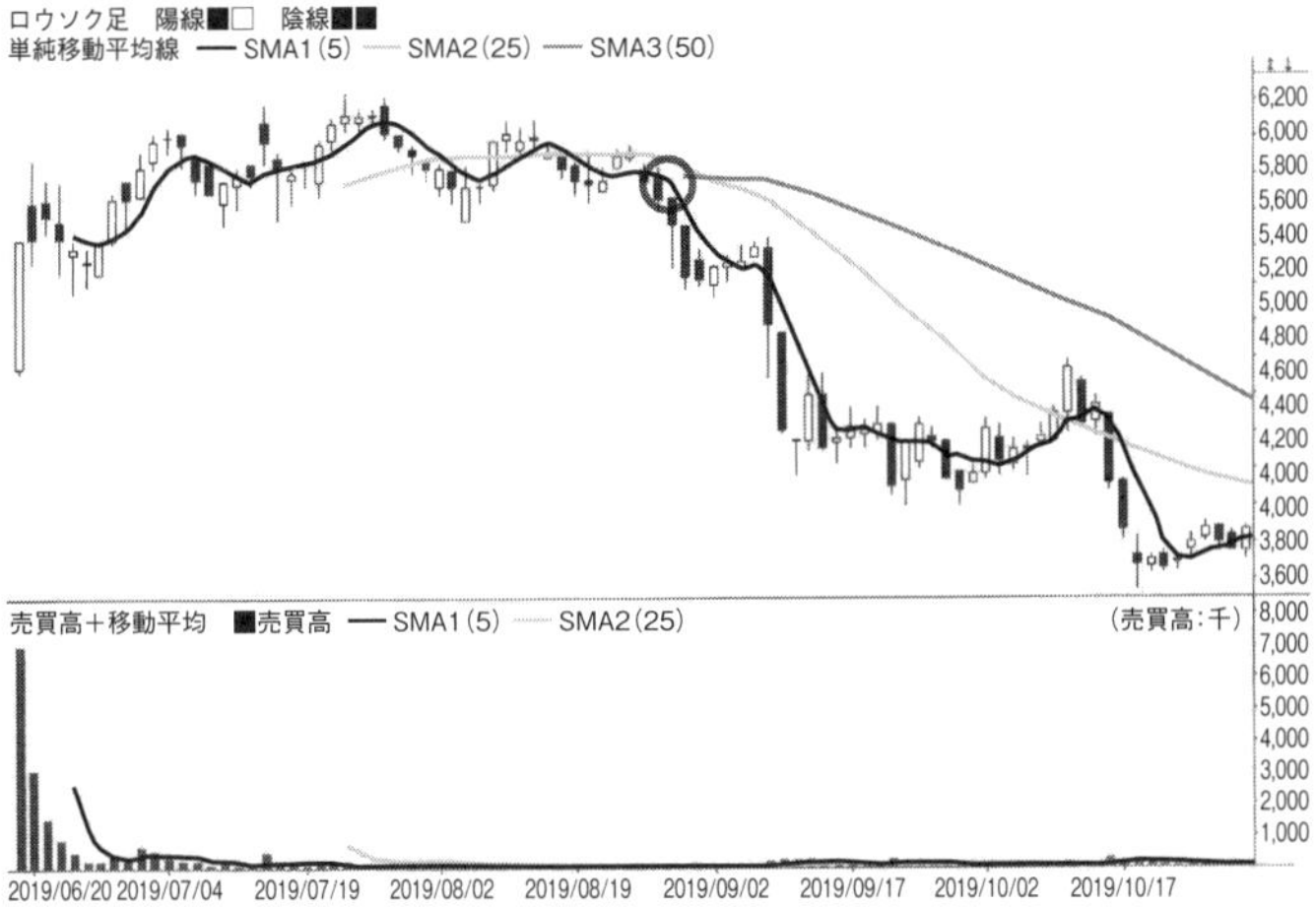

Sansan（4443/T）

日足2019/06/19〜2021/03/09［419本］ロウソク足

二度損切りして三度買ったメドレー株

次の例は、オンライン診療など医療プラットフォーム事業を展開する**「メドレー（4480）」**で、私は2019年12月、同社株を初値で買いました。結果的には成功したとはいえ、メドレーについては苦難の連続でした。

1300円の公募価格でありながら、初値は1270円と、公募価格割れのスタートでした。上場当初、メドレーは「不人気銘柄」だったのです。わずか1年数カ月前のことですが、いまほど「クラウド関連企業」や「赤字成長企業」が市場から評価されていなかったからです。

そもそも医療分野におけるクラウドの利用は2010年に解禁されています。とはいえ、医療のIT化は遅れていました。いまでこそ新型コロナウイルス禍を受けて医療のオンライン化が進み始めていますが、当時はまだそうした空気は希薄だったのです。

オンライン医療が2015年に解禁され、2018年にはそれに対する保険点数が新設されたのですが、点数自体は微々たるものでした。メドレー側にすれば、期待していたほどの業績の追い風にはならなかったのだと思います。

その一方で、東日本大震災以降、東北地方の沿岸部を中心とする被災地における深刻な医師不足がクローズアップされてきて、オンライン診療の重要さが言われるようになってきていました。メドレーのHPを開くと安倍首相（当時）がオンライン診療を試している写真が載っており、いずれはオンライン診療に対する政策の後押しの期待もありました。

ただし、危惧《きぐ》もありました。いまもそうですが、医療業界がオンライン診療に対して猛反対の姿勢を示していたからです。2020年の4月に保険点数の積み増しがあるのではと期待していたのですが、そう簡単に事は進みませんでした。

上場初日に少しだけ株価は上がったのですが、その後、初値を下回り1185円まで下げたところで、われわれはいったん撤収しました。

ところが上場5日目に、いきなり陽線が出て急上昇し高値圏で終了しました（チャート❶）。やはりこの銘柄を選んだのは間違ってはいなかったと判断した私は再度、お客様にメドレーの買いを指示しました。

しかし、再度株価が下がってきました。

もともと赤字会社で市場の評価は高くなかった。初値が重しになり始めて、一気に売りが加速する恐れがあるのではないか。株価の動きが良ければもう一度買い直せばいいではないかと、私は二回目の損切りの判断をお客様に伝えました（チャート❷）。

その翌日オンライン診療のことがメディアの話題となったことで、メドレー株は一気に

メドレー（4480/T）

日足2019/12/12〜2020/02/19［44本］ロウソク足

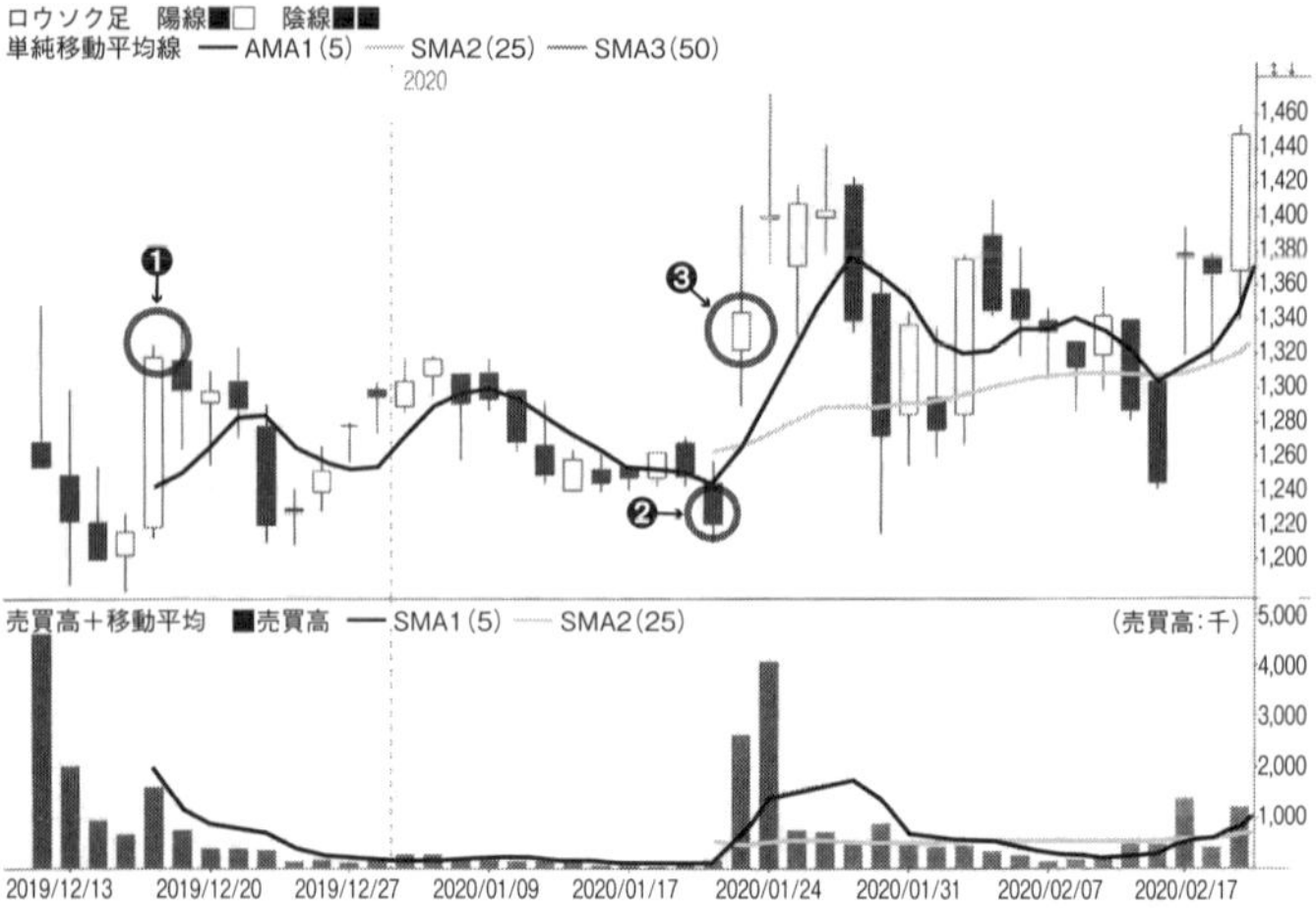

メドレー（4480/T）

日足2019/12/12〜2020/10/30［215本］ロウソク足

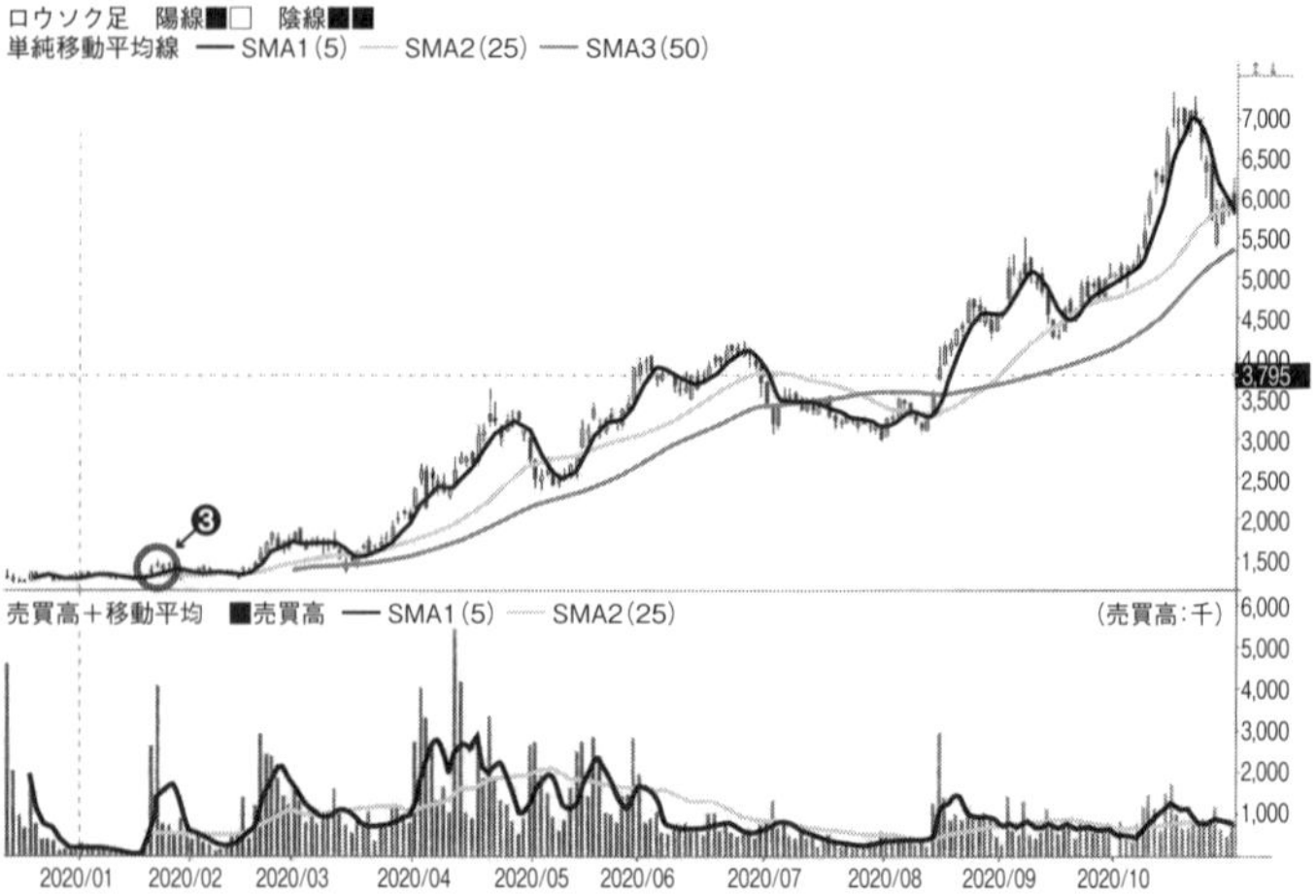

1300円台まで上昇しました。はっきりと再度高値を更新してきたので、私はためらいなく買いの指示を出しました。

実に三回目の買いでした。先の章で書いたように初値高値を更新したときには、意味があることが多いからです。私は自分のルールに従って売買の判断をしました。その後メドレーは大きく上昇し8カ月後には7370円になりました。4・6倍になったのです。とはいえメドレーは、非常に手間がかかった銘柄となりました。

最後に買ったのは❸の位置でした。期間の長いチャートを見てください。後になれば買った位置はこんなに低かったのです。コロナというフォローの風が吹いてくれたおかげで、いずれは来たかもしれない世界が、いきなり到来してしまったわけです。

メドレーは非常に扱いにくい銘柄の一つだったと思います。チャートを見てわかるように、上昇トレンドですが、25日移動平均線を平気で何度も割りました。ここで私が言いたいのは、結局、良いと思った銘柄は損切りしても何度でも買えばいい。メドレーはそれを実践して成功した銘柄の一つです。

我慢して持っていても株価は戻らない

それではSansanもメドレーもずっと持っていれば上がったのだから、売らずにそのまま持っていればよかったのではないか。私もそう思わないことはないけれど、損切りすることの重要性を考えると、やはり損失を限定することは大切だと思います。IPOは下値を割り込んだ場合、とことんまで下がる可能性があるからです。

これも実例を用いて解説したいと思います。美容機器やトレーニング機器などを開発・販売の**「MTG（7806）」**のケースです。

上場時に注目度の高かった同社株を初値7050円で、私は買いました。直後に株価は8000円に上昇しました。上場直後だったので、25日移動平均線は使えません。上場直後にいったん株価を上げた場合、ポイントとなるのは初値です。

IPOとしては大型の上場だったし、まだ1割程度しか株価を上げていないことから、当時同株をキープしている投資家はかなり多いと推察していました。そうしたなか株価が初値を割って下落すると、投げ売りが加速したのです。われわれが損切りしたのは丸の位置でした。

すると、いままで下値支持だった7050円が、今度は上値抵抗線になってしまった。その

MTG（7806/T）

日足2018/07/10〜2019/04/26［196本］ロウソク足

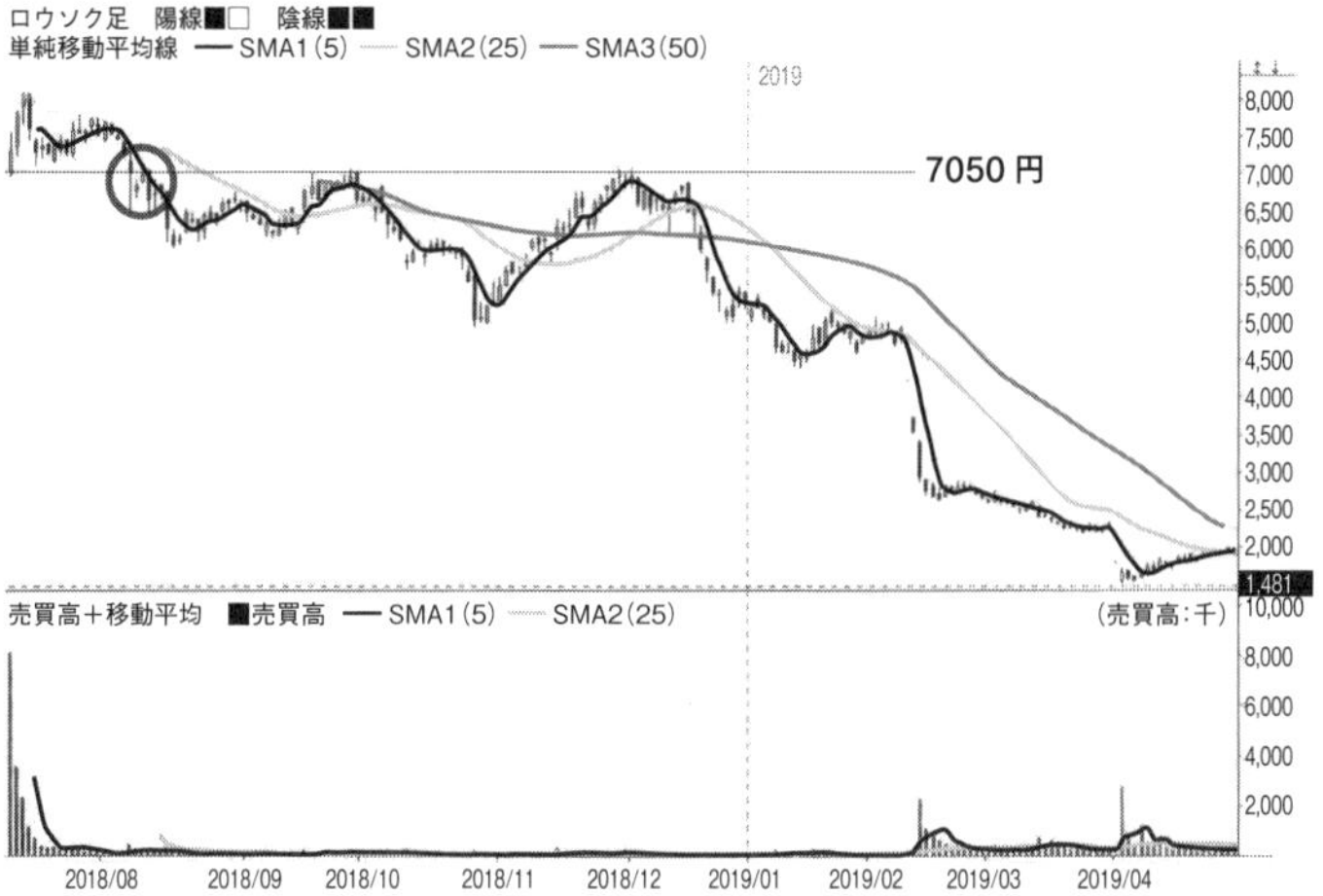

ため7050円に戻っては、売られる状況が繰り返されました。

その後、インバウンドの後退、MTGの契約選手のC・ロナウドが告訴されたり、同じくMTGの契約していた有名中国人女優が消息を絶ったり、同社は連続して不運に見舞われました。インバウンドの反動もあり業績も低迷し、わずか1年後、株価は1000円台にまで急落したのです。

私がMTGのファンダメンタルズを見抜けなかったこともありますが、この件では図らずも、いかに損切りが大切かを証明することになりました。

このように我慢して持っていても、必ず株価が戻ってくるという保証はないのです。中小型株の成長株に投資する上では、損失を確定する損切りはきわめて重要なことなのです。

私のおろかさを書くことでみなさまの教訓になればと思います。特にIPOの場合、初値から上昇した後に、初値を下回ってきた場合は要注意です。その場合は一度損切りしたほうが良いと思います。

株式投資に対する考え方

アメリカ人と日本人とでは、株式投資についての考え方がまったく異なります。

アメリカでは大人も子どもも株取引を当たり前のように行っているのに対し、日本では株取引を行っている人のほうが特殊な人のように見られています。「株なんかやったって損するに決まっている」と決めつけている人が圧倒的に多いのではないでしょうか。

ここは日本は変わっていかないといけないと私は思います。

日本では資本主義社会に生きているにもかかわらず、「株はバクチだ。株なんかやらない」と信じ込んでいる人がそうとう多いと思います。上場企業に勤務する社員でさえ、そう言ってはばからない人がいます。しかし、上場企業であれば、株式市場からお金を調達して成り立っているわけで、それを否定するのは社会人として勉強が足りないのではないでしょうか。自分の業種のことさえ知っていれば関係ないとでもいうのでしょうか。それは社会人として幅がなさすぎると思います。

日本においても2022年4月から、高校で投資の授業が始まるようですが、すごく良いことだと思います。株式投資をするしないは、本人の選択の自由です。けれども、それがどういうものなのかという入口を教える必要はあるのではないでしょうか。

「俺は株なんか上がろうが下がろうが関係ない」こううそぶく方には「いえいえ、あなたの年金は株で運用されていますよ」と、ついいたずらでこう返したくなってしまいます。

しかも現在は世界各国の政府が金融の量的緩和を行い、お金の総量が増え続ける世界です（買わないリスクという格言もありますが）。投資をすることがリスクではなく、投資をしないことのほうがリスクなのではないでしょうか。日本にこういった考えが根づかないのは、教える人がいないからだと思います。

証券コラム

様変わりした証券マンの仕事

いま、お客さんに株を買ってもらっている証券会社は本当に少ないはずです。投資信託や仕組み債など、株以外の金融商品をすすめていて、昔の株屋みたいな、株の売買の手数料で稼ぐのは時代遅れだという認識なのです。

すでに私が証券マンを辞めた2002年でも、そういうコンセンサスがすでに醸成されていました。大手証券ほど、「株の売買をしているくらいなら、外回りをして顧客の預金を集めてこい。投資信託を集めてこい」と発破をかけられていたはずです。

よほど地場の証券会社であれば別だと思いますが、ネット証券の勢いに押されて、そうした地場の証券会社もほとんど生き残っていません。

T証券あたりはまだ残っていますが、正直、存在意義はあまり感じられません。以前だったら、T証券しか持っていないような、特別の株情報があったと聞きました。またI証券は中小型株の情報に特化しているとの定評があったのですが、現在ではそうした情報はすべてインターネット上で見ることができます。

個人投資家にしても「証券マンには騙されるな！」みたいなイメージを抱いているのではないでしょうか。というより証券マンを相手にしないようにみえます。今のネット証券を使って個人投資家の大半は、ニュートラルな立場の情報機関から情報を得ています。またSNSやネットを使って無料で情報を探すこともできます。

たとえば、私はいまは使っていないのですが、個人投資家の時代にはフィスコの情報を使っていたこともありました。当時からさまざまな情報がありました。最近だとTwitterなどで人気の個人投資家とコラボして、情報を配信したりしているようです。

いま、お客様が投資信託や債券を買うのであれば、私は証券会社を訪ねるようアドバイスをします。私の場合、株に特化してお客さんに儲けさせる、資産を築いてもらう。そのお手伝いをしたい。そしてお客さんの夢の実現の力添えをしたいだけなのです。株以外の投資をするのであれば、私はそんなに価値のある人間ではありません。

第3章

チャートのマジックに騙されるな！買いの判断の手法

直近IPO銘柄を買う準備。決算発表に注目しよう

第3章では買いの手法について説明していきます。

まず直近IPO銘柄を買う際は決算発表に注目してください。

この後に説明するBASEの上場後の買いポイントは決算発表がきっかけでした。プレミアアンチエイジングもアンビスもUPRも、大化けのスタートは決算発表です。

上場して間もないIPO銘柄はまだ決算発表を経験していないので、特に上場後最初の決算発表は注目するとよいと思います。そこで良い決算が出れば、翌日株価が急上昇したとしても買いを検討するべきでしょう、翌日の上昇は、ほんの一里塚に過ぎないかもしれません。そういうことがIPOにはよくあるのです。これについては、この後詳しく書きましたので読んでいただければわかると思います。

この株は高いから買えないという発想は捨てよう

ここではBASE（4477）を例に上げて、私流のチャートの見方に関して解説したいと

BASE（4477/T）

日足2019/10/25〜2020/05/15［133本］ロウソク足

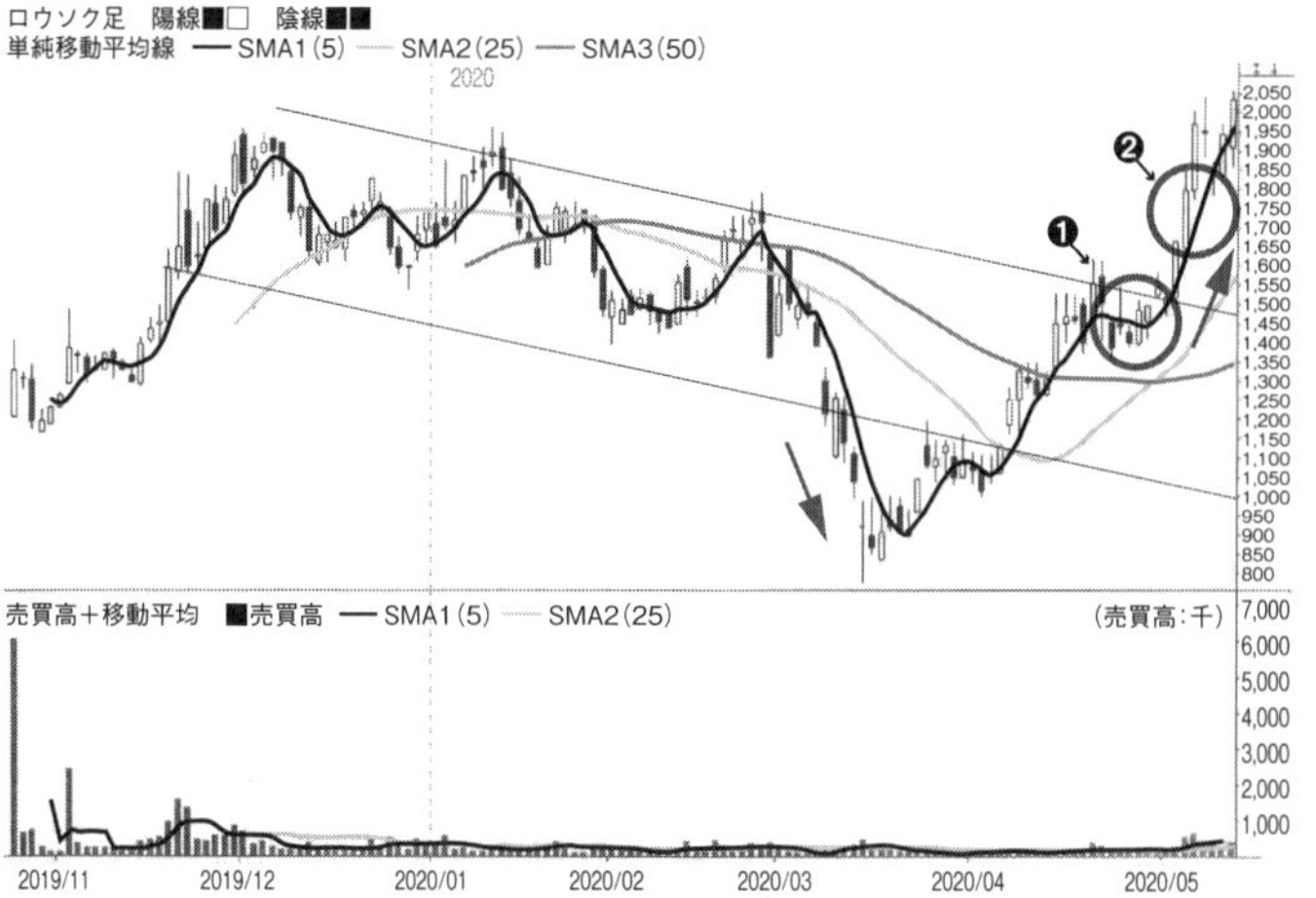

BASE（4477/T）

日足2019/10/25〜2020/10/30［248本］ロウソク足

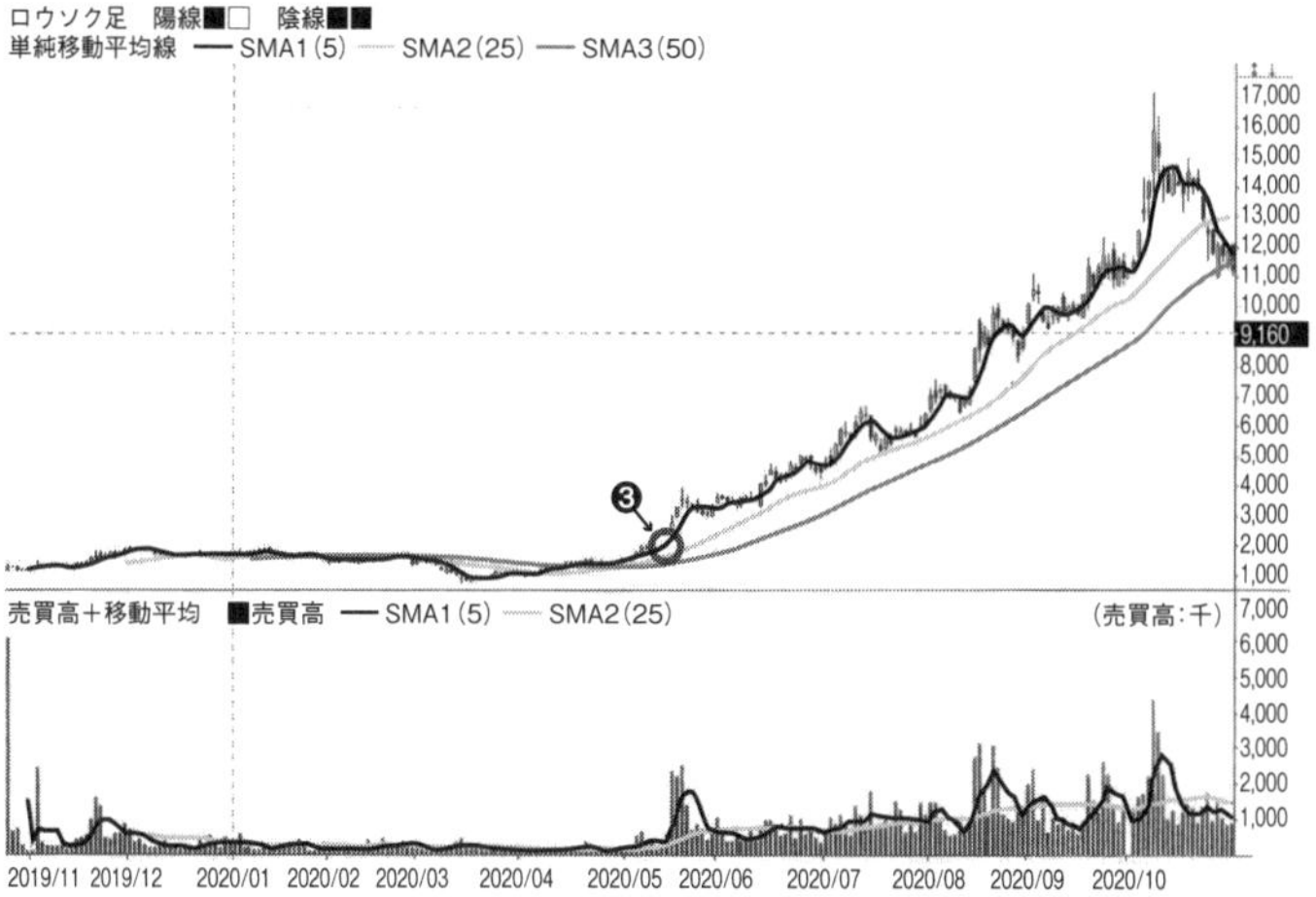

思います。これはＢＡＳＥの日足チャートですが、２０２０年5月には株価は２０００円まで上昇して高値を更新しました。

私は4月中旬に株価下落トレンドの上限に達したものの下げ渋っていたので、（❶）で買いの判断をしました。そして下落トレンドの上限をはっきりと上に抜けた（❷）の上昇を確信しました。

私のお客様は私のやり方を信頼してくれているので何もありませんでしたが、証券関係者を含めた知り合いのなかには「いくら良いといっても、そんな高いところでは買えない」と言われることが多かったように思います。「もっと安いときに教えてよ」そんな声もありました。ここまで記してきたように、上昇トレンドが確実になった銘柄を買うのが私の投資手法です。たしかにこの日足チャートを見ると、25日移動平均線から50％ほど乖離しており、行き過ぎと言われても仕方がありません。

しかし大化けする株は、最初の上昇は早く大きく動くことがよくあります。また5月15日発表の決算説明会資料を見て「これはすごいことになる」と確信しました。1～3月期の決算発表なので数字にはあらわれていませんでしたが、説明会資料には4月の新規ショップ開設数が桁ちがいの伸びになっていました。ＧＭＶの推移も、前月の3月との比較で倍以上の伸びとなっていました。前年同月では１９０％の伸びでした。テクニカルでもファンダメンタルズでも買いという結論でした。こういうときに通常のテクニカルにこだわると、大きな利益をとりのがすことになります。「行く所まで行くだろう。後は、株価が下がり始めて考えよう」私はそう決意しました。

BASEの買い方も基本的には直近IPOなので、先に書いた大化けIPO銘柄の買い方を実践しています。買いを確信した❷の位置は、上場直後の高値1950円をはっきりと超えてきた位置なのです。

その後、BASE株はどうなったでしょうか。最高値では1万7240円台まで上昇しました。先に多くの方が「高すぎて買えない」と言ったのは2000円の時点でした。5月15日までのチャートを見ると、確かに高い位置に見えます。しかし10月30日までのチャートにおきかえると、あれだけ高く見えた2000円の位置は❸の位置でしかありません。これが私の言うチャートのマジックです。「そんな上がった高い所で買えないよ」こんな言葉をよく耳にしますが、その銘柄の株価が高いのか安いのかを決めるのは今の株価ではなくて、〝その後〟の株価なのです。それを肝に銘じてください。

単純に「この株は高いから買えない」という発想は、やめたほうが良いと思います。

次の銘柄は**アンビスホールディングス（7071）**、慢性期・終末期の看護ケアのホスピス施

アンビスホールディングス（7071/T）
日足2020/04/14～2020/11/30［154本］ロウソク足

アンビスホールディングス（7071/T）
週足2019/10/09～2021/03/08［75本］ロウソク足

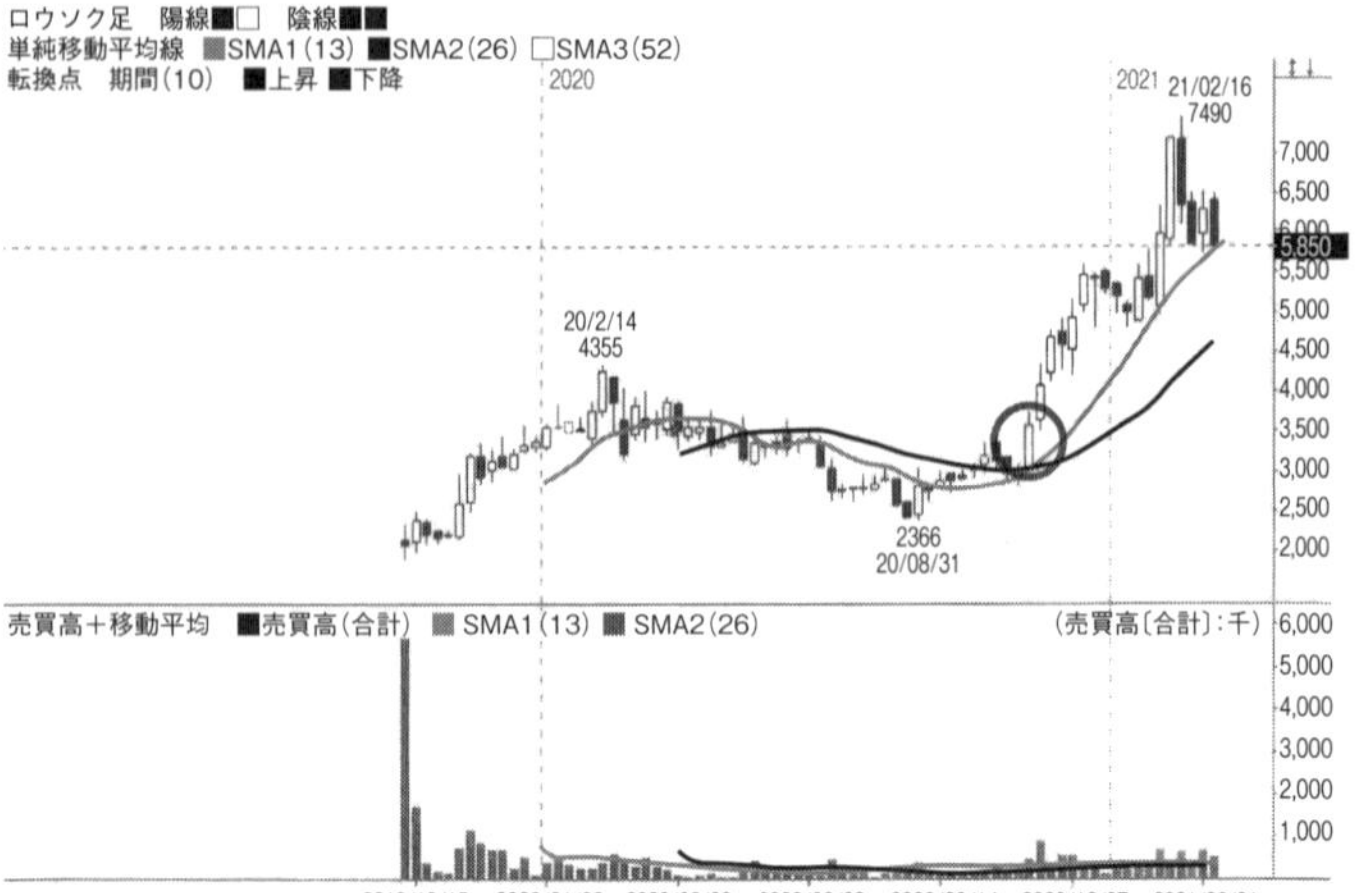

設「医心館」の運営を手掛ける会社です。ここも戻り高値を取って一押しした後、昨年11月12日の引け後に発表した業績発表が良かったということから、バーンと跳ね上がりました。

この日足チャートを見るかぎり、アンビス株は高値に見えてしまっている。本当でしょうか。それではアンビスの週足チャートを見てみましょう。実は同社は2019年に上場したとき人気になって、4300円程度まで株価を上げました。その後は下落のトレンドに入り、いままで上値抵抗線だったところが下支えになってきて、今次決算発表を機にここまで上がってきたわけです。

日足のチャートだけを見ると、アンビス株はすごく高いところにあるように見えるけれど、〝視点〟を変えて中長期のチャートから見ると、まだ上場後最高値には及びません。これを目指せるかどうか。その判断はまた別なのですが、週足で見るかぎり、そんなに高い位置にいるわけではないことが見てとれるのです。月足で見ても良いでしょう。

このようにさまざまな角度から銘柄株価をチェックして、現在の株価の高安を考察してみるのをおすすめしたいです。

今度は安くなってしまった銘柄について解説します。これは**東日本旅客鉄道（9020）**の日足チャートです。長らくしっかりと1万円前後を維持していた株価がどんどん下落して、昨

東日本旅客鉄道（9020/T）

日足2020/02/03～2020/11/30［202本］ロウソク足

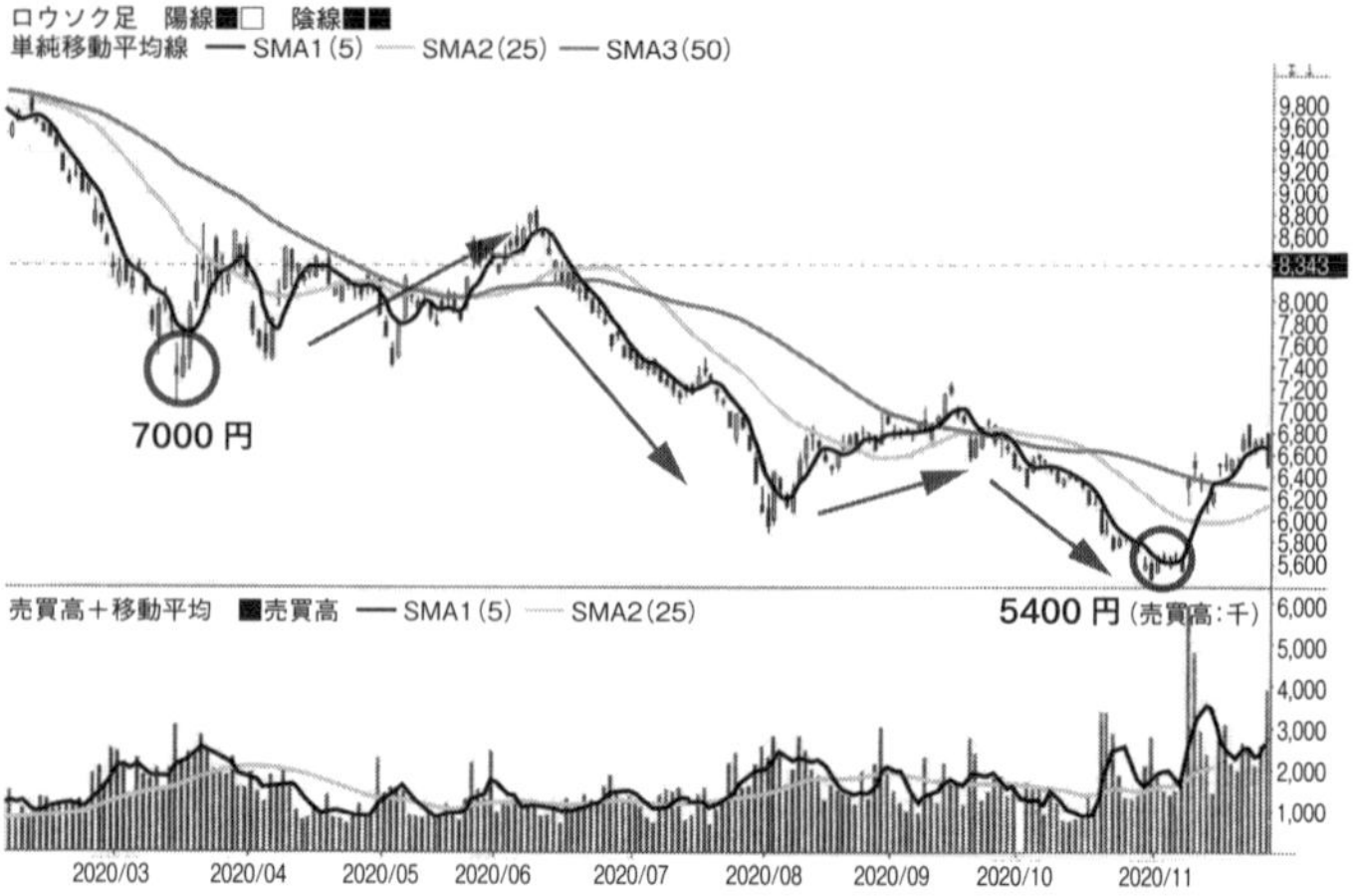

年11月半ばには6000円台まできています。

値ごろ感からすれば非常に安くなっているし、日足チャートもそれを如実に表しているので、買った人もいるでしょう。

しかしその後どうなったかというと、5600円を割っています。短期で同銘柄を買うならば、株価が戻ったら売ればいいのです。これも後になってから言えることです。仮に売らなければ、同銘柄はさらに下落してしまった（東日本旅客鉄道の株価については3月1日時点で7800円）。

こういう「突っ込み買い」をして飛び乗った場合は、すぐに飛び降りるのが正解です。それで、その後でまた考えればいいのです。その後、同銘柄はいったん7000円まで持ち直したものの、12月15日に急遽《きゅうきょ》決定した「GoToトラベル」の全面停止が株価に少なからず影響をもたらすはずです。

とにかく、単純にチャートで自分が見える範囲内で一番下がっているから「買おう」だとか「売れない」だとかいうことは考えないほうがいいでしょう。それがチャートのマジックだからです。

東日本旅客鉄道株が7000円程度になったときに、「こんなに安くては売れない」と思って持ち続けた人は見切る必要があったのではないでしょうか。見切って、別の大型銘柄に乗り換えるならば、さらに6000円台、5000円台へと下落したときに苦しまずに済んだからです（ちなみに4月5日現在、7814円となっています）。

上昇率で銘柄の買い判断をする

次の銘柄の**「オリエンタルランド（4661）」**と**「松屋R&D（7317）」**を通して、別の視座から見るチャートのマジックについて述べたいと思います。前者は東証1部上場の大型株であり、後者は医療用の縫合装置などを手掛ける、東証マザーズ上場で年商80億円程度の小型株ですが、2銘柄とも2020年の11月12日当時に高値を付けていました。
オリエンタルランドは私がよく買いポイントとして使う直近の25日移動平均線の押し目で買

ったと仮定すると、1万4800円から1万7200円で、12％上昇しました。松屋R&Dの場合は、25日移動平均線の押し目で買ったと仮定すると、3400円から5200円と53％上昇となります。

どちらのチャートもなかなか良いチャートなので「買い」と判断できますが、個人投資家の皆さんが投資をする場合に同じようなチャートで同じように上がると思っても、目標までの上昇率がそれぞれ異なっているということです。同じようなチャートの位置まで上がってきた場合、それぞれどのくらいの上昇率になるか把握しておくことが大切です。

オリエンタルランドのほうは、「この位置まで上がってきても12％の上昇か」自分がこの12％で満足できるかどうか。松屋R&Dは「チャートのこの位置まで上がってきたら50％の上昇になるのか」それならば「どちらも買いたいが目標の位置まで上昇した場合、松屋R&Dが大きく利益がとれるので資金配分を多めにしよう」とか判断すればいいわけです。

良いチャートを見つけて買うとしても、チャートのこのあたりまで上がったとして上昇率はどのくらいになるのか、それで自分が満足できるのかをチャートに惑わされずしっかりと考えるべきです。

オリエンタルランド（4661/T）

日足2020/04/06～2020/11/12［149本］ロウソク足

松屋アールアンドディ（7317/T）

日足2020/04/06～2020/11/12［149本］ロウソク足

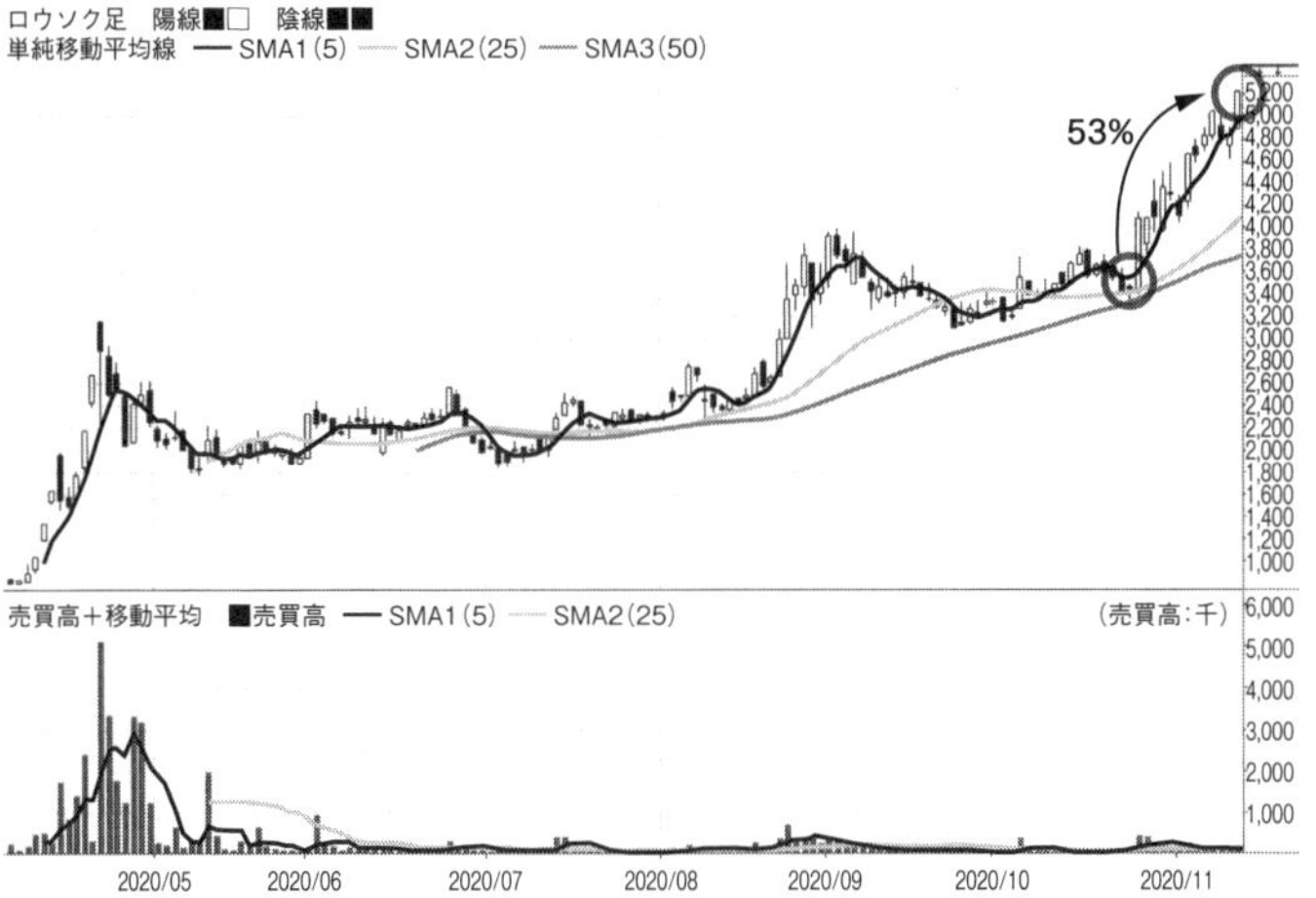

ESG投資の意義

皆さんはESG投資というものをご存知でしょうか？　大づかみに言うと、従来の財務情報のみならず、それに加えて環境（Environment）・社会（Social）・ガバナンス（Governance）の要素を考慮した投資のことです。

国連もこうした投資原則を支持しています。日本においてもGPIF（年金積立金管理運用独立行政法人）が2015年に国連責任投資原則（PRI：Principles for Responsible Investment）の趣旨に賛同し、署名しました。それ以降、国内の機関投資家の間でもESG投資に対する意識が大変高まっています。

今後、企業が長期的な成長を遂げるためには、先に述べた三つの要素が不可欠です。それらを重視しない企業は業績的にもリスクを抱えることになるのです。財務諸表のみで企業を評価するのはリスキーだということで、いま話題になっています。

たとえば、武器、タバコ、アルコール、原子力発電、化石燃料、ポルノなどのカテゴリーに属する企業は投資対象から外すという動きがあります。

さらに児童労働、強制労働を強いる、いわゆるブラック企業などについても、投資対象から外すことが正しい投資とするコンセンサスが醸成されてきています。

これらは当然の動きではないでしょうか。これからの企業は地球環境に配慮し、平和にみんなが働きやすい環境づくりを重視しなければなりません。こうした企業は市場から高く評価されるべきだし、なおかつ収益も伸びていくとする考え方が、世界で徐々に浸透してきているのです。

あとは性別、年齢、宗教などについての考え方の違いを、採用の是非に用いてはならないということも、企業評価の要素になります。なぜなら、広範な考え方をする人たちを採用することが、より多様なアイデアやテクノロジーを生み出し、それらが収益を高めていくからです。

私見ですが、投資対象として挙げられるのは、社会的に意義のある企業。たとえば、日本の高齢化社会に対応している企業だとか、女性経営者や女性幹部社員が多い企業だとか、身体障がい者を多く採用している企業などでしょうか。

現在はたまたまEVやニューエネルギーに関心が高まっているため、ESG投資という言葉が人口に膾炙《かいしゃ》されてきましたが、そういった観点以外のところからもESG投資の対象になっていくのではないかと、私は思っています。

よりテクニカル的な買い判断が必要とされる下落トレンド銘柄

下落トレンドの銘柄については、私自身はあまり買わないのですが、今回は特別に**日産自動車（7201）**に注目しました。ここ2年以上、ずっと下がり続けていた銘柄です。しかもそれ以前も、上昇トレンドを描いていたわけではありません。

つまり、日産自動車とは、保険が掛かっていない銘柄なのです。だから、なかなかリスクの高い銘柄といえます。

日足チャートで見てもわかるように、2020年11月半ばに下落トレンドをはっきりと否定してきました。25日移動平均線を上回ると大陽線が出て、大きな動きを示しました。こうしたサインから、これはかなりの反発を見せるのではないか。そうした判断から、短期目安で400円台前半で買いました。

のみならず、同銘柄を買ったのには、中長期でも妙味があるという判断も加わっていたのです。昨年12月11日現在、日産自動車は550円台まで上がってきました。

月足チャートでは2015年から2016年までは横ばい、2017年はボックス圏を形成、2018年に入ってからはじりじりと下落し始めていました。そして同年11月に出た〝大陰線〟

日産自動車（7201/T）

日足2020/01/06~2020/11/30［221本］ロウソク足

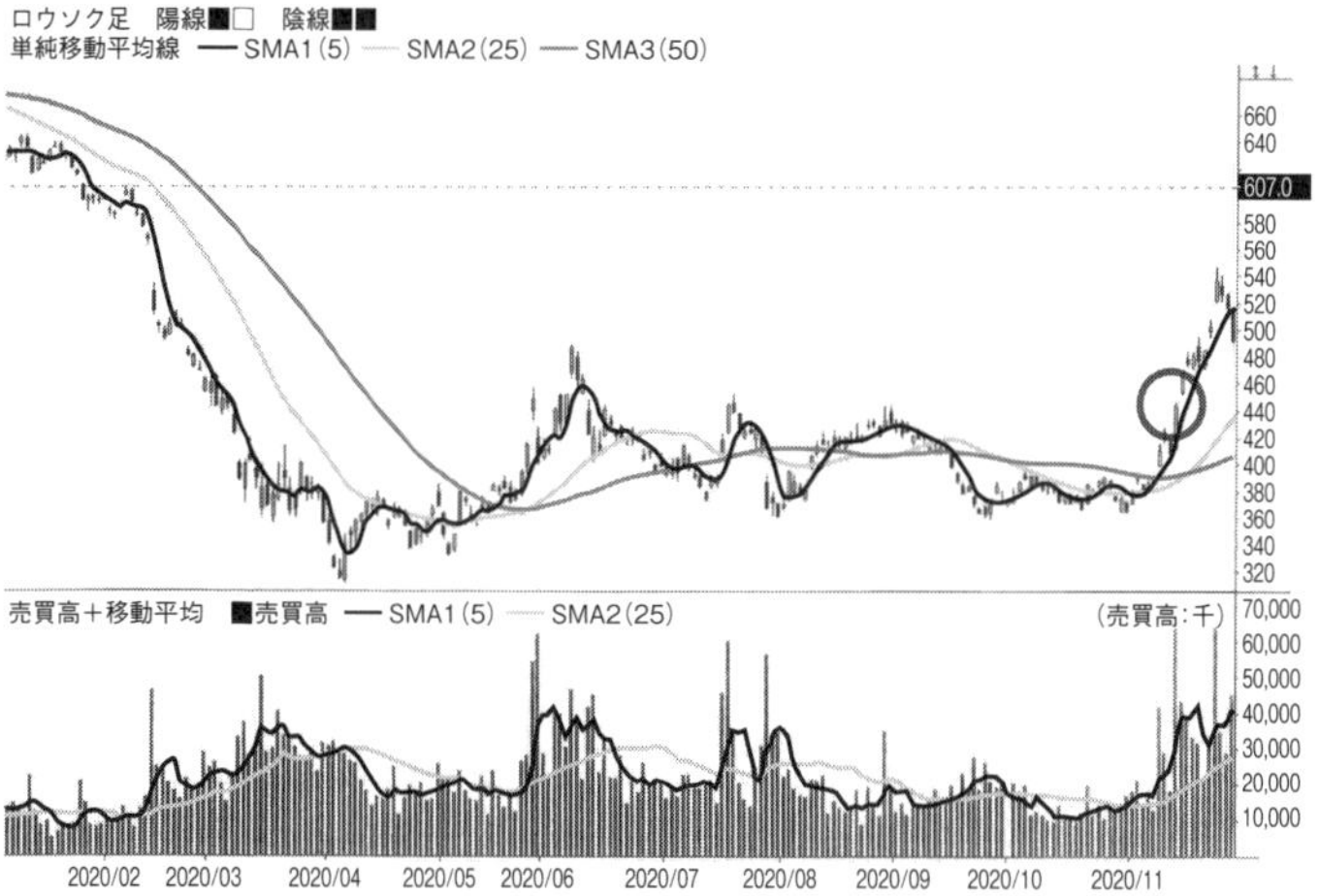

の要因は、カルロス・ゴーンCEOが金融商品取引法違反で逮捕されたからでした。以降、経営混乱に陥った同社株の下降トレンドは止まらず、コロナが追い打ちをかけて、株価は350円を割り込むまでに至りました。

一方で、この当時の日産自動車は、「配当利回りが高い」「PERは安い」ということで、バリュー投資家には人気の銘柄だったのです。けれども、配当利回りが高いまま放置され、PERの低い銘柄には、それなりの理由が潜んでいると思っていたので、私はあまり魅力を感じませんでした。

ここまで株価が落ち込んだ日産自動車は経営破綻するのではないか。そんな風評が当然のごとく飛び交うようになった同社は赤字に転落し、無配となったのでした。

私としては値頃感からは、絶対に買わないと決めていました。昨年11月半ば、横ばいのトレンドをしっかり超えてきた420円のところで買いました（〇印）。

その前に月足で見て、長期の目標を定めました。大きな下落トレンドに入る前の2017年のボックス圏あたり、うまくいけば900円程度は狙える可能性はあるだろうと。テクニカル面の判断では、こんな感じですが、あとは日産自動車の今後の動向次第です。

やはり中長期の買い場を決めるときには、月足でしっかりとチェックして、あくまで自分が短期でいいと思う場面で買うことです。

目標のパフォーマンスが十分取れるかを考えることも大切です。今回の日産自動車に対して900円が目標と示したけれど、たとえ800円であっても、400円で買っていれば倍になります。日産自動車が猛烈に頑張って株価1100円時代の業績に戻り、配当も復活するようならば、うまくすると株価1000円まで上がるかもしれません。

1000円ならば、買値の2・5倍が取れます。今後1年間程度で、日産自動車株で2・5倍が取れるなら、十分なパフォーマンスではないか。これが当時のわれわれの判断でした。

当然ながら、このような下落トレンド銘柄を買うときも、入念に月足チャートを見るべきなのです。下落トレンド銘柄については、残念ながら上場来高値の更新は難しいことなので、テクニカル的にどこまで戻れるのかを、月足はじめ、長いチャートで見ることが肝要です。

頭と尻尾はくれてやれ、下がっている銘柄の買い方

知っての通り、ナンピン買いとは、一時的に保有株の価格が下落したタイミングを見計らって、さらに買いを入れる手法です。たとえば100円で買った銘柄を50円で同株数買って平均買単価を75円に下げるという買い下がりの方法です。

私はこうした手法を基本的にとりません。

私がナンピン買いをしないのは、ナンピン買いが悪いというわけではありません。信念をもって自分の好きな銘柄を探して、買って、その後に大きく株価が上がった場合には非常に大きな財産になるのですから。

ただ、あまりにも一つの銘柄に執着しすぎて、その株価が下がってきた、つまり悪い方向に進んでいるのに買い進めたところ、思い通りの結果を得られなかったときには大きな痛手となります。それを取り返すには、大変な労力と時間を費やすし、精神的にも辛いはずです。

長く株価が下がり続けているなか、我慢をしながら買い続けるのは、投資活動としてあまり良いことではありません。どんどん損を重ねて含み損が膨らんできては、日常生活にも支障が起きかねません。以上のような理由から、私自身、基本的にはナンピン買いはしないことに決

めています。では下落している銘柄は、どういうときに買えば良いのか日本電産のチャートを使って説明したいと思います。

このチャートは精密小型モーターのトップメーカー、**「日本電産（6594）」**の日足です。ここでもファンダメンタルズの内容は抜きにして、テクニカル面に限定して解説します。

ご覧いただければわかるように、同銘柄はこのところずっと株価を上昇させているわけですが、まずは同銘柄の買いポイントについて説明します。

同銘柄が長らく調整を続けてきたのは、25日移動平均線、50日移動平均線をずっと下回っていることが物語っています。

3月に急落し、一番安いところは5000円近辺まで、しかも3度下がったのですが、さすがにここでは買えません。株式投資の格言に「頭と尻尾はくれてやれ」というものがあります。その銘柄の底値のときに買って、最高値のときに売るのは株式投資の理想です。しかし、それを狙うのは難しいので、そんな強欲は捨てて、余裕をもって投資をすべきという意味です。

その格言を日本電産株に当てはめると、一番の安値を値頃感から買うよりは、長く続いてきた下落トレンドからしっかりと抜け切り、強い上昇トレンドに切り替わったときが買い場としては〝正しい〟のではないでしょうか。そうすると、買うタイミングはこの丸印❶を付けたところになります。

日本電産（6594/T）

日足2020/02/03～2020/07/31［121本］ロウソク足

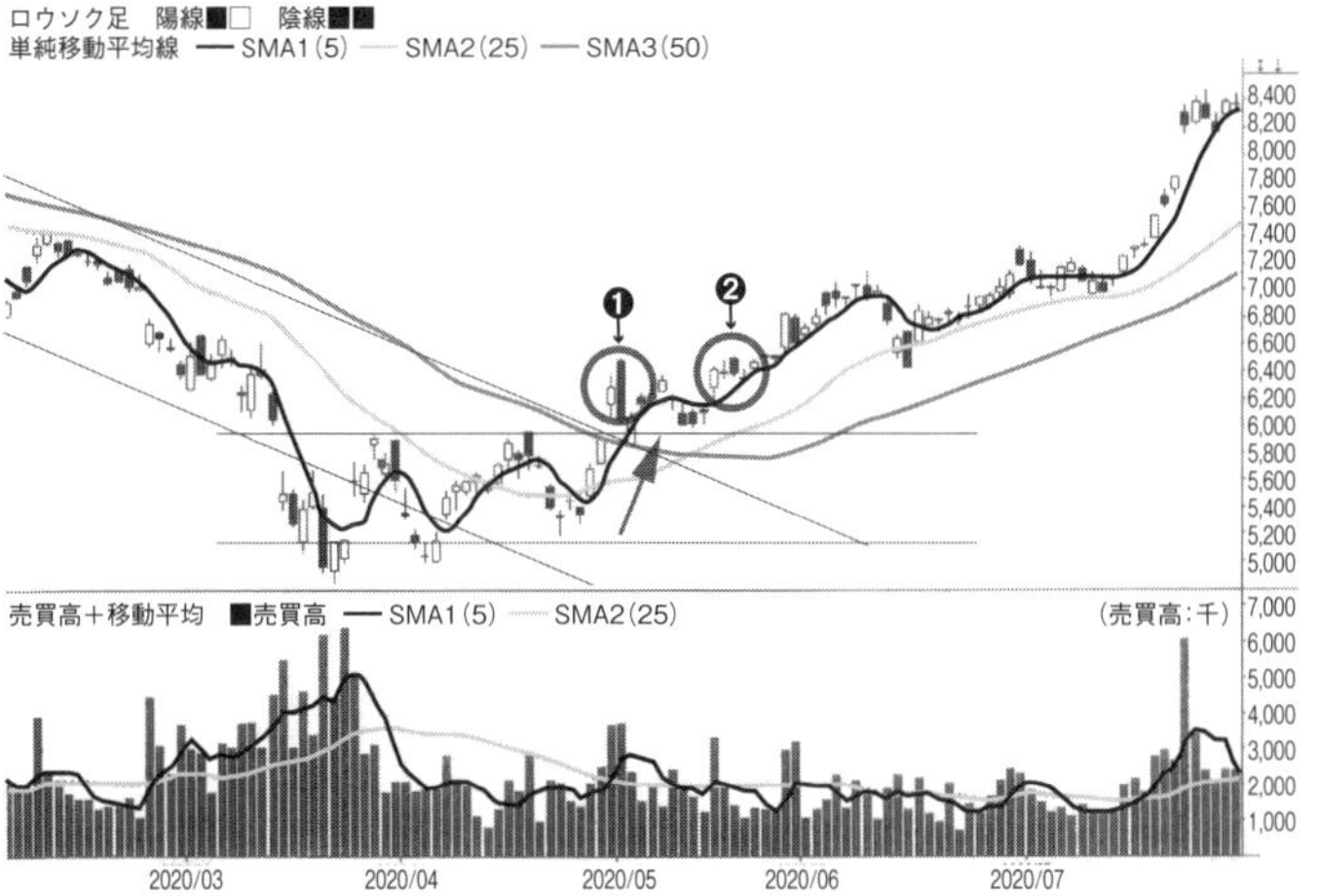

日本電産（6594/T）

日足2020/02/03～2021/03/10［269本］ロウソク足

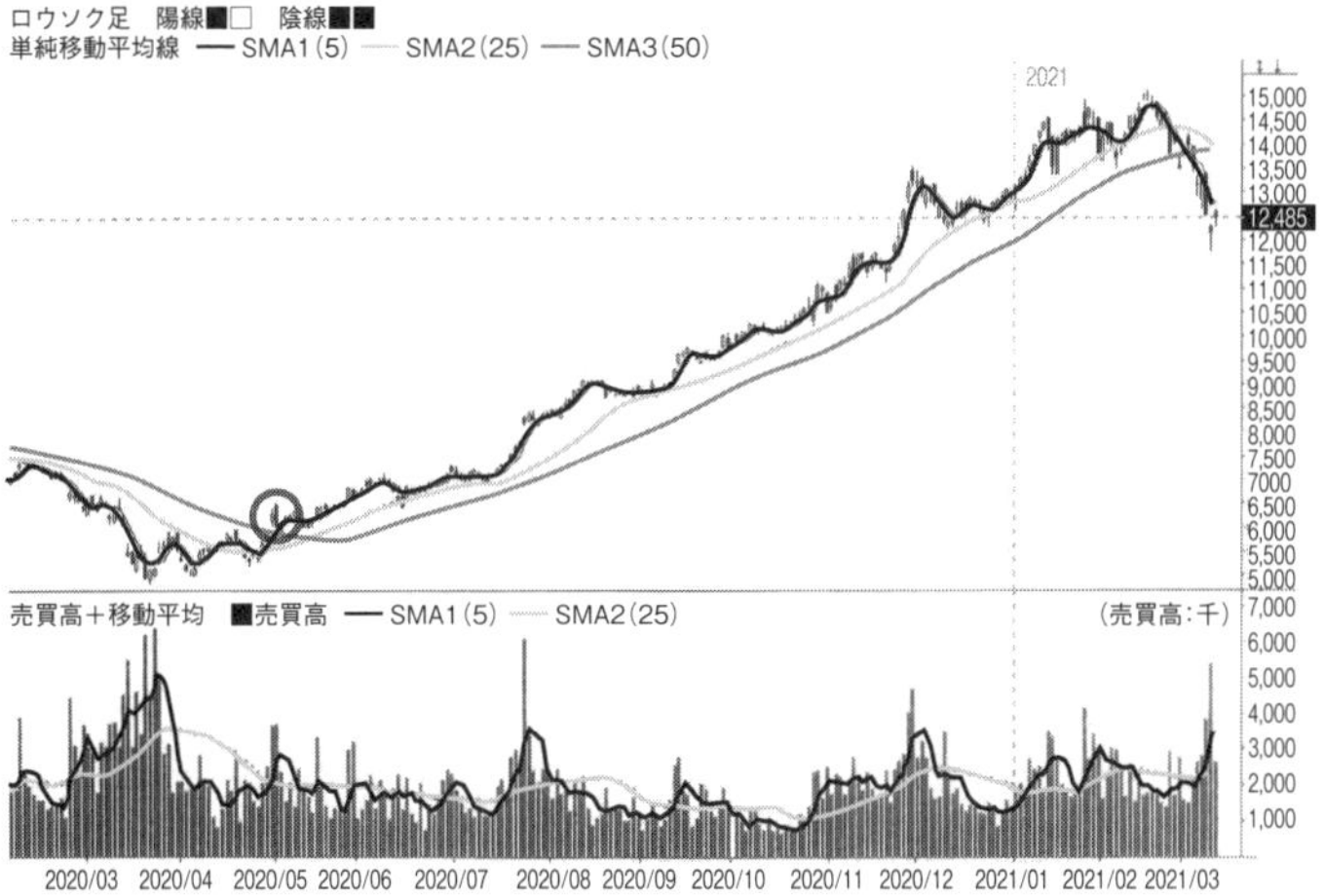

ただし、イレギュラーの場合もあります。下がり過ぎていた反動で、いったん25日移動平均線、50日移動平均線の上に出たものの、再度下回ってしまうということも少なくはないからです。そうしたイレギュラー反応を見越して、安全を期すために、即飛びつくのではなくて、少し日数をかけて見たほうが正解でしょう。

つまり丸印❷の位置です。ここまでくれば買いの判断は確信に変わります。

株価の底入れの〝完了〟を示すサインを確認

この日本電産株の反発は、まさしくセオリー通りの反発といえるでしょう。25日移動平均線を超えて、50日移動平均線も超えて、少しだけ一休みをする。なぜなら、「やれやれ」と安堵《あんど》した投資家の売りが必ず出るからです。

それで、これまで上値抵抗線だった移動平均線が、今度は下値抵抗線に変わります。その後は以前のような下落トレンドには戻りません。

徐々に右肩上がりの上昇を始めて、コツンと抜いた直近の最初の高値を超えてきました。しかも、数日間しっかりと上値支持線よりも上に高値で滞留し、いままでの下落を〝否定〟するような動きを見せていた。この状況を見て、日本電産株の反発がイレギュラー型ではないことを、私は確信したのでした。

しかも先にも言及したように、上昇トレンドに変わる直前に安値を3度にわたって付けています。ドンときて戻って、ドンときて戻って、ドンとくる。これは株式用語では「逆三尊（ヘッドアンドショルダーズボトム）」と言われ、株価の底入れの〝完了〟を示すサインとされているものです。

そもそも安値を一回付けただけでV字型に上昇トレンドに戻るケースは非常に稀《まれ》なので、何回にもわたってこうした形を繰り返して下落トレンドから抜けてくる銘柄は、かえって信頼がおけます。

逆三尊の場合、株式評論家は真んなかの谷が一番深いと説明しますが、あまり形式にこだわる必要はないと思います。それに近い形で株価が上値抵抗線よりも上に出てくれれば、株価に勢いが付いているという見方をすべきでしょう。

以上のような経緯から、丸印❶と❷のタイミングで日本電産株に対しては「買い」という判断になります。これが私の下がっている株の買い方の考え方です。

もう一枚の下のチャートは中期的な日本電産の日足です。先に解説した買いポイントの位置は、このチャートでは○印のあたりになります。出遅れて高い所で買ったように見えても中期チャートにすると、そんなに高い位置ではないことがわかります。ですから、長期投資を好む人は月足と週足チャートで、いまのような動き、下落トレンドを抜いてきたのを見る。さらに日足チャートで確認して買っていくという手法をおすすめします。

押し目買いの観点からすると、日本電産のように上昇トレンドに移行したときに、戻り高値を付けて、調整したところが買い場となります。もしくは先に申し上げたように、数日間、反発がイレギュラー型でないのを確認してから買うのも良いのではないでしょうか。

“横並び”意識が強い機関投資家

いま申し上げた手法で、私がお客様に大型株をおすすめした例をお話ししましょう。

銘柄は総合娯楽産業の**「バンダイナムコホールディングス（7832）」**です。長期上昇トレンドを候補銘柄に選ぶことをおすすめするのは、その企業の業績の中長期の成長力や市場の評価が変わらないかぎり一時的に下落しても、もう一度株価を戻してくる可能性が高いからです。

私は中小型の成長株を投資の主体に考えていますが、お客様のなかには、安定成長の株で利益をとりにいきたい方や資産が大きすぎて中小型だとまとまって買えないことから、大型株をすすめることもあります。その場合は長期的な上昇トレンドで、機関投資家が好む銘柄を選ぶ

バンダイナムコホールディングス（7832/T）
月足2015/04〜2021/03［72本］ロウソク足

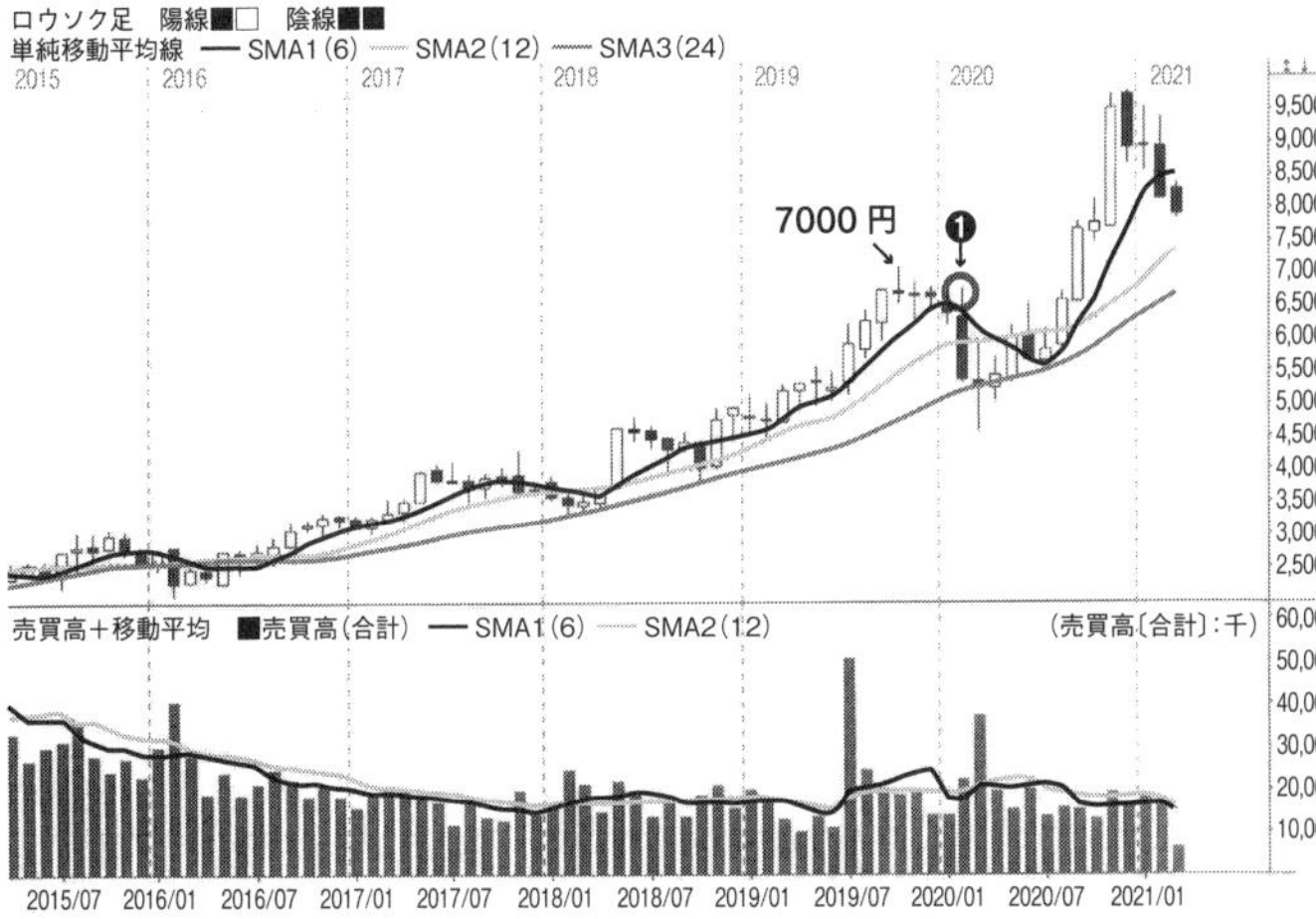

バンダイナムコホールディングス（7832/T）
週足2019/10/28〜2021/03/08［72本］ロウソク足

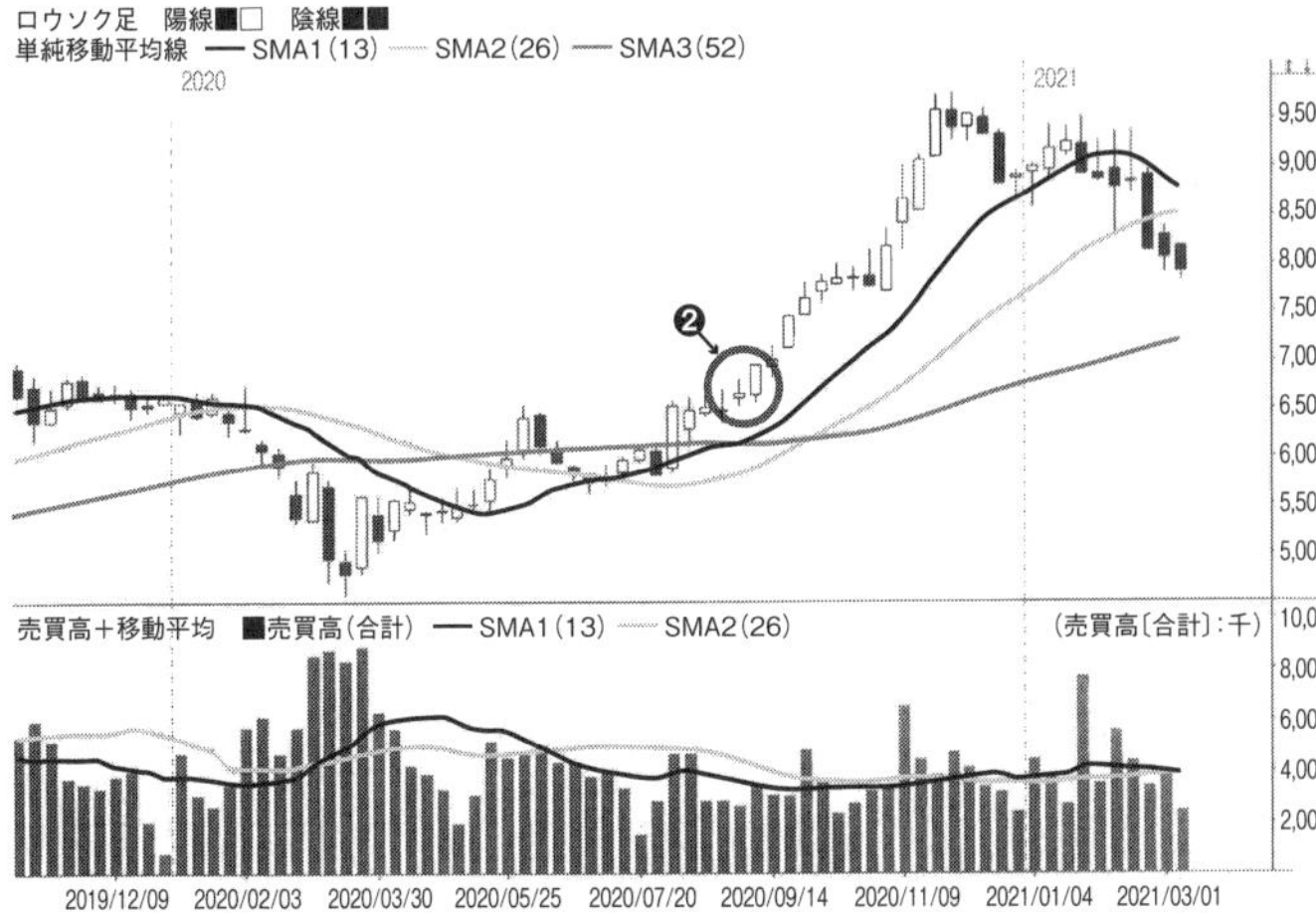

よう心がけています。

なぜかというと、私は機関投資家は〝横並び〟意識が強く、良い銘柄、株価が上がる銘柄を買わないと、パフォーマンスでライバルに遅れをとってしまうという危機意識を常に抱いているだろうと思っているからです。また、機関投資家はファンダメンタルズ分析にかけてはプロですので、彼らの好む銘柄は業績的に不安が少ないことも魅力です。

相場が上昇しているときには、割安で動かない銘柄よりも、割高であっても上昇している成長株に機関投資家の資金が向かうことが多く、そうした銘柄はさらに株価が上昇する傾向にあります。ここで例に上げたバンダイナムコもその一つになります。

バンダイナムコの月足のチャートを見てください。当時のバンダイナムコの上場来高値は7000円でした。次に買うポイントを探していた私はここで（月足チャート❶）買って、失敗しました（月足なのでわかりづらいかもしれませんが、再度上昇の気配を見せていました）。

私はけっこうバンダイナムコを信用していたのです。下落のトレンドを抜けてきたと思って買いました。先刻、株価が移動平均線の上に出ても、イレギュラーもあるから安全を期して数日間見て、そこを維持できるかを見たほうがいいと申し上げました。

このとき同社の決算発表があって、悪くない内容でした。これは上にブレイクするのは濃厚と判断した私は、このタイミングで買いをすすめました。ところが市場の評価は私とは逆で、同社株は急速に売られたのです。そうこうしているうちにコロナ禍に見舞われ、バンダイナムコは急落したのです。

二回目にバンダイナムコ株を買ったのも、結果的には一回目とまったく同じような価格のときでした。コロナによる下げがきつすぎて、一回の上げでは下落トレンドから脱し切れないと思ったからでした。案の定、予想よりも大きな下げが再び訪れた。

そして二回目の上げでは、しっかりと下落のトレンドを抜いてきて、戻り高値も上回ったので、買いたいなという思いに駆られました。けれども、一回目のときの痛い経験があるので、保険のため数日間、静観することにしたのです。今度は一回目のようなことは起きず、じりじりと右肩上がりを始めた。ここで初めて、同銘柄はかなりの確度で上昇トレンドに向かうのではないかと思い、買いに向かいました（❷の位置です）。

昨年9月のセミナーにおいて、私は「バンダイナムコは近いうちに7000円を超えて、上場来高値にいくのではないか」と言及したのですが、結果は、12月1日に9795円の上場来高値を記録しています。こういった機関投資家好みの銘柄は他に**ダイフク（6383）**、**GMOPG（3769）**、**日本電産（6594）**、**エムスリー（2413）**、**OLC（4661）**などがあり、私も観察しています。**東京エレクトロン（8035）**や**レーザーテック（6920）**などの半導体関連も今は良いと思いますし、近年**NEC（6701）**も注目しています（ちなみにNECは、数年前からわが社の朝倉が一貫してすすめていました)。

上昇トレンドを確認後の追加買いが押し目買いの基本

次のチャートは、**「GMOペイメントゲートウェイ(3769)」**になります。電子商取引をはじめとした事業者に対しクレジットカード決済サービスの提供を行う会社で、GMOインターネットの子会社。EC決済の主役とされ、長期上昇が期待される銘柄です。

同銘柄は、もともとわれわれの大型株の買い候補の一つでした。同銘柄についても先のバンダイナムコと同じく、買い場を誤りました。

GMOペイメントゲートウェイは上場来高値を付けてから下落トレンドに入り、それを抜けてきた❶のところで、私は買いました。するとチャートを見ての通り、明らかなトレンドを持たず、一定の範囲内で推移する「ボックス」の動きになってしまったのです。

それでもコロナ禍にもかかわらず、やがて株価は移動平均線を上回ると、じりじりと上がり始めた。調整期間も長いし、いよいよ戻り高値を抜いてくる。今度は間違いないだろうということで、再び❷の位置で買いに入ったのでした。

2015年から今日までを俯瞰《ふかん》すると、同銘柄にしても長期上昇が期待される大型株らしい

GMOペイメントゲートウェイ（3769/T）

日足2020/01/04〜2021/03/10［529本］ロウソク足

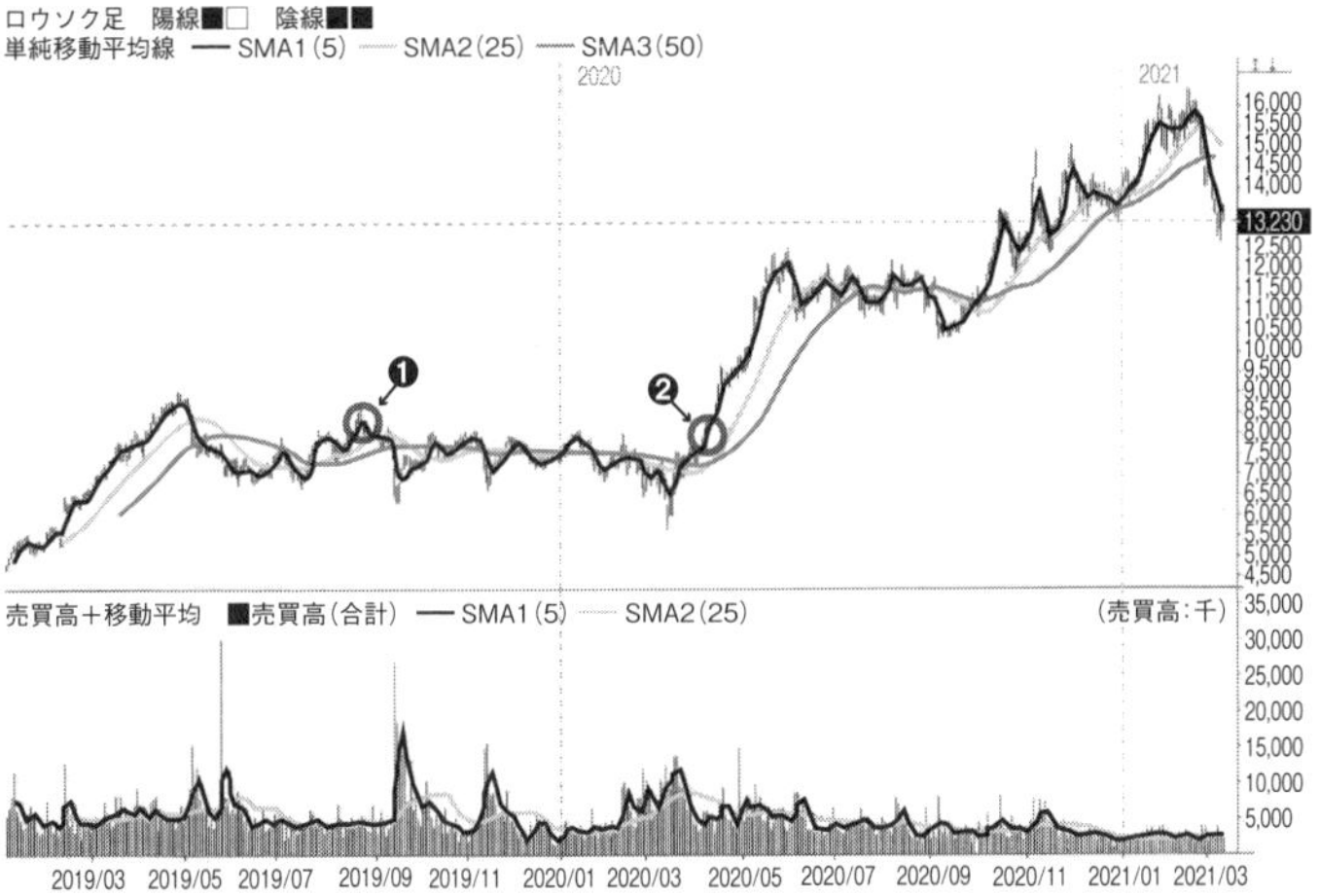

GMOペイメントゲートウェイ（3769/T）

月足2015/04〜2021/03［72本］ロウソク足

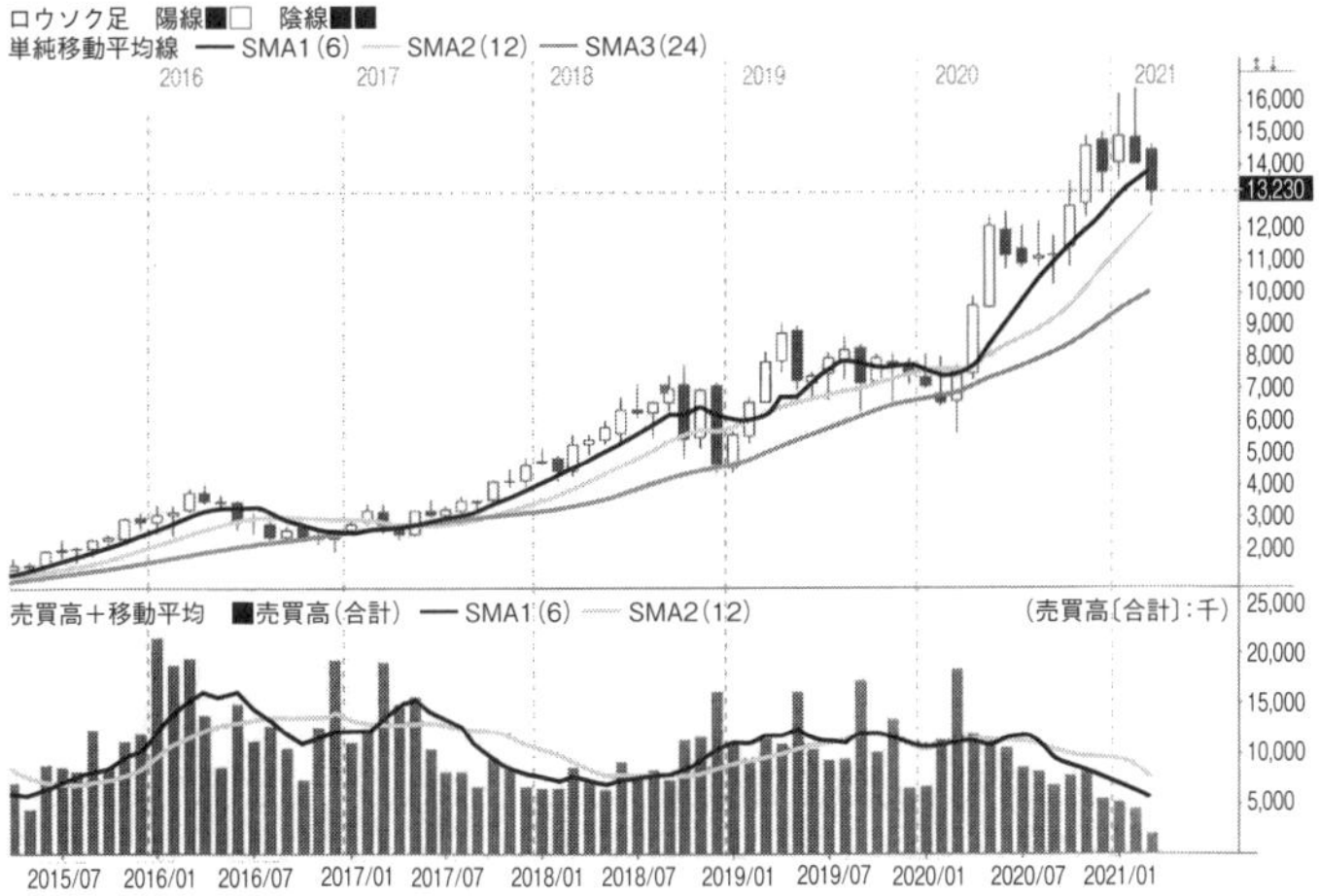

動きを見せています。割高のときもあれば、下落するときもあったけれど、上場来高値を打った後は素早い動きで上昇しています（下の月足参照）。

バンダイナムコに話を戻すと、皆さんのなかには、「6500円で買ったのが9000円ではたいした利益にならないではないか。4600円の底値で買っておけばよかったのに」と言われる方がいるかもしれません。

もちろん勇気を奮って4600円で買い、利益を多くとるというやり方もあるとは思いますが、それでも私は上昇トレンドになったことを確認して買いに行ったほうが良いと思っています。むしろ4600円で買ったならば、25日移動平均線近くまで戻ったところで一度売り、強さが確認できれば再度買いというほうが理解できます。

IPOは不人気でも大化けする銘柄もある

これまでは中長期での買い場を決めるのは、週足チャート、あるいは月足チャート。上昇トレンドの銘柄は高値更新を目指せる銘柄を押し目で買う。下落トレンドの銘柄は目標を設定すべし。以上のような解説をしてきましたが、今度はIPOの公募価格で不人気だった銘柄に対する、中長期のテクニカル面での考察について解説します。

これはご存知**「スシローグローバルホールディングス（３５６３）」**（現ＦＯＯＤ＆ＬＩＦＥ ＣＯＭＰＡＮＩＥＳ）の日足チャートです。スシローは２０１７年3月末に上場してきたのですが、非常に人気のない銘柄でした。

公開価格は９００円で、初値は８５７円50銭。これは分割株式の関係で、こんな価格になっています。上場直後には９００円を超えたものの、人気薄だったことからスシロー株はこの後下落しました。

新規上場銘柄は大化けする銘柄もあれば、このようにファンドの出口案件で大型ＩＰＯのため公募価格を割り込んで最初から下落する銘柄もあります。

スシローの場合も８１５円まで下げており、しばらく低迷を余儀なくされました。ですから、なかなか公開価格の９００円にさえ到達できなかったのです。

ところが同年10月になると、一気に９００円の壁を突破してきました。非常に違和感のあるポジティブな動きでした。当時、ベンチャーキャピタルが手持ちの同銘柄株をどんどん売っていました。そんななか一端調整したものの、すぐにもう一度９００円を上回ってきました。すでにベンチャーキャピタルが同銘柄株をほとんど売り切っていましたが、株価は公募価格を超えてきたのです。

スシローグローバルホールディングス（3563/T）

日足2017/03/30〜2017/11/21［161本］ロウソク足

スシローグローバルホールディングス（3563/T）

月足2017/03〜2021/03［49本］ロウソク足

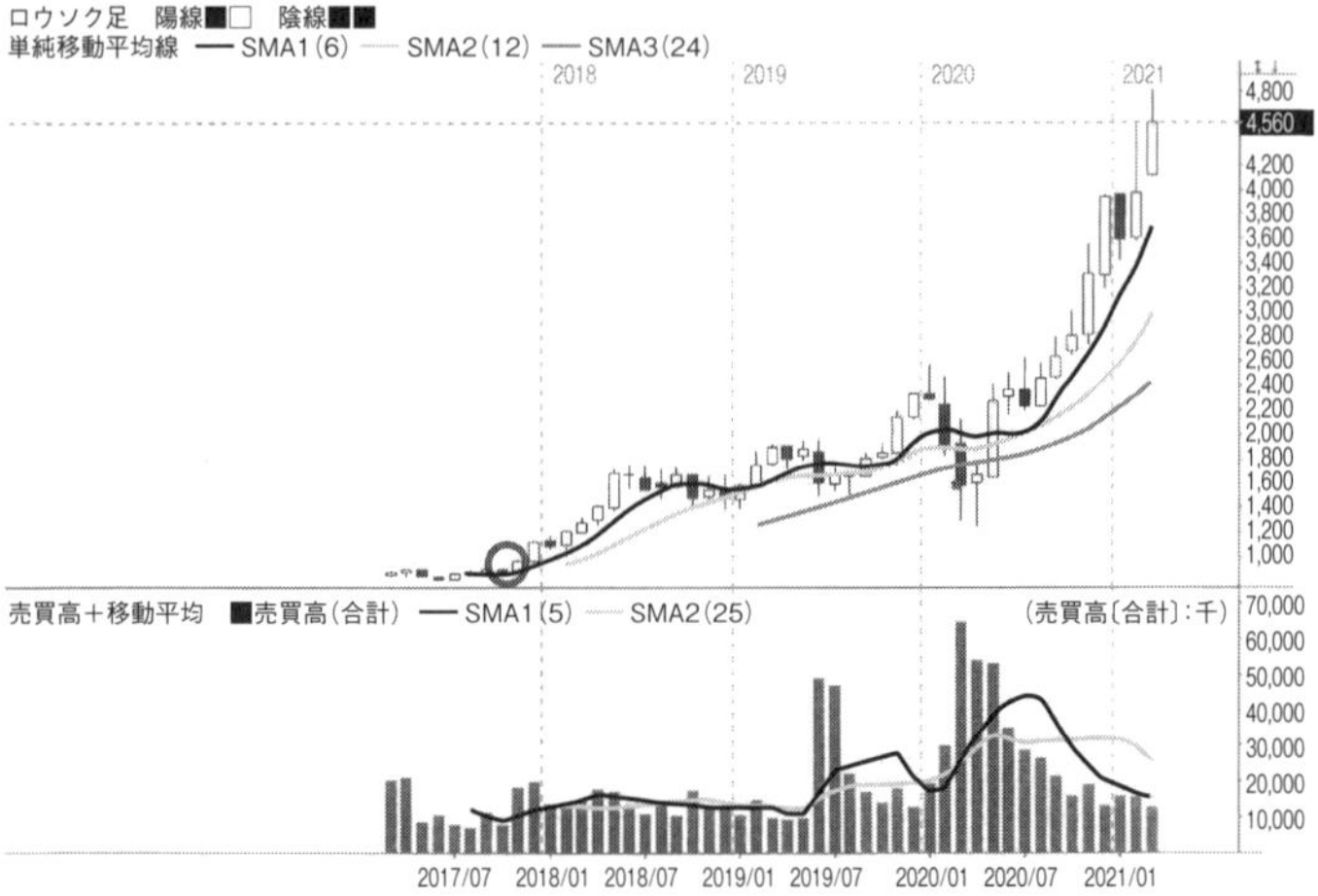

ここで私は買いの判断をしました。スシローはＩＰＯとしては大型銘柄で、しかも半年以上も調整が続き、上場値後の重たいはずの高値を抜けてくるということは、よほどのエネルギーが発生していないかぎり、実現できません。

その後、スシロー株はどうなったのでしょうか。同年12月末までの日足チャートを見てください。あれだけ重かった動きが嘘のようにするすると上昇、あっという間に１１２０円を付けたのです。

次に月足チャートを見ると、２０２１年３月１日現在で４２００円台にまで上がっています。４年間余りでざっと４・７倍になっています。

短期で銘柄の動き見るときには日足チャートで見てもいいのですが、チャートのマジックに幻惑されて、どうしても株価が高く見えがちなのです。けれども今から見れば、こんなに安かった位置なのです。ですから、チャートで見えている範疇《はんちゅう》で高いか安いかを決めないほうが、チャンスをつかみやすいのです。

このように、ＩＰＯの不人気銘柄は、初値から公募価格を割り込んで下がります。下がって公募価格を超えてくるときに、どうして超えてきたのかをしっかりと考察した上で、投資をしていくことが大事だと思います。

公募価格を最初から下回った場合、その位置を超えてきたのにはそれなりの理由があることが多いはずです。

IPO後1年4カ月間も鳴かず飛ばずだったFacebook

実際に私が買った銘柄でないと説得力がないと思うので、できるだけ実際に関わった銘柄を用いて解説しているのですが、**ユーピーアール（7065）**もその一つでした。

2019年6月13日に891円の高値を付けてから少し調整しましたが、1カ月後の7月半ばには高値を超えてきました。輸送用パレットのレンタルという地味な業態なので、株価は上がらないとする低評価を覆してきたわけです。そこで私は打診買いをしました。しかし株価は下がり始めました。移動平均線を割ったら、自分のルールに従って、投げざるを得ないと考えていました。

ぎりぎりまで下がったところで最初の決算発表があったのです。最初の決算発表は、IPOの投資家にとっては鬼門だと思います。まだどの様な性格の会社かわからないからです。私は会社（経営陣の影響があると思いますが）によって性格があると思っています。業績発表においても慎重な会社、過大な計画を出す会社、さまざまです。IPOは過去のデータがないので、それがまったくわかりません。

ユーピーアール（7065/T）

日足2019/06/12～2019/07/16［24本］ロウソク足

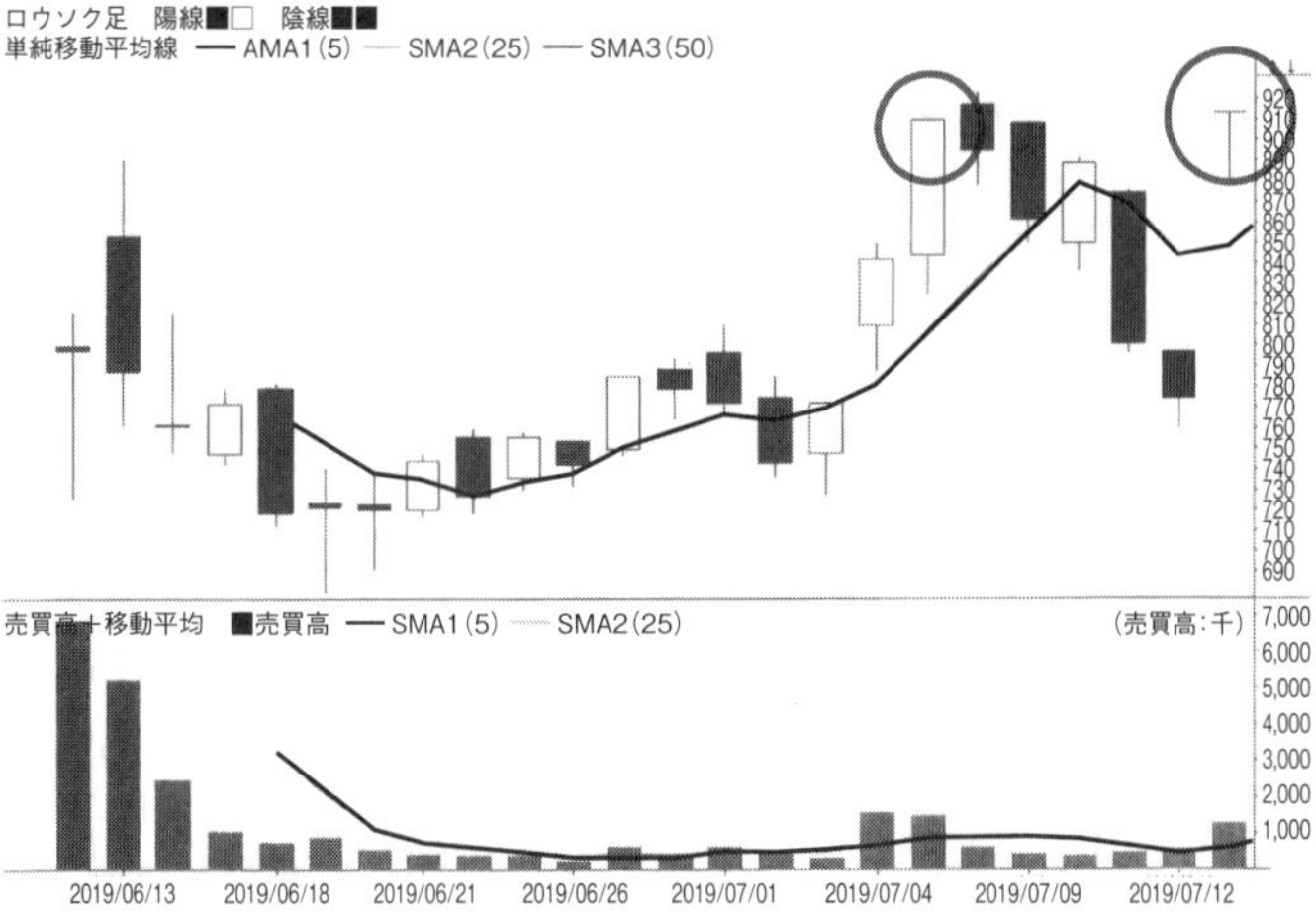

ユーピーアール（7065/T）

月足2019/06～2021/03［22本］ロウソク足

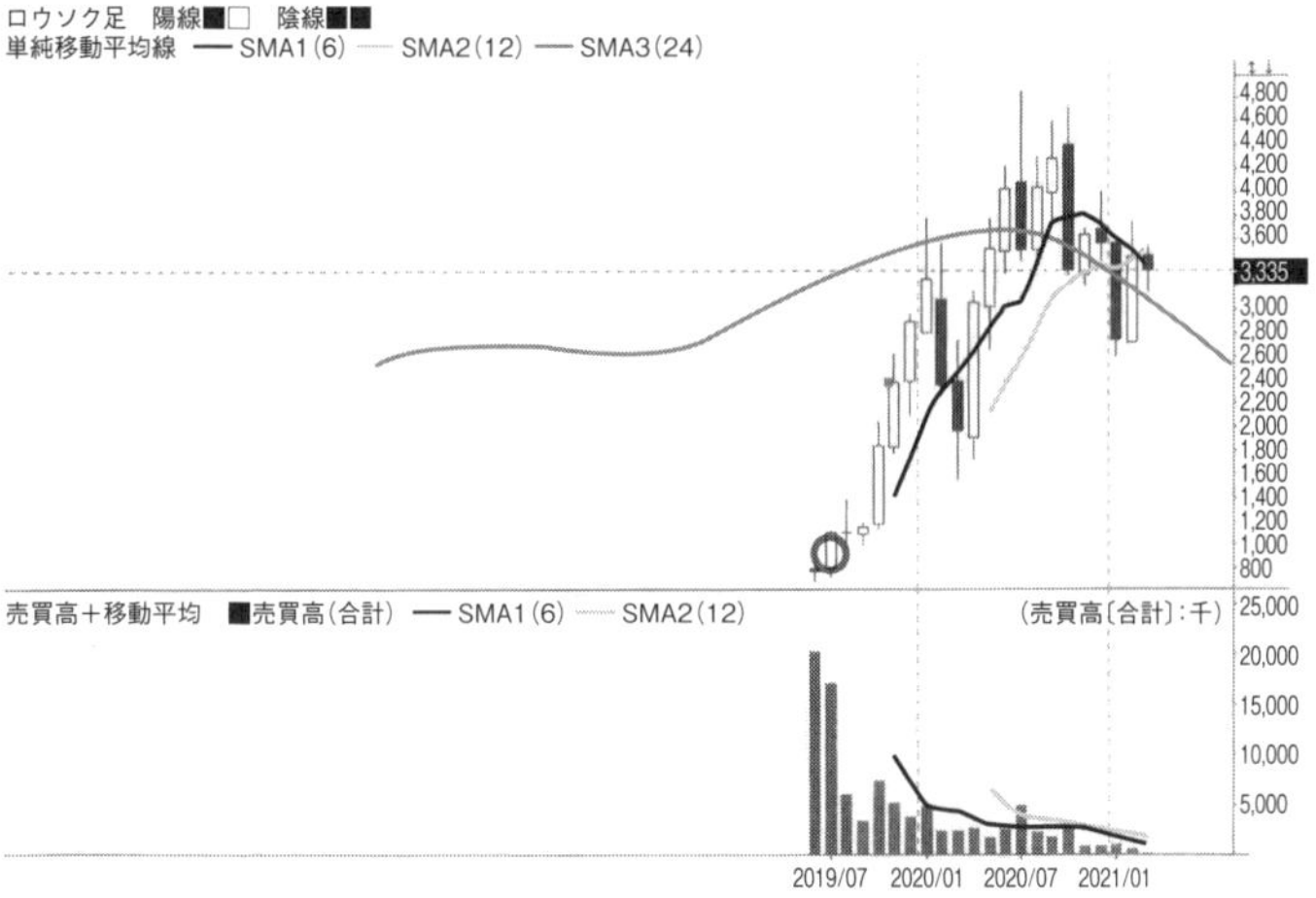

幸い好決算が出たことで、高値を抜いて、株価の上昇率も高まってきたのを確認すると、先の項で書いたグレイステクノロジーのパターンで二度目の買いを入れました。追加買いは890円近辺で買ったのですが、そんな高値で大丈夫なのかと思う人がいたかもしれません。月足チャートで見ると、890円から2020年12月11日には3785円、12月18日終値で3525円まで上昇しました。

ユーピーアールが大きく上昇した理由はギャップがあったのだったと思います。何のギャップだったのか。上昇前の評価は「たかがパレットだろ」というものでした。頭ごなしに「すぐ売ったほうがよい、そんな会社いいといってる人誰もいないよ」と言われたこともありました。しかし上場後好決算を発表後、徐々に他のパレットの会社とは違う成長企業だと認識され始めたのです。このギャップこそがIPO「大化け」の秘密の一つだと私は考えています。

こうしたIPOは上場直後の株価が上昇した後に調整することが多い傾向は、アメリカの銘柄も変わりません。「Facebook」の月足チャートを見てみましょう。

同社が上場を果たしたのは2012年5月でした。公募価格は38ドルのところ、初値は42ドルでした。公募価格の10％増しということになります。その後、初値を超えてきたのは2013年9月なので、1年4カ月間も同銘柄は低迷していたのです。

Facebook（@FB/U）

月足2012/05〜2021/03［107本］ロウソク足

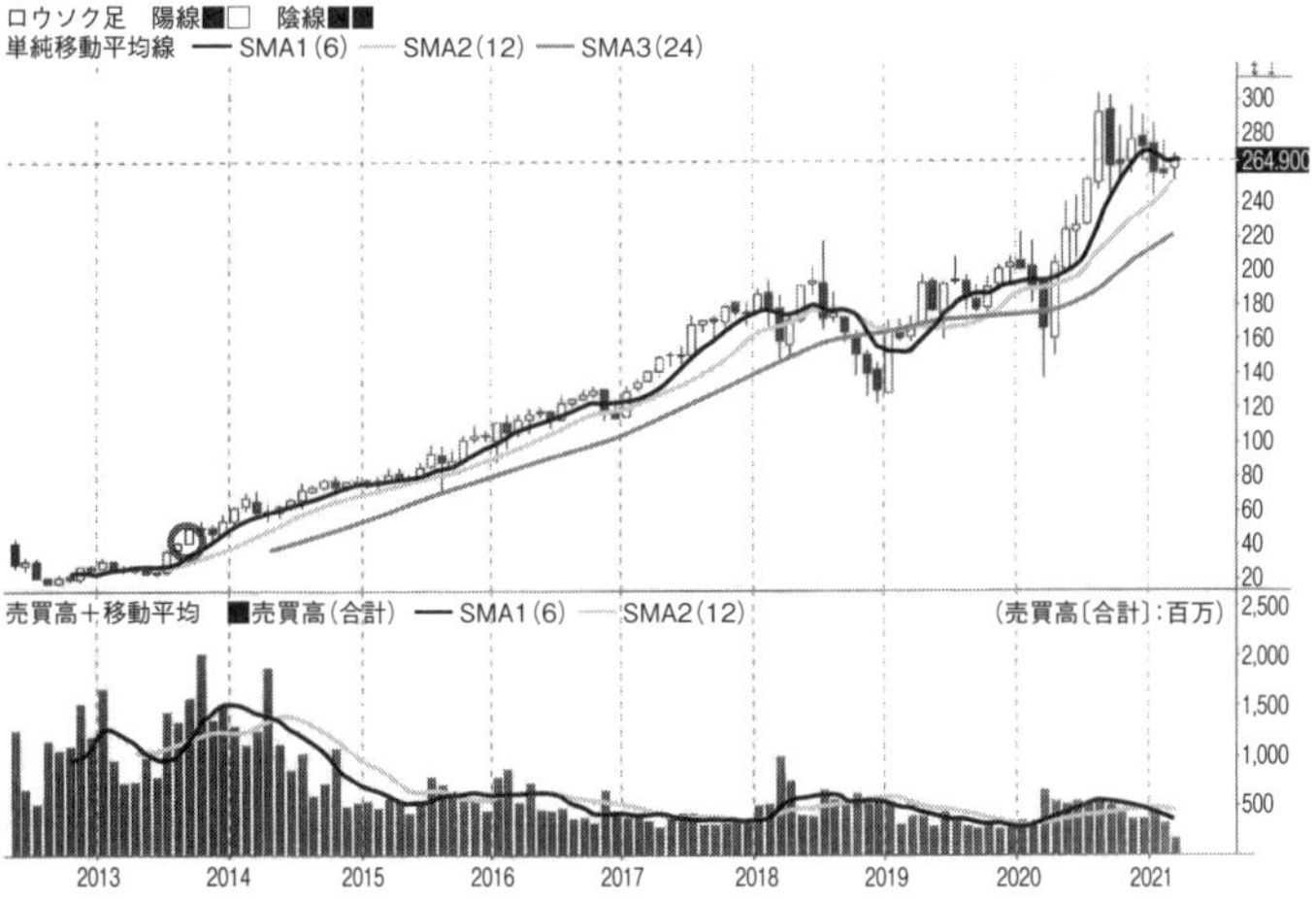

Beam Therapeutics（@BEAM/U）

週足2020/02/05〜2021/03/08［58本］ロウソク足

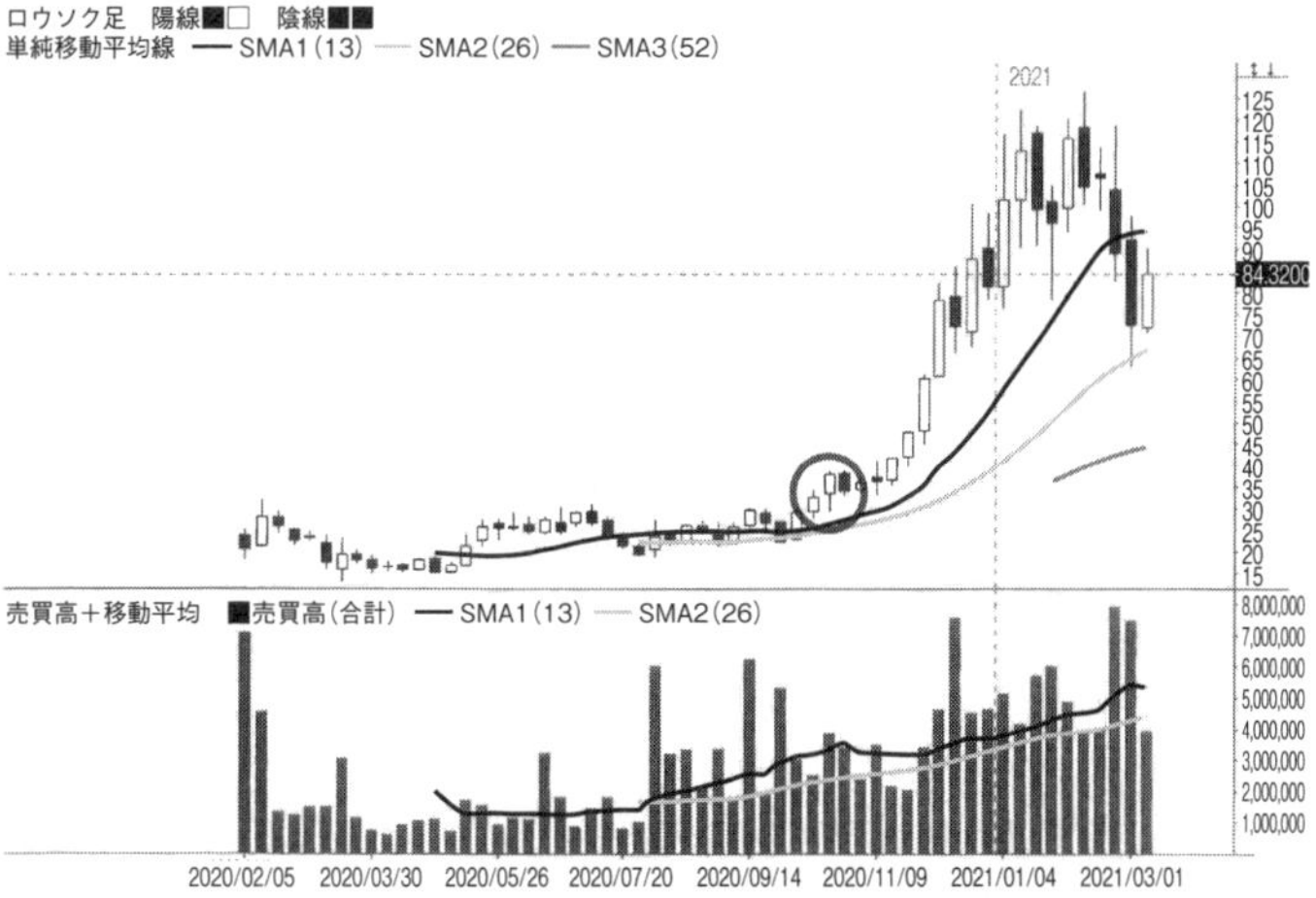

ＩＰＯにはこうした例はよく見られます。ここも事前の評価が高かったので初値は高かったけれど、ブレイクまで時間がかかりました。鳴かず飛ばずの1年4カ月を経た後上昇トレンドに入り、現在に至っているのです。初値から6・59倍（昨年12月時点）に上昇しており、Ｆａｃｅｂｏｏｋを見ても、アメリカも日本と同じ状況にあります。

Ｆａｃｅｂｏｏｋだけではありません。

次の週足チャートは、昨年2月に上場したアメリカのバイオテクノロジー企業「Beam Therapeutics」のものです。ＩＰＯ直後に31・8ドルを付けた後、しばらく株価は低迷、昨年10月前半に静かに高値を超えてきました（○印）。上げが急加速し、2カ月のうちに倍になってしまったのです。ファンダメンタルズ面においてさまざまな要因はあるのですが、テクニカル的には、これまで見てきた銘柄と同様と考えていいでしょう。

上場直後の高値を、時間をかけて抜いてきた銘柄に注目すると、チャンスが広がるし、中長期の投資にも使えるはずです。

繰り返しになりますが、今回登場させたチャートは説得力を強めるため、私が注視していたり、実際にわれわれの会社が投資をした経験のある銘柄のチャートを揃えました。ただし、それら銘柄については、いま、ここから買うべきだとか、すべてがこのパターン通りになるわけではありません。投資を楽しむための方法として使っていただければ幸甚です。

第4章

出来高が示す需給の善し悪し

需給関係を知らせる出来高が高まったときの株価の位置

ここからは出来高について掘り下げて説明していきます。

出来高というと、多ければ多いほどよい、人気が高いといったイメージを抱かれる人が多いかと思います。出来高が多いということは、基本的にプラス材料なのですが、それよりも「需給」をよく考えていくことのほうが重要なのです。この章ではファンダメンタルズを抜きにしてテクニカルで説明することに特化したいので、銘柄の先入観を排除するため銘柄名は書かずにアルファベットにしてあります。

まずは**銘柄Aのチャート**を見てください。ご覧の通り、一番左の○印のときに高値を付け、出来高もピークを付けました。銘柄Aの動きで気を付けなければいけないのは、出来高が多くなったときにはたしかに株価も上がっているけれど、どの場合も一瞬で下がっていることです。

一番左の○印から次の高値の○印まで出来高はそこそこあるのですが、以前の株価を超えられていません。これが以前の株価を超えていれば、需給的に問題はないと思います。けれども、出来高が多いにもかかわらず、以前の高値を超えられず下にあるときは、あまり需給は芳しくない。ですから、株価はあまり上がらないのではないか。徐々に重たくなってくるのではない

銘柄A

日足2020/06/01～2020/12/30［146本］ロウソク足

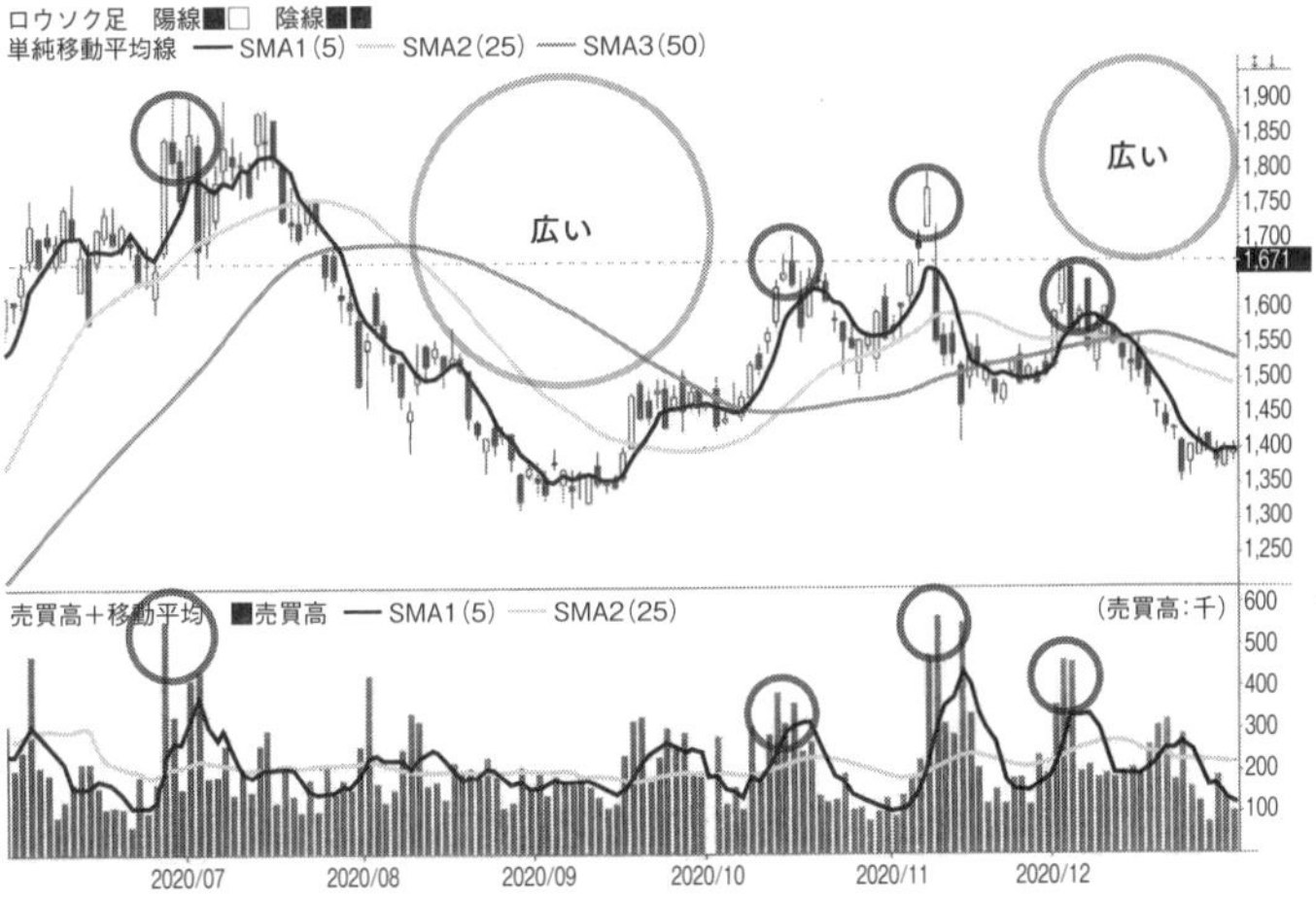

銘柄B

日足2019/10/25～2020/10/30［248本］ロウソク足

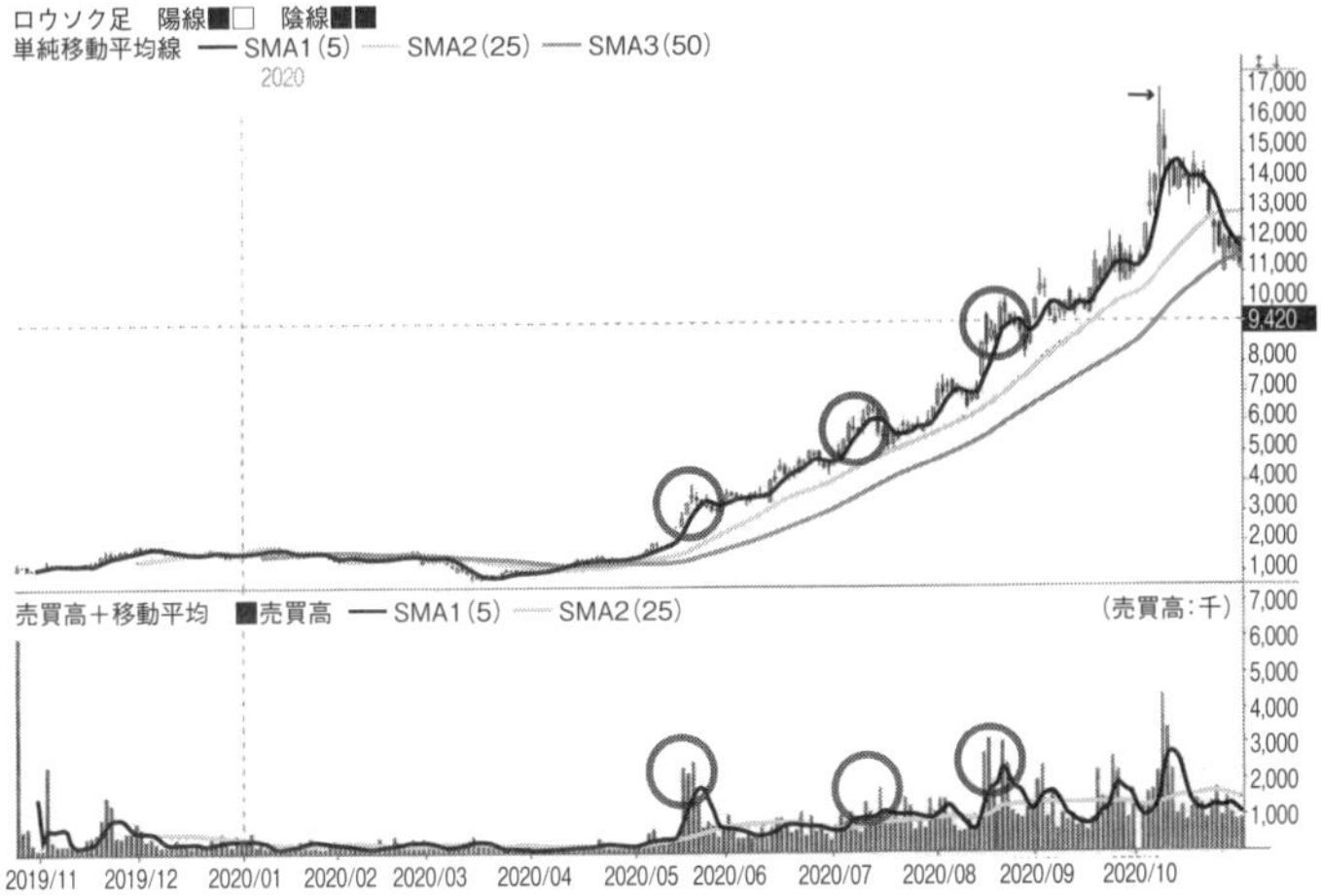

か。そうした捉え方が必要だと思います。

銘柄Aの場合、さらに好材料が出てきたとしても、翌日の動きを見て警戒をすべきでしょう。また、チャートで鉛筆状になっていることが多い。上がるのが一瞬だということです。だから、上の空間が非常に広がっています。

業績から銘柄を導き出したとき、当然、その銘柄のチャートを見ますが、こういったタイプのチャートを示す銘柄はなかなか儲かりづらい。私ならそう判断します。

なぜでしょうか。上がるのが一瞬というところがきわめて厄介だからです。こういうタイプは売ったり、逃げる時間がありません。考えているうちに、みるみる下がってしまう。

チャート左端のあたりのように、ずっと高い株価をある程度継続しているときは逃げやすい。要は下の空間が広いうちは銘柄Aに投資しても大丈夫だと思います。

上の空間が広く、しかも長引いて、鉛筆状の上昇を見せる。鉛筆状の上昇のときに必ず出来高が多い。でも、徐々に高値が下がって、前の高値を超えられないときには、それ以上の株価の上昇は難しいと読むべきです。

次に**銘柄Bのチャート**を見てください。これは出来高と高値との〝理想的〟な関係にあるチャートです。

過去の株価高値を更新した3回すべてにおいて、出来高も均一にピークを打っている。これは最高の需給関係と判断していいでしょう。加えて、出来高が少なくなったときにも、じりじりと株価の上昇トレンドが続いています。下に需給の壁がしっかりできていると考えられます。それで右側矢印のところで、株価が天井を付けています。出来高は過去最高を示し、しかもじりじり上がってきたのが上げ幅を広げて天井へ。その後株価は徐々に勢いを失い、25日の移動平均線を割り込んで、いったん調整のトレンドに突入します。

これは非常にわかりやすい例です。出来高が高まったときに、株価が前の高値のときと比べて上にあるのか、下にあるのか。これはきわめて重要なポイントだと、私は捉えています。

次は超大型株の**銘柄Cのチャート**です。これも株価はずっとほぼ横ばいでした。ご覧の通り、チャート中央あたりで突然、大きな出来高がありました。株価も前の高値を更新しました。

実はこの日の出来高は、東証の売買代金のトップとなる異常なものでした。そして、上昇幅がこんなにも大きかった。先に、大幅上昇の出来高があったときには高値警戒感を持つことが必要であると申し上げました。

銘柄Cは上昇トレンドというよりは、ずっと続いていた横ばい状況から大きく上離れたのです。その後の株価の展開を見ると、出来高は徐々に減り、過去の通常値に戻っていったのです

銘柄C

日足2020/02/14〜2021/03/11［262本］ロウソク足

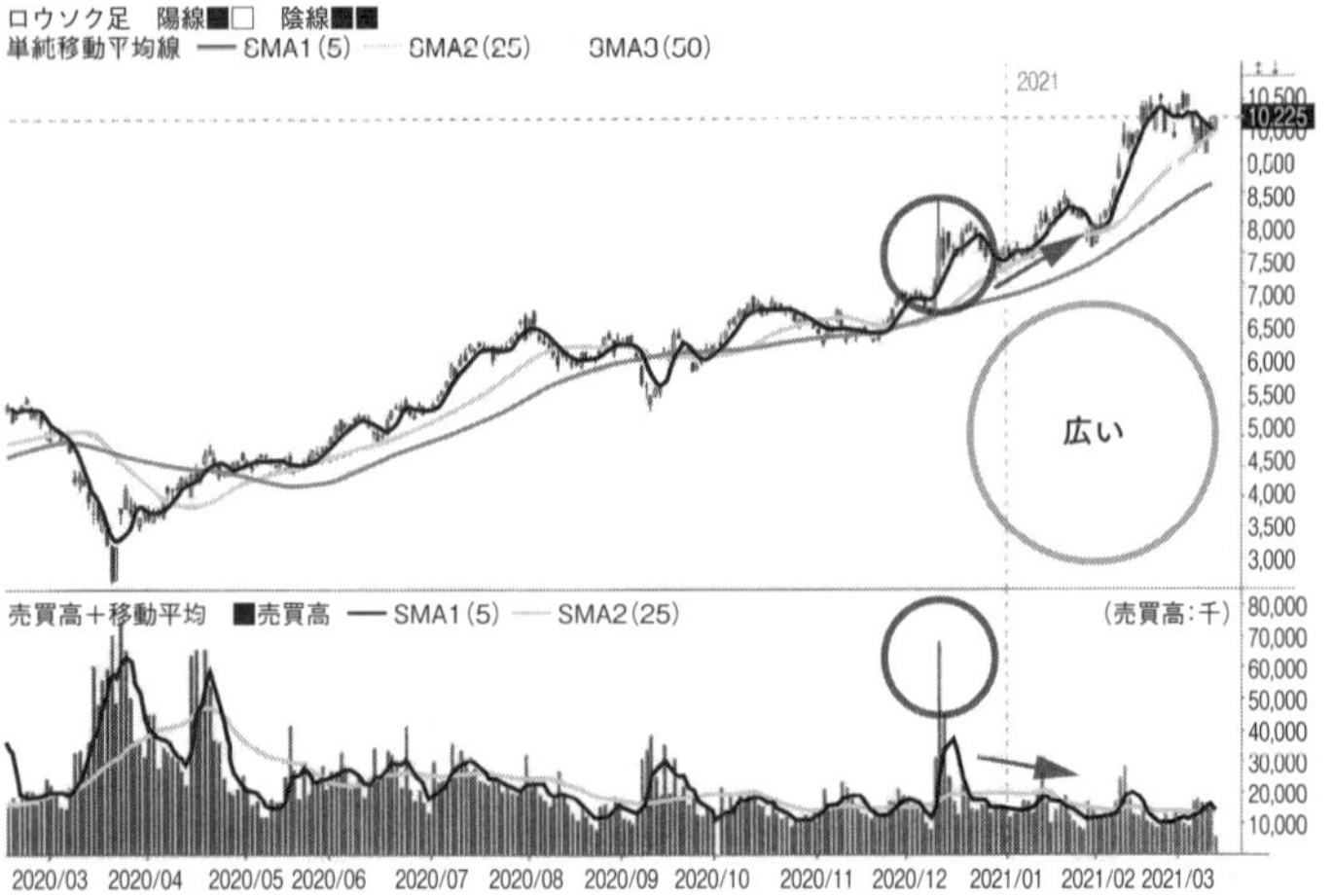

が、株価の位置は前のレベルには下がっていません。下の空間が広くなっています。

出来高が少ない通常時にもかかわらず、以前の高値と比べても株価ははるかに高い位置にあります。以前はものすごい出来高をともなって大幅に株価を上げたのですが、その後ははるかに少ない出来高なのに高値を超えようとしているのです。

これはきわめて需給がいいことを表していることから、銘柄Cについては売らないで大丈夫だという判断をしました。ご覧の通り、銘柄Cは再度高値を更新していきました。

下落トレンドを破る〝号砲〟となる唐突な出来高急増

それでは下落トレンドの銘柄についてはどう買えばいいのか、出来高をどう捉えればいいのかを見ていきましょう。

この**銘柄Dのチャート**は典型的な下落トレンドを描いています。2020年7月初旬に大きな出来高があって売られます。株価も急落し、大底を付けたような感じですが、もう一度売られます。出来高は少ないけれど、株価はさらに下がります。これは需給が非常に悪いことを示しているのです。先の銘柄Cとは真逆のパターンです。

こうした推移の銘柄はどういうときに買うべきか。これも株価の位置と出来高が重要になります。実は9月初旬から25日の中期移動平均線を超えてきました。その後、今度は25日の移動平均線が下支えになり、いったん一休みしました。25日移動平均線の上に出て、さらに大きく上方に乖離を見せてきたからです（❶）。これだけ長く下落トレンドが続いてきたのですから、セオリー通りの動きといえます。

そして次の瞬間に訪れたのがチャート右端の、突き抜けるような出来高でした（❷）。いまだかつてない出来高をもって、株価も大きく跳ね上がっています。凄まじい初速です。これは

銘柄D

日足2020/02/03～2020/11/20［197本］ロウソク足

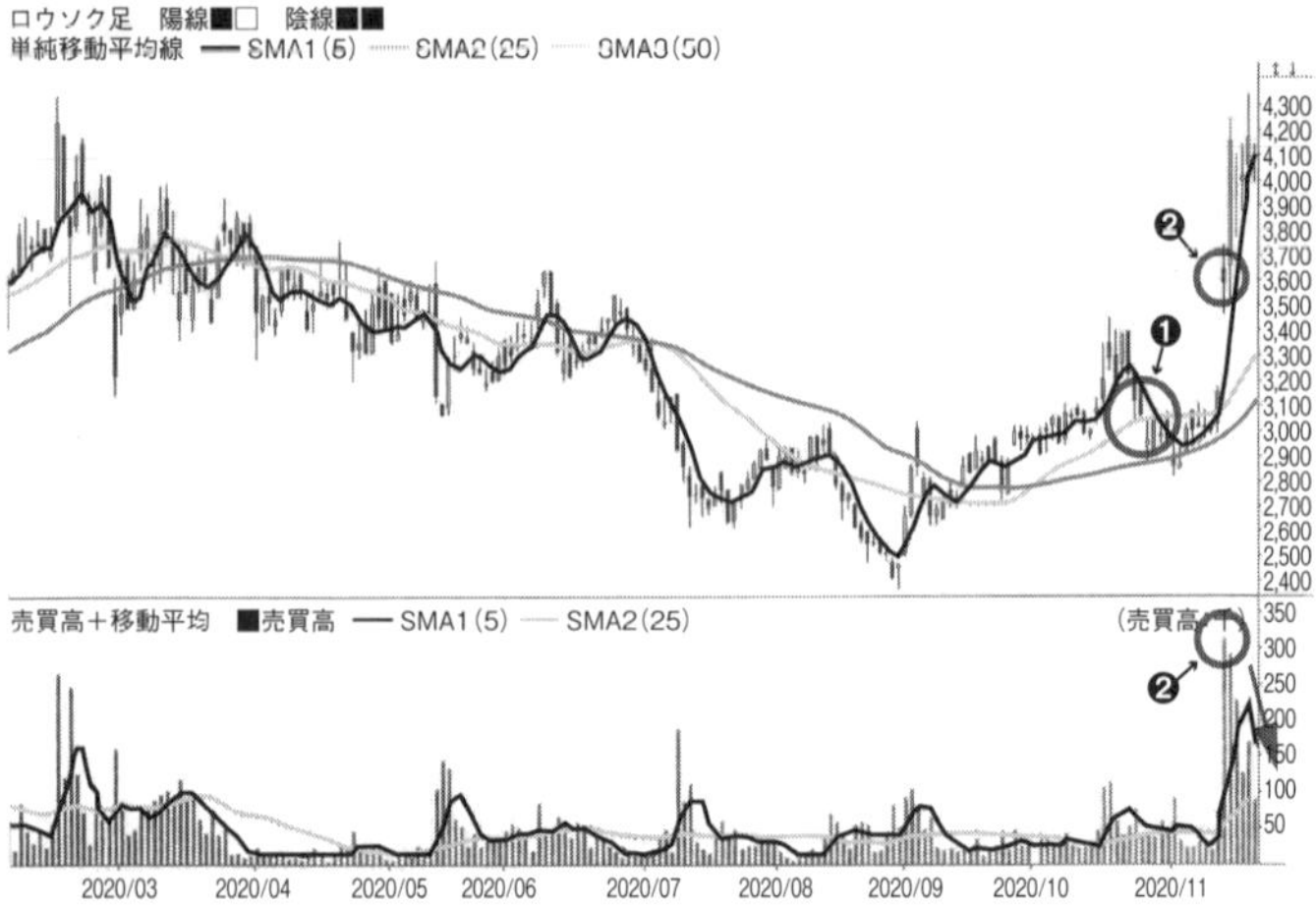

銘柄D

週足2019/10/28～2021/03/08［72本］ロウソク足

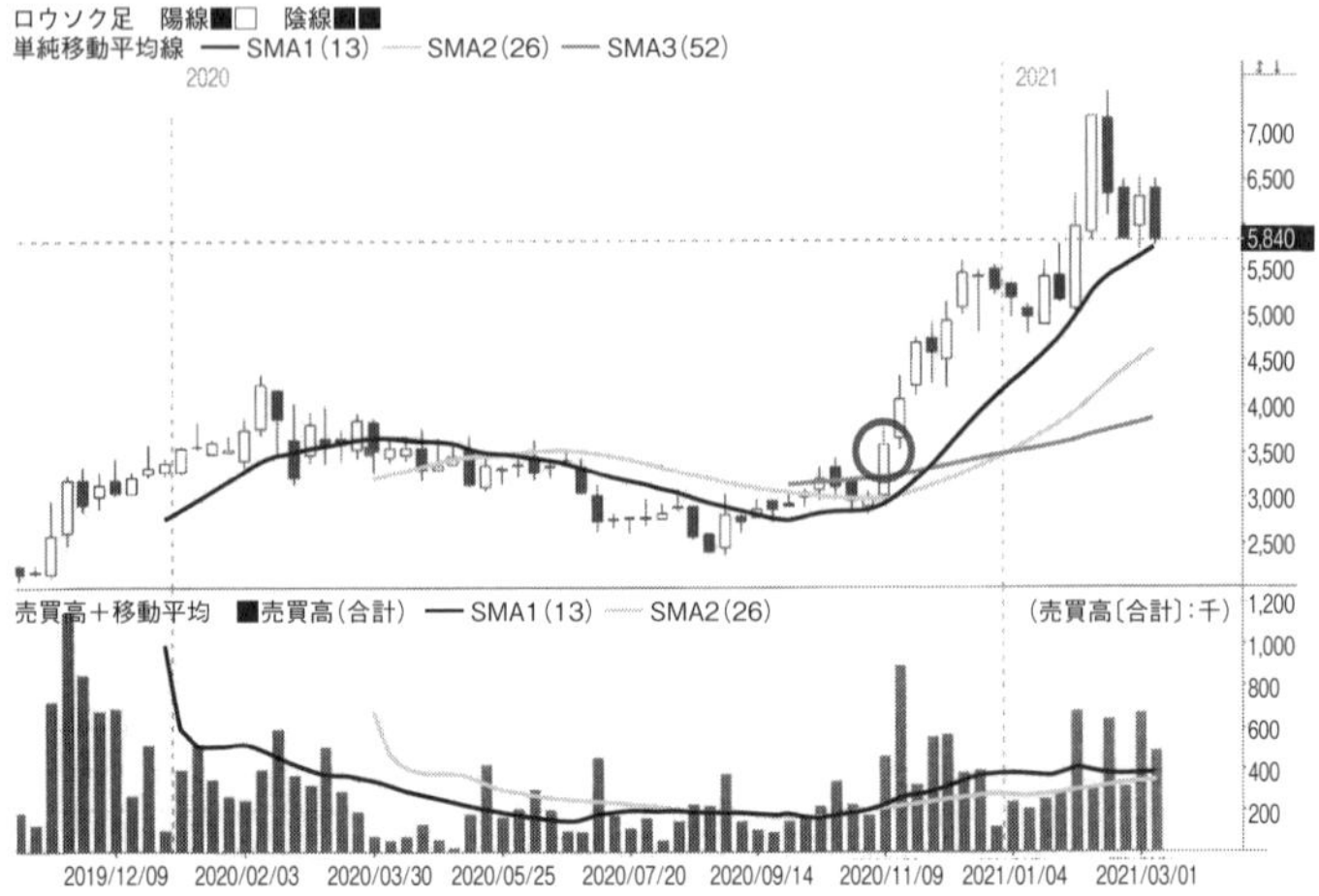

いままでの動きを大転換する兆しです。非常に大きな出来高で株価も引けまでだれてない陽線ですから、売り物を吸収していることは明らかです。

その翌日の出来高は非常に高水準とはいえ、やや減っています。けれども、株価はさらに大きく上がっています。出来高が大きく、売り物もこなしながらですから、需給の良さを示している。これは潜在的に上昇力がかなり高いことを物語っています。唐突に高水準の出来高を見せた場合には、それが本物かどうか、次の動きを観察することが肝要です。

下のチャートがその後の推移です。2020年11月の唐突な出来高急増が下落トレンドを破った〝号砲〟となったことがわかります。大きな出来高をこなし、その後は出来高が少なくなっていくなかでも、株価をじりじりと上げていきました。

2021年2月初旬に、もう一度大きな出来高がありました。これが重しになるのかどうか。でも、株価の位置はしっかりと高値で終わったので、テクニカル面からはこれはまだ保有しても大丈夫という判断に至りました。

この銘柄については、出来高から見るかぎり、あまりに株価が上がったから売るという考えは捨ててもいいのだと思います。

まとめると、下落トレンド銘柄を買うときは、高水準の出来高があって、なおかつ株価の上昇が非常に大きく、そのスピードが速い。これが重要なポイントになります。加えて、1日だけではなく、その後の経過を見ることが大切です。

出来高が少なくなってきても株価は下がらない。これが需給の良さのエビデンスになることを覚えておいてください。

これが先に見た銘柄Aのチャートのように鉛筆型であると、その後の経過を見る暇もなく、スタート時点に戻ったり、あるいは高値をつかんでしまうことにもなりかねません。そうした癖のある銘柄については、なかなか投資しづらいわけです。

出来高だけを見るのではなく、チャートだけを見るのではなく、両方を兼ね合わせて株の需給を考えていくと、株価動向がよりわかってくるのではないかと、私は考えています。

需給を見極めて投資すべきIPO

ここでは、上場間もない新規公開株の出来高に関する考え方について述べてみます。

言うまでもなく、上場間もない新規公開株には過去のチャートは存在しません。したがって、初値の銘柄を買うこと自体、非常に勇気がいることです。ファンダメンタルズのみを考慮して買うしかないのですが、それでも一般的に新規公開株の人気は高く、初値が高くなる傾向があります。ですから、初値買いに全力投資するのは、かなりリスクが高いといえます。

けれども、たしかにリスクはあるとはいえ、初値買いとは異なり、テクニカル面で合理的な説明がつく投資法があります。新規上場したばかりのIPO株を市場で購入するセカンダリー投資です。

では、なにを意識してセカンダリー投資に臨めばいいのか、その一例を紹介します。

この**銘柄E**は、公募売り出しの総額が抑えられ、時価総額が非常に小さかったことから、初値買いに人気が集まりました。公募価格から130％の上昇でした。つまり、公募価格の2・3倍で寄り付いたのです。価格にして約600円くらいでしょうか。

その後はチャートをご覧の通り、株価は上がらず、売りが出ました。上場3日目には400円を割ってしまった。初値から3割以上も下がったのですから、買った人はかなり不安になったと思われます。

出来高を見ましょう。たいていのIPO銘柄は上場1日目、2日目については出来高は多いのですが、銘柄Eについても同様でした。その後は出来高が減っていき、株価のほうも冴えません。

こうした銘柄はいったいどこで買ったらいいのでしょうか？　まず一回目のチャンスは、株

銘柄E

日足2016/12/21～2017/01/30［25本］ロウソク足

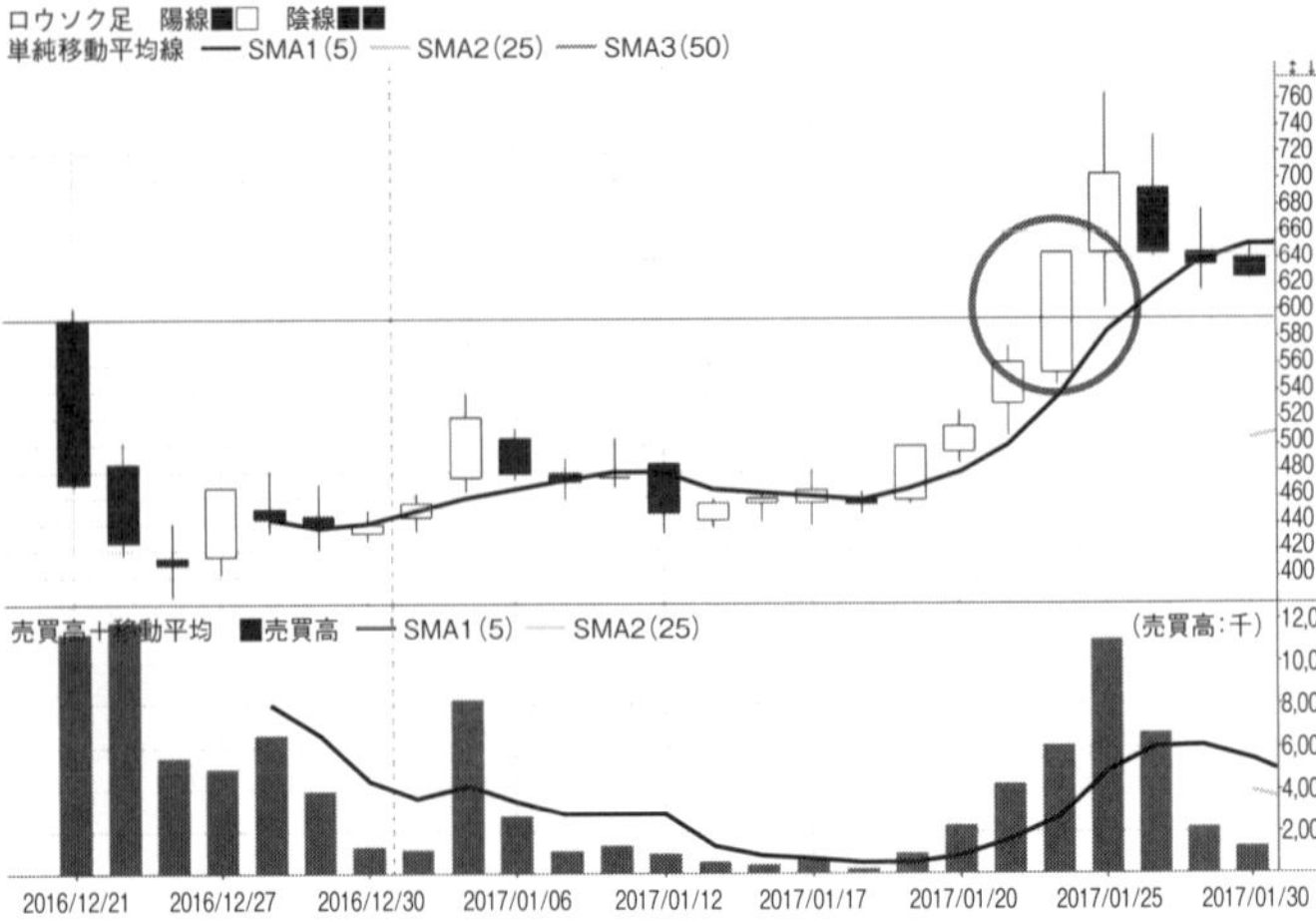

価が初値を超えてきたときでしょう（上チャート○印）。実際、２０１７年1月24日に初値を超えてきました。当時の上場来高値を更新し、その位置でしっかりと終わっています。出来高についても以前よりも少ないので、需給もそんなに悪くはありません。

先にも言及した通り、その翌日の動きが大事なのです。しっかりと株価の位置は上がったのですが、出来高がぐっと増えています。要は、ここから株価が下落していくと、ダブルトップを招く可能性が出てきます。

経過を見ると、株価は調整しつつも、出来高は減少が続いている。上昇しているわけではないけれど、株価は前の高値よりも上のところを維持しています。結局、銘柄Eは出来高が少なくても上昇トレンドに乗ることができた。

新規公開株についてまとめると、初値で買うことはできません。ＩＰＯ後にそのままどんどん株価が下がっていくことが頻繁にあります。特に時価総額の小さな銘柄は、初値だけが高くて、その後はずっと低迷することが多い。

そうでない銘柄は、出来高が多く、人気のあった上場初日の高値を〝再度〟超えてきたとき、意味のある動きをすることが多いのです。

加えて、そのときの出来高が少なければ、なおさら良いといえます。出来高が少なくなっているのに徐々に株価が上がっているということは、その銘柄の人気がなくなっているのに売れなくなっているのです。これは非常に需給が〝良い〟ことを示しているので、ここで確信を深めて、投資に踏み切るのが良いかと思う次第です。

非常に大きなリターンが期待できるマザーズ銘柄のセカンダリー投資

このパターンは業務スーパーをＦＣ展開する**「神戸物産（３０３８）」**に当てはまります。この銘柄もＩＰＯ直後に大きく下げて、長らく調整期を続け、それを超えてきたときに、一気に株価を上げてきました。

先に書いたスシローもそうでしたよね。半年以上も下がっていたけれど、じりじりと株価を上げてきたのです。ベンチャーキャピタルの売りがあるのにもかかわらず、なぜか最初の高値を突破してきたのです。

繰り返しになりますが、調整後に最初の高値を超えてきた場合、出来高が少ない場合、この二つの要素に注目してください。

マザーズ銘柄のセカンダリー投資には、たしかにリスクはあります。ですが、成功した場合のリターンは非常に大きくなります。初値には全力投球しないこと。ここまで私が申し上げてきたように、ファンダメンタルズ、チャート、出来高を入念にチェックしながら挑戦するのがセカンダリー投資のセオリーかと思います。

次は昨年上場した**銘柄F**の例です。

先に示した**銘柄E**は、上場後の初値が高く、その後急速な調整が入って、初値を超えてきたときに注目しようとするものでした。銘柄Fのパターンは低い初値を付けてのスタートから上昇トレンドを描いている銘柄です。

この銘柄はIPOには珍しく上場初日の出来高が少ない銘柄でした。人気がなかったからです。その後上場5日目に出来高が急増して株価が急進しています。出来高が急増しましたが、

銘柄F

日足2020/09/30～2021/03/11［110本］ロウソク足

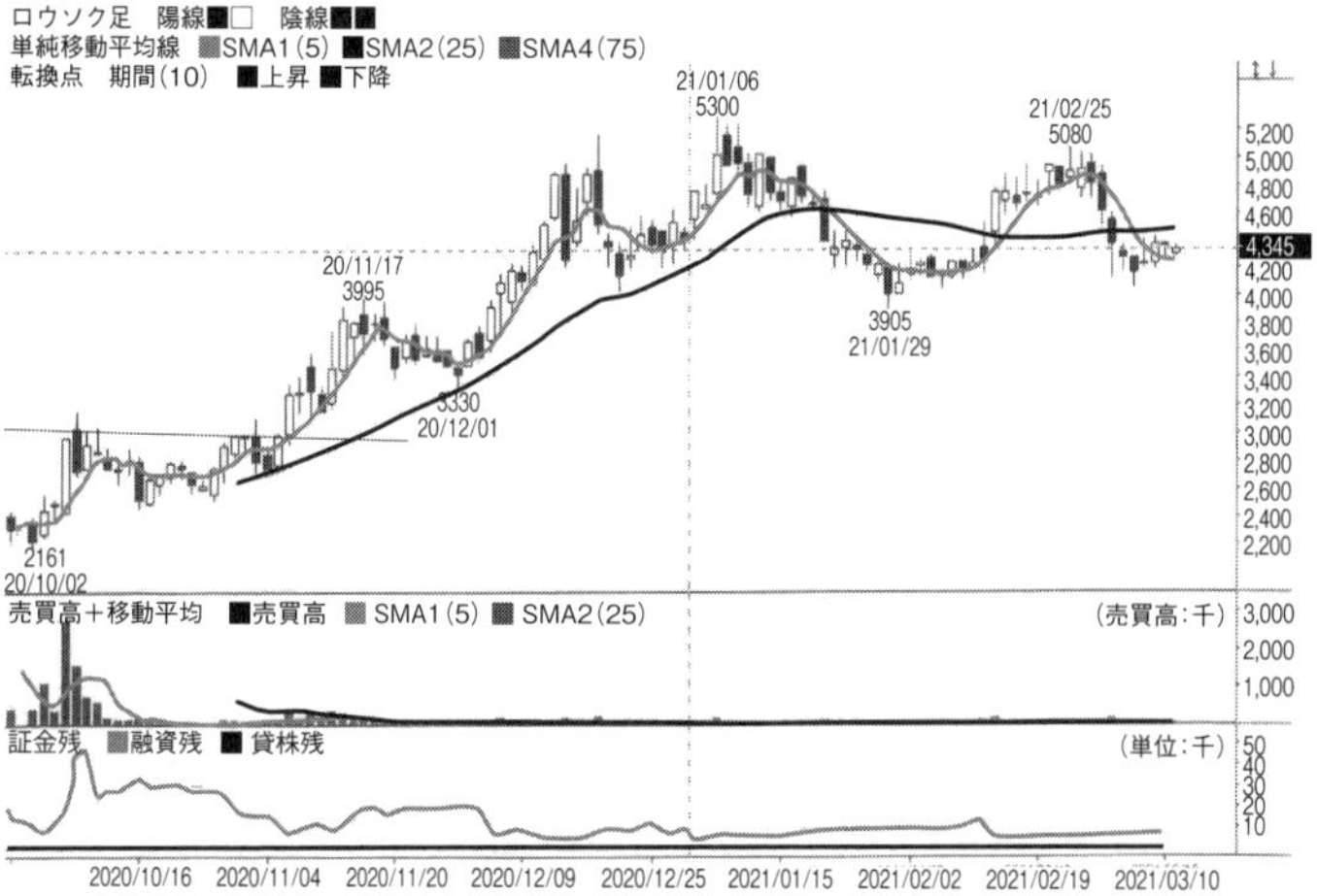

株価の位置が上にあるので（需給は良好）問題はありません。その後、出来高は少なくなりますが、株価は下がることなく横ばいを維持してじりじりと上がり始めます。そして少ない出来高のままあっさりと高値を更新します。買うのはこのときです。銘柄Fの場合は初値が安くスタートしていますのでファンダメンタルズを確認して良いと判断できれば、初値から投資というのもありでしょう。

銘柄Eも**銘柄F**も横棒のラインの位置が需給の壁のラインとなります。銘柄のチャートを見て株価の位置が需給の〝壁〟の上にあるのか下にあるのかを考えながら、投資していくことが大切だと思います。

証券コラム

円高株安を海外勢から仕掛けられた時代

2011年、私は個人投資家として生活していくかたわら、ある会社の顧問になっていました。週に2回出社して、株式市場への自分なりの意見や新規公開株のアドバイスを行うのが仕事でした。

当時は東日本大震災に見舞われたのにもかかわらず、日本経済は海外勢から円高株安を仕掛けられていました。経済がこれだけ弱っているのに、当時は円高でした。理屈ではなく、円高と日本株安のセットで海外のヘッジファンドなどが資金を動かしていたように思います。この流れは安倍政権になって一変します。安倍政権になって日銀が異次元の金融緩和を始めると為替は125円台まで円安が進み株式も上昇しました。「円高＝株安」の巻き戻しが進んだのです。日本株は輸出関連の景気敏感株が多いということもありました。

ところが、ここ1年半ほどは、ドル円は105〜115円のボックスで動いていて、円高になっても日本株は上昇しています。これまでとは違う動きになりました。これまでは105円を割る円高になると、一斉に日本株は売られていたのに、そうはならなくなりました。それが始まったのは昨年からです。

日本企業の努力によって、為替に対する抵抗力が強まってきたというのが市場のコンセンサスです。たとえばトヨタならば、アメリカに工場を建設して現地生産をすることにより、円高に対応してきました。

たしかにそれもあるのですが、私はそれ以上に海外投資家が日本株に注目をし始めていることが大きいのだと考えています。それは日本の地政学的な評価が上がってきていることに他ならないからだと思います。

第5章

海外配分比率の高い銘柄を狙え！

主幹事証券の言いなりにならなくなった日本のIT企業経営者

先に、公募売出総額100億円以上のカテゴリーには〝掘り出し物〟が多いと申し上げました。**「新興IPOの海外配分比率」の表**で網掛けしている銘柄です。おおむね公開規模が大きいという共通点があります。公開規模とはIPO時に市場に出回る株式の価値のことで、「公開株式数×発行価格」で計算されます。

この表は2016年以降のIPO銘柄で、海外配分比率の多い銘柄を集めたものです。下にアミをつけた銘柄の共通項は、上場初値から見て、その後の高値が3倍以上に達したことです。

これらの銘柄はいずれも公開規模が大きく、本来は不人気と言われている要素を備えています。しかしいずれも、海外配分比率の高い銘柄でした。

調べを進めてみると、最近、上場前に主幹事証券が新株の購入希望の申し込みを受けるブックビルディングにおいて、海外投資家に対する配分比率がかなり上がっていることがわかりました。

日本経済新聞などに紹介されていたのですが、ヤプリ（4168）やプレイド（4165）な

新興IPOの海外配分比率の高い銘柄

銘柄	コード	公開規模（億円）	公開時時価総額（億円）	海外比率（%）	初値騰落率（%）	高値上昇率（%）	時価総額（億円）	5%海外
ACSL	6232	101	345.2	19	-16.67	92	324	
メルカリ	4385	1306.6	4059.9	55	66.67	20	8040	○
ラクスル	4384	188.9	412.8	32	9.67	237	1253	☆
マネフォ	3994	45.4	283.3	18	93.55	255	2154	○
PKSHA	3993	57.2	306.7	13	128.33	205	1013	
LINE	3938	1328.3	6929.7	63	48.48	16		
カチタス	8919	377	644.9	40	1.52	311	2466	☆
Sansan	4443	388.6	1347	38	5.78	103	2790	○
フリー	4478	371	371.3	70	25	329	4554	○
JMDC	4483	173	766.3	40	32.54	218	2842	
J TOWER	4485	108	309.7	43	63.75	398	2279	
BASE	4477	108	251.5	17.5	-6.92	1325	2479	○
ヤプリ	4168	176	368.6	50	65.82	47	782	
プレイド	4165	240	590.9	82	99.38	49	1395	○
ウェルスN	7342	197	517.1	50	50	97	1233	☆
Kaizen	4170	66.2	177.4	35	1.74	65	241	☆

どの経営者は自社のＩＰＯにあたり、過去にＩＰＯを成功させてきた人を社外取締役に招いています。そうしたスペシャリストとともに上場前から海外の機関投資家に対して積極的にプレゼンテーションを行ってきているのです。

だからブックビルディングとは別に、上場前からヤプリはセールスフォース、プレイドはグーグルから出資を受けていました。グーグルやセールスフォースが投資先にする日本のベンチャー企業なら、今後海外の機関投資家が注目するきっかけにもなると思っています。

日本の株式市場は世界でも有数だと思っている人もいるでしょうが（事実その通りではありますが）、アメリカ株式市場に携わっている人たちから見ると、われわれ日本人が台湾やフィリピンの株式市場に抱いているイメージで日本市場を見ているようなものではないでしょうか。

そうであれば、日本のIPOなどは、海外の機関投資家は基本的にはそんなに興味をもっていないと思います。ところが、新しい感性を持つヤプリやプレイドの経営者は、自らプレゼンを行って自社を売り込み、知名度を高めています。

こうしたIPO前の行動は、IPO時に良い条件を引き出すのにも有効です。

新規上場をする企業にはそれを引き受ける幹事証券会社がいて、事前に公募価格の交渉も行われます。企業の経営者からすれば、自分の企業なので、できるかぎり高い株価でスタートしたいと思います。しかし、幹事証券会社はできるだけ高い公募価格を設定したいのは山々ですが、公募価格が高すぎると上場後株価は急落して投資家離れにつながってしまいます。専門外でもありますし、公開価格の交渉は企業側に不利になりがちだと思います。

ところが、ヤプリやプレイドの経営者は「いやいや、うちはグーグルなどにも投資してもらっているし、こんな高評価も受けている。この公開価格では安すぎる」と、海外のIT関係者の評価はこうだ！　こんなやりとりがあったかもしれません。

本場のお墨付きをもらっているのだと反論し、日本の幹事証券会社に対して優位に交渉をすすめることができたのではないでしょうか。つまり高い公開価格を得ることができたわけです。

急激に増えている海外配分比率の高いＩＰＯ

ただし、これは投資家にとって残念なことでもあるのです。

１３５ページの表の左側にある公開規模の横の時価総額（公開時）のところをご覧になってください。そして右側にある時価総額が２月３日現在のものになります。これを見ると、ヤプリの公開時の時価総額３６８・６億円、プレイドのそれは５９０・９億円と、スタート時から時価総額が高く、発射台が高すぎるのです。

たとえばフリーなどと比べると、発射台が高すぎたことで、今後の伸びる余地が少ないかもしれないといった懸念があります。フリーの時価総額は３７１億円でヤプリと同規模ですが、当事の売上高は69億円予想でした。ヤプリの売上高は今期予想でもまだ32億円です。

海外配分比率の表は時系列になっているので、フリー（４４７８）がマザーズに上場した２０１９年12月以降、海外比率の高い上場が急激に増えているのがわかると思います。

公開規模が大きい銘柄は数多くあるのですが、海外比率が高い銘柄については株価が上昇するところが多いのです。

公開規模とは公募売り出しのことです。この額が小さいほど流通する株式が少ないので、株価が上がりやすく、マネーゲームになりやすい。逆に公開規模が大きい銘柄については、すぐに株価が上がらないから、個人投資家には人気がないので初値は低い傾向にありました。

ただ、ここにきてその傾向にも変化が見られるようになっています。昨年12月あたりからヤプリ、プレイド、ウェルスナビ（７３４２）が高い初値を達成しています。昨年のＩＰＯの上昇が関係していると思います。

ブックビルディング段階で海外配分比率が70％あるフリーが、国内機関投資家には不人気であったかがわかります。しかし、私はフリー、ＪＭＤＣ（４４８３）、ＪＴＯＷＥＲ（４４８５）を２０１９年の12月のＩＰＯは初値で買いの判断をしました。

また、海外配分比率の高い銘柄は、上場後の高値上昇率が高い銘柄も多いのです。さすがに10倍を超えているのはＢＡＳＥのみですが、これには特殊事情がありました。なぜなら、ＢＡＳＥは初値が公募割れしてマイナス６・92％のスタートだったからです。それとこの銘柄にはコロナが追い風になったという２つの特殊事情を持っています。ＢＡＳＥ以外の銘柄もいずれも３倍以上になっています。

一方、**ビーグリー（３９８１）**はコミック配信サービス「まんが王国」を運営する会社なのです（ビーグリーも海外配分比率が４・７％あります）。ここについてはエロや暴力的な場面の動画も配信しており、ESGの観点からもあまりふさわしくないので、私は投資対象から外しています。またコミック配信サービスも海賊版が多いため、苦戦を強いられている企業が多いということもあります。

Sansan（4443）に関してはあまり上昇していないように見えるけれど、初値から1年半で2倍になっているので、そう悪くはないパフォーマンスだと思います。同銘柄のパフォーマンスがよくない理由は時価総額が大きいということもあります。スタート時で1347億円でした。メルカリ、LINEは別格として、他社と比べてかなり大きかったのです。

自分流のベンチマーク

私が推薦するこれからの狙い目は、公募売出総額100億円以上、かつ初値が何倍にもならないで抑えられた銘柄で、さらなるポイントは〝売上高〟が伸びている銘柄です。加えて、これまで申し上げてきた、ブックビルディングの海外比率が高い銘柄ということになります。

この表に載っている銘柄以外、海外勢はブックビルディング段階で落札していません。だから逆にいえば、この表はいかに海外投資家がブックビルディングで選んだ銘柄がその後〝成功〟したかを如実に示しているわけです。

この方程式を元に、**カチタス（8919）**、Sansan、フリー、JMDC、JTOWER、すべて私は多くのお客様に初値で買ってもらいました。

ヤプリ以降気懸かりなのは、先ほど申し上げた理由によりスタート時点からすでに株価が高いという点です。

それから表の右側の「5％海外」とは、IPO後3カ月以内に海外の機関投資家から総発行株式の5％以上を買われている銘柄で、それには○印を付けています。
☆印を付けてあるのは、クープランド・カーディフ・アセット・マネジメント・エルエルピー（Coupland Cardiff Asset Management LLP）というイギリスのファンドが5％以上買った銘柄です。ここはIPO初値から日本の不人気株、割安株を独特の〝嗅覚〟で見抜き、買い上げているとの定評があるファンドです。典型例は前半で示したカチタス（8919）です。ここは初値騰落率1・5％と不人気で、公開規模もかなり大きい中古住宅を売買する群馬県が本社の会社です。
日本人の多くは中古住宅は買わないし、空き家対策に効果があるとはいえ、人気になることはないだろうと、国内での評価は散々でした。私も同感でした。カチタスは公開規模が377億円で中古住宅関連銘柄だから、まず公募価格を割る初値を付けるはずだと思っていました。

しかし初値は割らずに、微々たる数字とはいうものの、公募価格より上で寄り付いたのです。

私はそこに大きな〝違和感〟を持ちました。それから引けにかけて、急速に株価を上げていった。「なぜ上がるのだろう?」この奇妙な展開の裏側に何が潜んでいるのだろうか。BB時の資料を見ると、海外投資家が差し引き115万株増加して907万株取得していることがわかりました。国内の機関投資家に人気がなかったからです。私は打診買いをして、様子を探ることにしました。少しして、クープランド・カーディフがカチタス株を大量保有しているとの大量保有報告書(5%ルール報告書)を財務局に提出したとの発表がありました。その後、株価は4倍に跳ね上がりました。

それ以前にクープランド・カーディフは、やはり初値騰落率が9・6%と冴えなかったラクスルを購入、株価は3・3倍になりました。

その後、同ファンドは東証マザーズのウェルスナビ(7342)について、本年1月7日付で財務局に大量保有報告書(5%ルール報告書)を提出しました。さらにKaizenプラットフォーム(4170)についても同報告書を提出済みです。こうした実績を見て、私は同社の動きを気をつけるようにしています。

また「5%国内」の銘柄についても注意しています。つまりIPO後3カ月以内に野村投資信託や大和投資信託など国内の機関投資家が5%以上の株式を買った銘柄になります。

さらに注目しているのは、中小型投信の運用で定評のあるレオス・キャピタルワークスが運用する投資信託のひふみ投信が、IPO直後に買っている銘柄です。

じつはひふみ投信についても、以前はかなり注目していました。ここは個人投資家を中心に熱狂的なファンを抱えていました。親会社にあたるレオスは2018年12月にマザーズ市場で上場を予定していましたが、突如延期となり、2020年4月にSBIホールディングスの連結子会社になっています。

ひふみ投信が選ぶ銘柄には当然私も良いなと思う銘柄もありますが、先述のクープランド同様、「なんでここを買うのか?」と勉強させられる銘柄もあるのです。もちろん、私の考えが100%正しいわけではないので、自分の仮定と答え合わせをする意味で、謙虚な気持ちで確認のために、ひふみ投信の買った銘柄をチェックしたりもしていました。

また逆の意味もあります。彼らが5%以上の大量保有をするということは、株価が上昇した場合、今度は売りに回る可能性もあるからです。そうした意味でも5%ルールのチェックは怠ってはいけないと思います。

最近はひふみ投信も人気で残高が増えたので、以前のような中小型株に投資をしていないように思います。大きくなったので当然のことなのですが、少し残念に思います。

出口戦略で難儀する投信やファンド

日本の大手投信や大型ファンドが中小型の成長株への投資をあまりやりたがらないのは、買うのはいいけれど売るときにどうするのか。つまり、出口での動きが難しいからではないでしょうか。

中小型株の場合、大量に購入すると売るときに自分で相場を〝崩す〟可能性が高いのです。ファンドの規模が小さなときはまだいいけれど、人気を集めて大きくなってくると出口戦略をきちんと立てるのは本当にむつかしいのではないかと思います。

仮にマザーズの成長株の相場が崩れた場合、大型ファンドや海外投資家が大量に買っている銘柄の株価は、より下がるのだと私は覚悟しています。いまはその逆のトレンドですから問題はないですが、このことは是非とも留意しておくべき点だと思います。

あと私が日頃より面白く拝見させてもらっているのが、大和住銀投信投資顧問のファンドマネージャー苦瓜達郎氏が運用する「ニッポン中小型株ファンド」と「大和住銀日本小型株ファンド」の銘柄です。

昨年11月末にこのファンドを買い付けていたのが**コプロHD（7059）**でした。建設業界向けの人材派遣業で、私はあまり良いイメージは持ってなかったのですが、プラント専門支店の設置によるプラントエンジニア派遣事業の強化や、女性を支店長にしたりして、実際にはなかなか興味深い銘柄でした。

ここで再確認しておきましょう。

株価上昇力を備える中小型成長株に共通するのは、売上高をぐんぐん伸ばしているところです。赤字であっても、売上自体は力強く伸びている。売上の伸びは、すなわち成長力の大きさを証明しているからです。

売上が伸びていない、もしくは売上の伸長率が芳しくない新興企業は通常、私は買いリストから外します。まずは売上をおおいに伸ばしているところ。これは絶対条件に挙げたい。

ただし、先に記したように、モダリスのようなバイオベンチャーは例外です。パイプラインを共有する製薬会社からライセンス料を得て研究を続けているところがほとんどなので、まだモノを売って売上を立てる段階に至っていません。

ですからバイオに関しては、どういう研究を行っているのか、どれだけ成功の確度の高い研究がなされているのかがプライオリティになります。

証券コラム

米中相克のなかで再浮上してきた日本の存在感

ここにきて米中の覇権争いが激化しています。この流れはバイデン政権になってからも不変です。イギリスやドイツの空母が日本にやって来て、共同演習を行うことが報じられていますが、こんなことは以前では考えられないことでした。

経済面では中国頼みだった欧州も、東南アジアを勢力下におさめようとする中国に対する態度を変えつつあるように思います。一言に集約すると、民主主義の危機に欧州は重い腰を上げた。これはアメリカの思いと軌を一にしています。

先般ミャンマーで国軍がクーデターを起こし、欧米各国から激しい非難を浴びていますが、国軍の裏側に中国の影が垣間見えます。

いま、世界は米中の2つの勢力に分断されつつあるといっても過言ではありません。

アメリカを中心とする民主主義社会、中国を中心とする共産主義社会、そのどちらが優れているのか？　いま、発展途上国や、小国のリーダーは米中の角逐を、固唾を呑んで見守っているはずです。

多様な議論がぶつかり合い、なかなか結論が出せない民主主義よりも、国民は厳しいコントロール下に置かれるけれど繁栄を手に入れた、中国のような専制独裁主義のほうが効率性が高いのではないか。発展途上国や貧しい国々のリーダーたちがそう考えても不思議ではありません。

米中の相克があらゆる分野で見られるなか、地政学的にあらためて日本の重要性が浮上してきているのかもしれません。島国で攻撃されにくく、アメリカと同盟関係を結んでいる日本の存在が脚光を浴び始めているのではないでしょうか。バブルのころの日本も不沈空母といわれ、ソ連中国に対する米国の前線基地としての地政学的な存在感があったのだと思います。日本のバブル崩壊はソ連が崩壊したことによって米国にとって日本の重要性が失われたことと無関係ではないと思います。そして今、又米中対立によって日本の重要性が増してきているのかもしれません。

しかし米中対立は、日本にも痛し痒しのところがあると思います。アフターコロナの経済回復において、中国頼みのところがあるからです。しかし、日本は同盟国であるアメリカに歩調を合わせなくてはなりません。

アメリカはこれからは、日本を頼りにしてくる可能性が高いのだと、私は捉えています。現在は後世から見れば米国帝国の時代なのではないでしょうか。現に第2次世界大戦以降、米国に逆らって栄えた国はないのではないでしょうか。あれだけ強大に思えたソビエト連邦でさえ崩壊しました。それによって日本の重要性は失われたのです。しかしそのころの日本は、米国のエンパイアステイトビルを買収したり、「NOといえる日本」などと世界一の経済大国になったと勘違いしてアメリカの億り人にされていたのではないでしょうか。今の時代世界は平和で国同士は平等だと思っていますが、我々はローマ帝国時代のカルタゴにすぎないのかもしれません。いずれ私たち日本は、米国か中国かどちらの陣営に入るのか選ばないといけない日が来るのかもしれません。

第6章

目が離せない成長銘柄

いまが旬のSaaS、サブスク銘柄

　このところ株式市場ではやし立てられているのは、やはりECや巣ごもりに相性抜群のSaaS（サービスとしてのソフトウェア）関連銘柄です。SaaSとは、大づかみに言うと、クラウド経由でソフトウェアを提供するビジネスモデルです。

　従来の初期コストが高いソフトウェアの買い切りでなく、「サブスクリプション（継続課金）」による料金システムがユーザーから歓迎されています。昨年、SaaS人気を牽引したのが本書でも何度か取り上げてきたBASEでした。

　ご参考までに、いま現在、私がマークしている企業のいくつかを明かしてみます。

　まずは高成長企業から始めます。

「KaizenPF（4170）」

　ここはプレイドと同じようなビジネスを展開しています。ウェブサイトのUI／UX（利用者接点／利用者体験）改善サービスの提供、および広告・営業・販促動画制作支援により、企業の顧客体験のデジタルトランスフォーメーションを推進しています。業績も良く、営業利益も

KaizenPlatform（4170/T）

日足2020/12/22〜2021/03/11［53本］ロウソク足

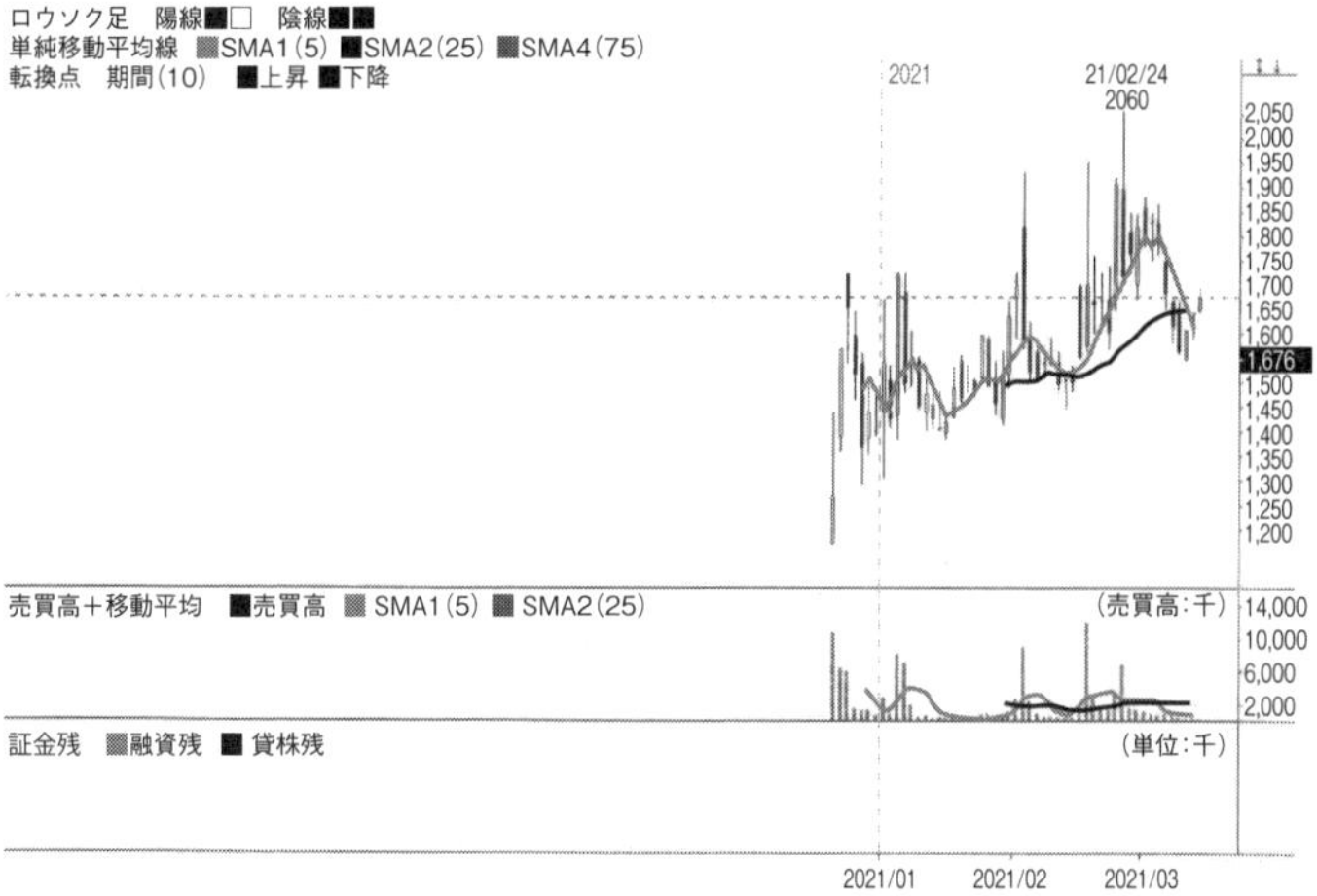

黒字転換。今期予想も良好です。

同社は社員が少ないのにもかかわらず、登録者数が約1万社もいます。その理由はサービス提供価格の安さにあると思われます。動画ソリューション分野も順調です。TVCMだけでなく、店舗内のモニターで流す動画を数万円単位から作成するサービスが好評です。

私の解釈ですが、プレイドよりもサービスの先端度はやや落ちるけれど、中小零細企業に幅広く提供できるのが同社の最大の強み。本書のなかでふれた、割安感のある中小型株投資で定評のあるクープランド・カーディフ・アセット・マネジメントが上場後、9・13％保有しているのも注目です。

株価についても、スタートが非常に安かったという特徴があります。初値は公募価格の

1・74％増、現在は1・5倍で推移しています。

同社株をゴールドマン・サックスが空売りしていることでも話題になっているのですが、こんな背景があるのだと考えています。昨年11月から日本のIPO銘柄の株価がかなり上昇したことから、世界の機関投資家が短期で空売りをして、価格を押しつぶそうとしているのです。高値を抜けてくると、今度は逆に買い戻しにつながります。まあ、こういった苛め方があるということです。

「Sansan（4443）」

俳優・松重豊さんが出演するテレビCMでお馴染みの、クラウド型名刺管理サービスが主力事業のSaaS企業で、本年1月に東証1部に指定替えになりました。脱ハンコの流れに乗る代表格といえる銘柄です。

クラウド請求書受領サービス「Bill One」が好調で、弁護士ドットコムや勘定奉行クラウドとも連携をスタートさせています。

同社では今年2月から、紙の請求書を代わりに保管するサービスを追加しました。法律で定められている7年間は原本を保管し、保管期間を過ぎた請求書は初めて廃棄できるのです。この請求書の保管や廃棄などはどこでも事業化が可能ではなく、電子帳簿保存法に対応しなければ

Sansan（4443/T）
日足2020/09/30～2021/03/11［110本］ロウソク足

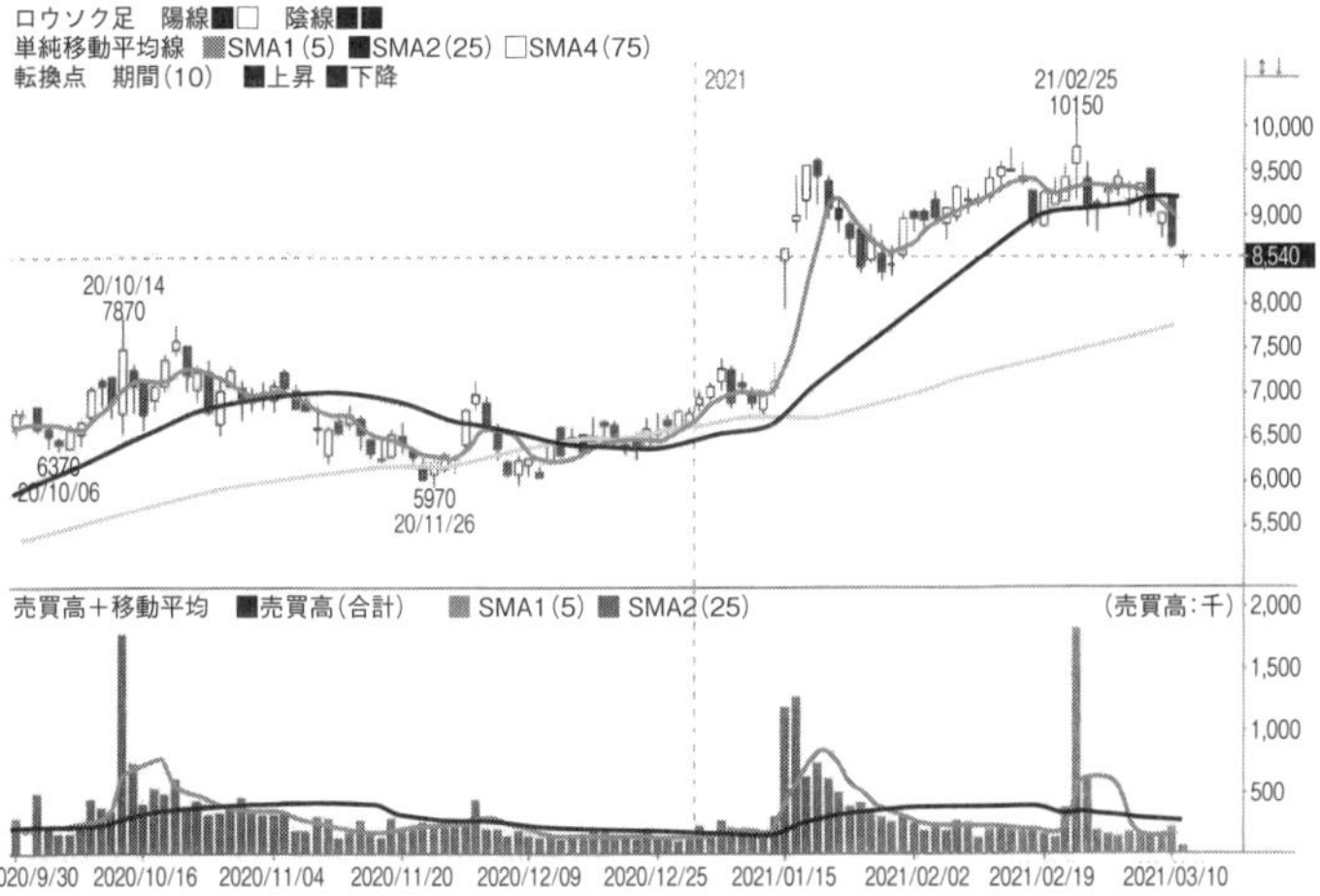

ばなりません。
ラクスの調査によると、2020年10月時点では8割の企業が電子帳簿保存法に対応しておらず、同社ではまだ電子帳簿保存法に対応していない企業の請求書のデジタル化を支援するとのことです。

「スマレジ（4431）」

POSデータを活用して小売店、飲食店、サービス業など多様な業態に対応してリアルタイム売上分析、高度在庫管理など従来型POSシステムの枠を超えたサービスをクラウド型プラットフォームサービスで提供する会社です。

集めたデータは、スマホやタブレットのアプリで連携して利用できます。

スマレジ（4431/T）

週足2019/02/28～2021/03/08［106本］ロウソク足

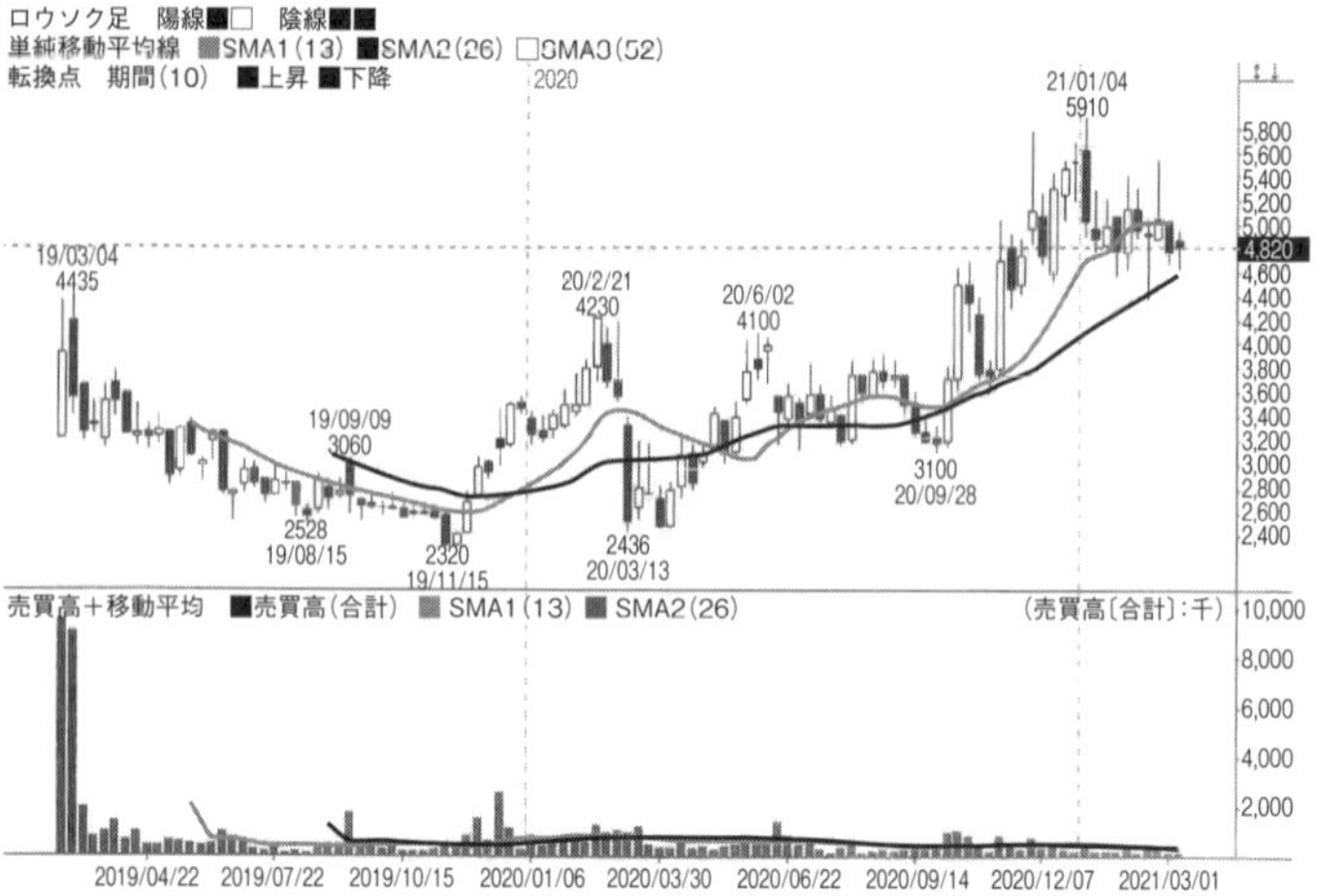

そのほか最近飲食店でよく見るタブレット型オーダーシステム、スマレジウェイターや勤怠情報を利用して給与計算、シフト管理、日報、プロジェクト管理機能など、人事労務機能も付けられるスマレジタイムカードなども提供している。

サブスクリプション売上高はコロナ禍にもかかわらず、２Ｑ前四半期で１０７％増と順調に積み上がっています。解約率も０・61％と低い。

ターゲットは少数店舗しか展開していない、ＰＯＳレジ導入が遅れている中規模店77万店舗、目標シェアは30～40％（現在２・２％）。

コロナ後は経済活動が徐々に回復してくるため、従来の成長スピードに戻ることが期待できます。

ロボアドバイザー最大手の可能性と新しい流れ

「ウェルスナビ（7342）」

当初の予想よりも買われているのがロボアドバイザー（ロボット投信）最大手の**ウェルスナビ（7342）**で、業界シェアは70％。預かり資産の1％を手数料として受け取る仕組みになっています。解約率が1％未満と低く、預かり資産の増加が続いています。

サブスクモデルに近い収益構造で、金融関連ではいままでにないビジネスモデルです。HPで預かり資産が100億円増えるごとに公表しており、昨年まで25～30日のペースだったのが、今年は10～15日のペースで増えています。

証券会社と違うのはアナリスト、ファンドマネージャーなどコストがかかる人間が不要なところです。SBIとも提携しているので、ネットでも申し込みが簡単にできることから、若者にも受けがいい。

足元相場が良いので、資金流入が加速している側面もあると思います。2月15日には運用資産3700億円を突破。広告宣伝費や人件費など投資費用が先行している関係で、最終利益は赤字が続いているものの、投資対象になる金融株が少なく、そのターゲットになる可能性があ

ウェルスナビ（7342/T）

日足2020/12/22～2021/03/11［53本］ロウソク足

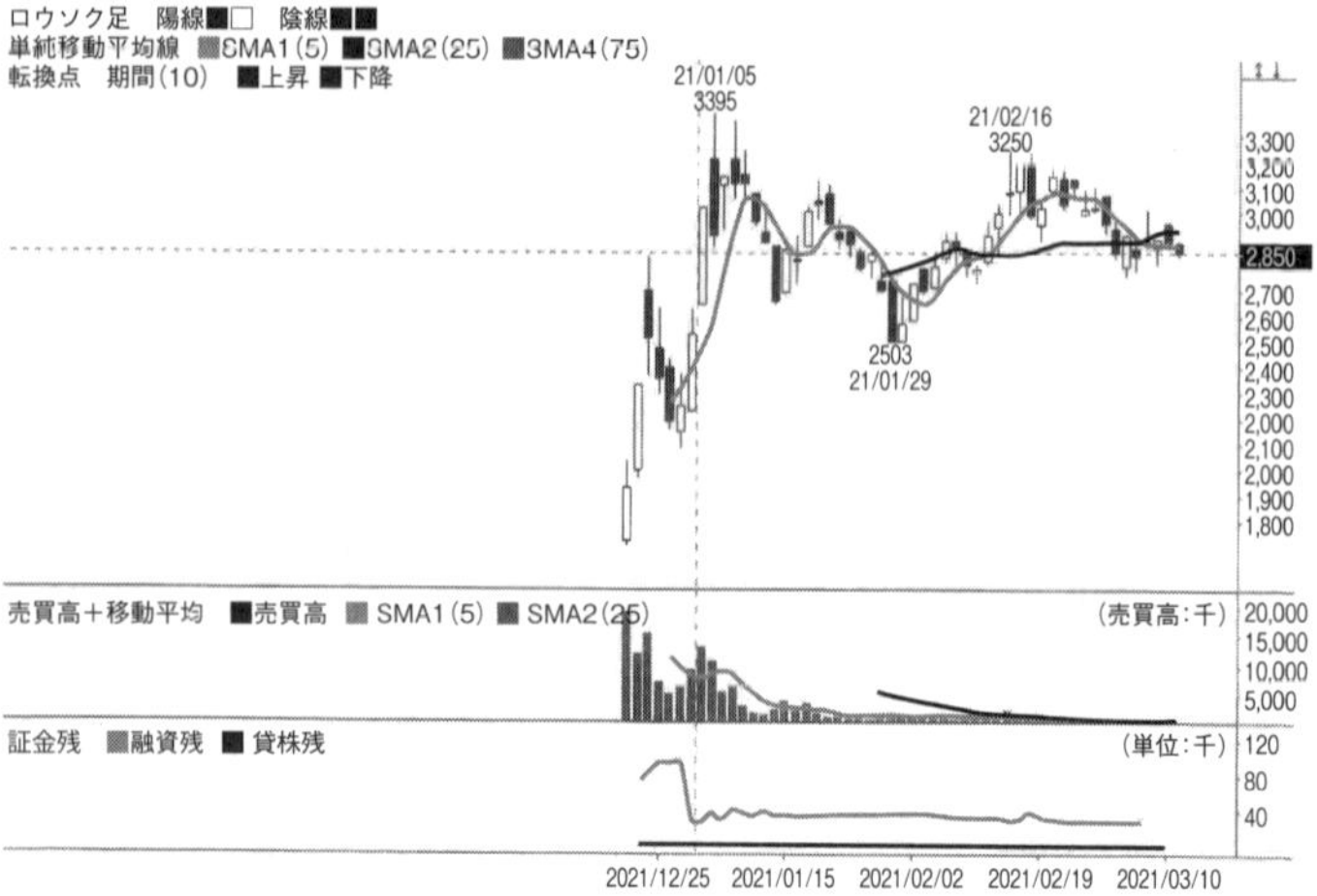

るのも魅力です。

　赤字である上に、SaaS関連でもないので、上場前の同社の評判は芳しくありませんでした。だから初値予測では公募価格のよくて2割くらい上とされていました。ところが、初値は1・5倍まで上がったのです。こういうケースは良い意味で要注意なのです。

　公募売出が小さな会社なら、何度も言及しているようにマネーゲームの可能性があるので、業種を吟味せねばなりません。ところが、同社は割合大きめの公募売出でした。そうした銘柄の初値が5割も上がるとき、世間の見方とは違う評価が働いていることがあるのです。そこに違和感を抱くべきなのです。新聞などとは異なる新しい評価を与えられている可能性があるからです。

結局、ウェルスナビ株は上場後1カ月前後で3倍に上昇しました。ＳａａＳ企業ではありませんが、預り残高が急速に増加しているウェルスナビはそれらと同じと見てもいいかもしれません。預り残高に応じて決まった信託報酬がもらえるからです。

私は同銘柄を買ってもらったお客様にこう言いました。

「売らないほうが良いと思います。金融セクターには買いとなる対象銘柄が少ないので、機関投資家が買ってくる可能性があるし、逆に買い増しましょう」

ウェルスナビの高評価は、ミンカブやユーザベースなど先に申し上げた新しい金融セクターの流れの一環ではないかと考えられます。今後そうした流れを汲む類似企業のＩＰＯがあれば、皆さんも注視していただければと思います。

実際には〝新しい〟ビジネスモデルを備えていたアンビス

「プレミアアンチエイジング（４９３４）」

昨年10月にマザーズに上場した基礎化粧品のファブレス企業で、バームタイプ（最初は固体、体温で溶ける）と呼ばれるオーガニックなクレンジングのパイオニア的存在です。

ここはプロモーションが非常に巧み。キンキキッズを主力商品のクレンジングバーム「ＤＵ

0」のテレビCMに起用したり、姉妹ブランド「CANADEL」には米倉涼子さんが起用され、話題を呼びました。CMで認知度を上げてECで売り上げを伸ばす一方で、実店舗販売を増やすという好循環を生んでいます。CANADELの配荷店舗数が前期末600店舗だったのに対し、昨秋には8000店舗まで急増。

ファブレスの新興化粧品のライバル企業が多いなか、同社が際立っているのが成長が桁違いにあるということです。通期売上高28・5%増収、営業利益34・1%増益予想で中間決算の上方修正は必至と思われます。この企業は非常にプロモーションが上手でノウハウを持っていると思います。また、国内にとどまらず中国に進出するという流れになれば、今後さらなる成長が期待できます。中国での日本の化粧品に対する人気はいまだに高く、新しいブランドに対する関心は高いことから中国企業との提携には要注目です。

「アンビスホールディングス（7071）」

先にふれた通り、医療施設型ホスピスの「医心館」を運営する企業です。

今回10％近い増資と売出を行ったことから、株価は6000円近辺まで下落しています。ただし、このところ凄まじい売上増となっていたので、逆に良い調整になるのでしょう。

慢性期、終末期の看護ケアに特化。高齢で死を迎える人が多くなった多死社会を迎え、保険

アンビスホールディングス（7071/T）

週足2019/10/09～2021/03/08［75本］ロウソク足

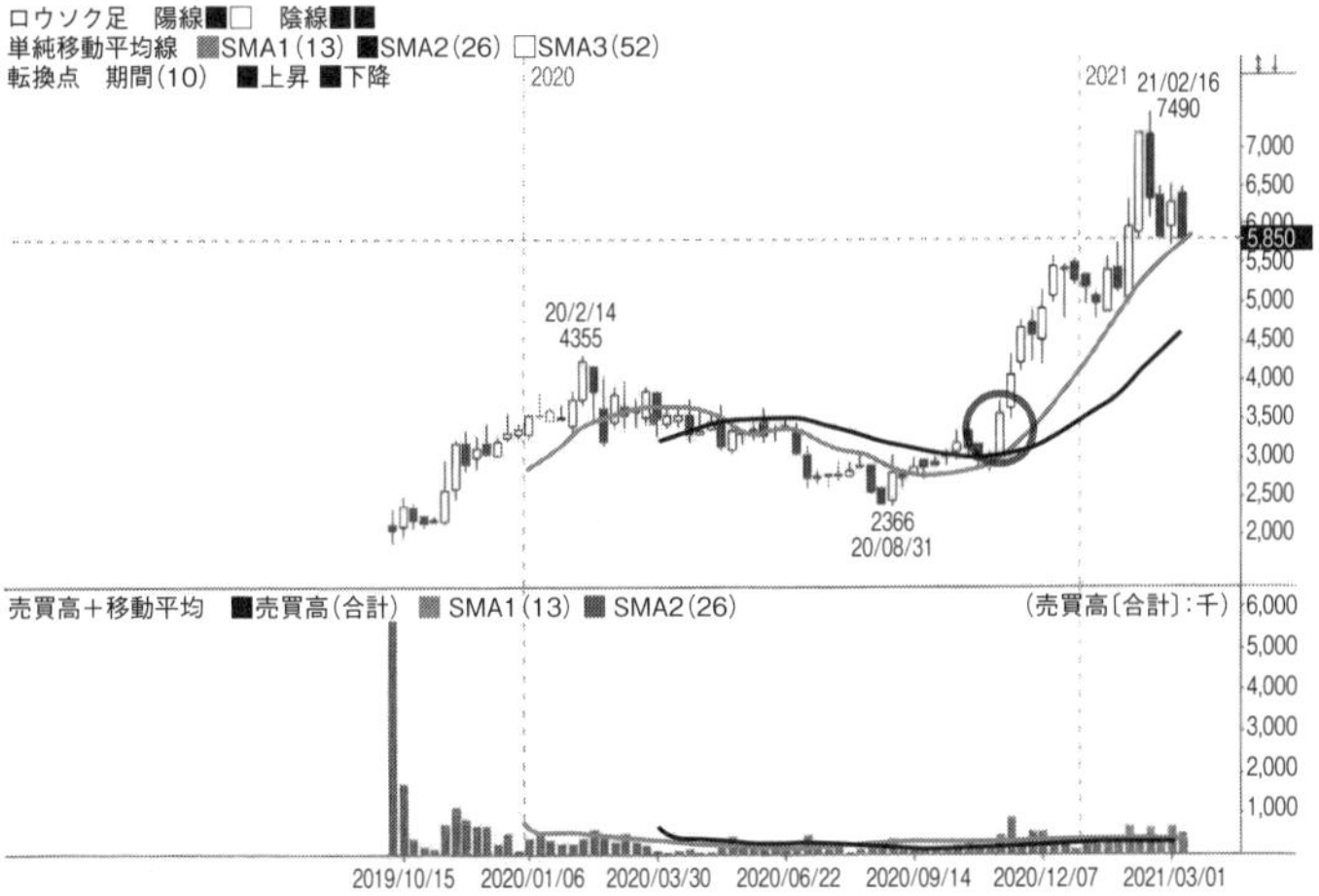

財政がひっ迫するなか、国は社会的入院から在宅医療や訪問看護へ、国策として方針転換しています。

　重病患者は病院を追い出されたら、行き場がありません。介護施設には看護師が足りず、ケアができません。また、自宅で看護といっても、核家族で単身世帯が多く、ケアができないケースが多いのです。

　そうした受け皿になっているのが、同社のような医療施設型ホスピスといえます。終末期の看護ケアには看護師が必要だし、トラブルも起きがちなので、それ専門の施設が求められます。医心館では24時間在駐体制を敷き、全員が看護師資格を持っているのです。

　同社がジャスダックに上場してきたとき、市場はプレミア感のある老人ホームという誤った評価を与えていたようです。実際には〝新しい〟ビジネスモデルを引っ提げた新しい業態であったのです。

ホスピス新設を前期9から11に加速、今後3年は年間10のペースで開設する計画です。現在40ある施設の稼働率は80％以上。

アンビスの場合は社会的意義もあるので、ＥＳＧ投資、ＳＤＧｓ投資の資金流入も予想されることから、今後も期待できると思っています。

弱視の人や目の見えない人に朗報

「ＱＤレーザ（6613）」

これは今年マザーズ市場に最初に上場した銘柄です。

ＱＤレーザは２００６年に富士通研究所のスピンオフベンチャーとしてスタートした会社で、半導体レーザのメーカー。網膜に映像を直接投影するレーザアイウェア（ＬＥＷ）を開発、販売に漕ぎつけています。これはレーザで網膜にカメラに写っているものを直接照射し、ピントを合わせるという技術で、弱視の人とか目の見えない人には朗報です。現在の価格は80～90万円。

QDレーザ（6613/T）

週足2021/02/05～2021/03/08［6本］ロウソク足

この網膜走査型レーザアイウェアのリリースは非常に社会的意義があります。ヨーロッパでもすでに臨床実験を終え、医療機器として認定されています。

一方、民生用の「RETISSA Display II」も同時にリリースしています。これはたとえば美術館に出かけたときに着用すると、アイウェアのモニターが場面場面で詳しい解説をしてくれるもので、活用法はいくらでもありそうです。こちらの価格は25万円ですが、同社では量産化が進めば10万円以下になると示しています。

同社の上場初値は公開価格（３４０円）の２・３倍ほどの７９７円、上場2営業日目には前場で９２０円を付け、ストップ高となりました。２週間で一時２０００円まで上がり、

FastFitnessJapan（7092/T）

日足2020/12/16～2021/03/11［57本］ロウソク足

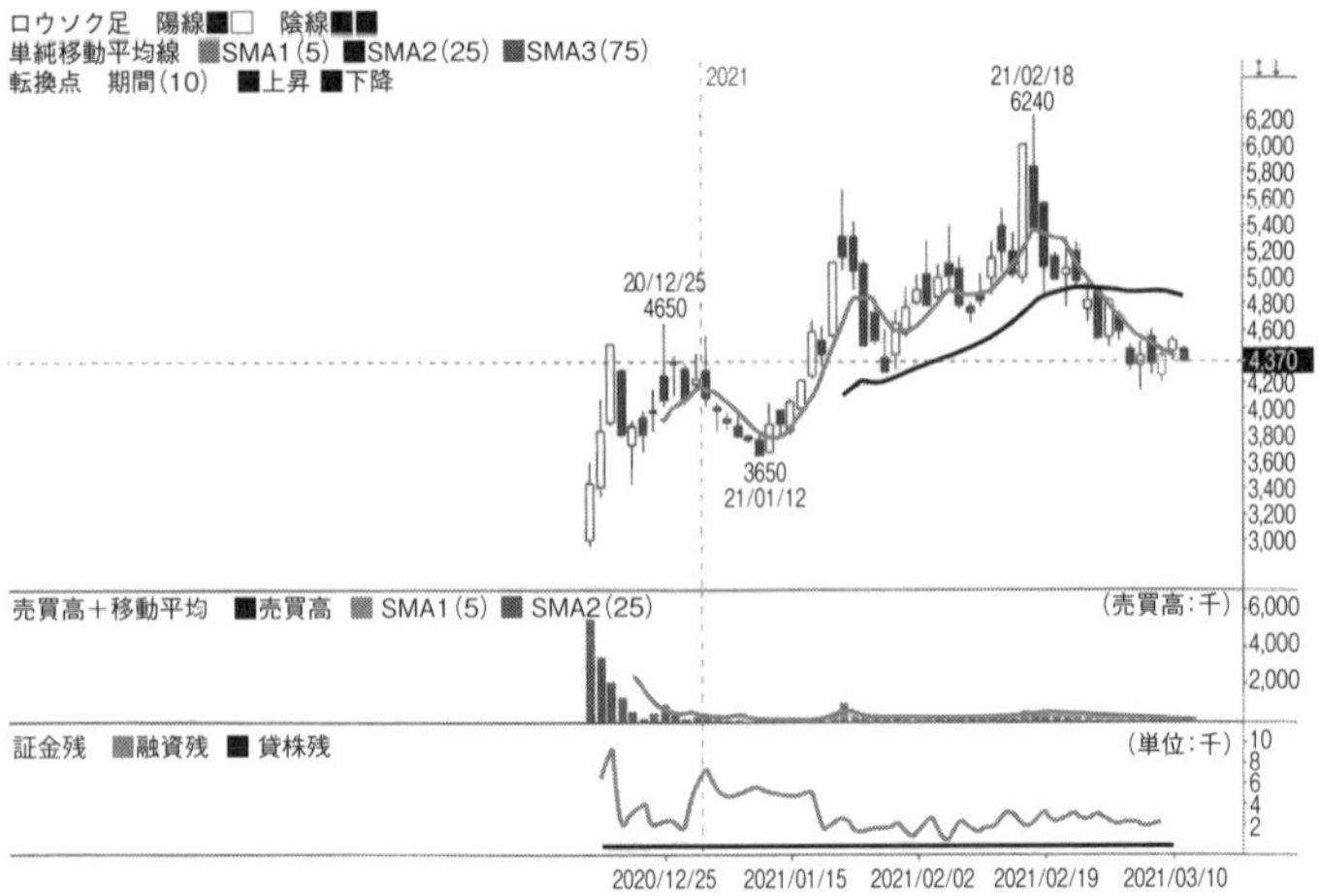

その後調整に入って、1500円あたりまで下落しているところです。

　同社の公募価額では時価総額100億円程度で、非常に小さな会社といえます。まだ売り上げも9億円程度。SaaS関連企業のように、15億円、20億円と安定して伸びているわけではありません。

　けれども、その事業内容からきわめて高い将来性を備えています。製品の量産化が達成され、価格がこなれてきたら、株価も面白い展開になると考えています。

「FFJ（7092）」

　ファストフィットネスジャパンは昨年12月にマザーズに上場した、24時間型フィットネスクラブ（エニタイムフィットネス）の日本におけるフランチャイズシステムを運営する会社です。

24時間、低価格、マシン特化型が特徴。会員は国内全店舗と世界4800店舗を追加料金なしで利用できるのが最大の売り物です。格安なものの難点を挙げれば、ジムの面積が狭いということでしょうか。

実は昨年3月に上場するはずが、コロナの影響で相場が暴落したため、12月に上場延期になった案件でした。

前回61・3億円の公募増資をするはずが、今回は38・5億円（吸収金額）へと減額。時価総額についても、321・2億円でスタートするはずが201・8億円、約3分の2の割安な水準でスタートしたので、われわれは初値から買いにいきました。

コロナの影響で今季は大幅な減益で、会員数も減少していました。ところが、昨年後半は下げ止まって、持ち直しつつあり、横ばいにまで戻ってきた。

ただし店舗数はコロナ禍にあっても増えているのです。店舗数は昨年4月以降6カ月で93増えて829店舗。10月～今年3月末までで、さらに87店を増やす予定。加えて、昨年4月以降のFC撤退はゼロです。株価はアフターコロナを見据えて動いているわけですから、今年の後半からは再度成長路線に戻る可能性があります。

10年前に同社が日本で展開を始めたとき、「日本でフィットネスクラブは成功しない」と株式市場の視線は冷ややかでした。それが同社の成功で、同業者の参入を招くことになったのです。2021年3月期は当初見通しよりも上方修正してきています。株価はじりじり上昇基調。コロナ後を先取りする動きをしています。

ディフェンシブな優良企業を狙うのも悪くはない

ここからは安定成長企業を紹介しましょう。

「STIフードホールディングス（2932）」

ここは昨年9月に東証2部に上場した水産加工の会社で、ユニクロやニトリ同様、原料仕入れから製造まで一貫して行っています。最大の特徴はセブン-イレブン向けが8割であるということ。

セブン-イレブンの売り場が変化してきています。惣菜の売り場面積がかなり増えているのです。セブン-イレブンで売っている多種多様な焼き魚のパック、おにぎりの具材はすべてここが納めています。なかでも昨年に特許を得たサケフレークは大好評を博しています。

他社にない技術力を持っているため、セブン-イレブンに対して価格交渉力が高いのが強み

STIフードホールディングス（2932/T）

日足2020/09/25〜2021/03/11［113本］ロウソク足

でしょう。

M&A等で10工場を保有。今後は西日本のセブン-イレブンをターゲットに売上をかなり伸ばす計画。現行PERは25倍程度。同社は非常に地味な業態ではあるけれど、私はディフェンシブな優良企業と捉えています。

共同で商品開発をしたいという思惑から、カルディの出資を受けているのも好材料です。

「ドラフト（5070）」

デザインオフィスの設計・施工を行う会社です。

2000年代にグーグルやFBが採用したデザインオフィスが現在、世界的潮流になっています。日本でもサイバーエージェント、ヤフーなどの新興企業を中心に採用していま

ドラフト（5070/T）
週足2020/03/17～2021/03/08［52本］ロウソク足

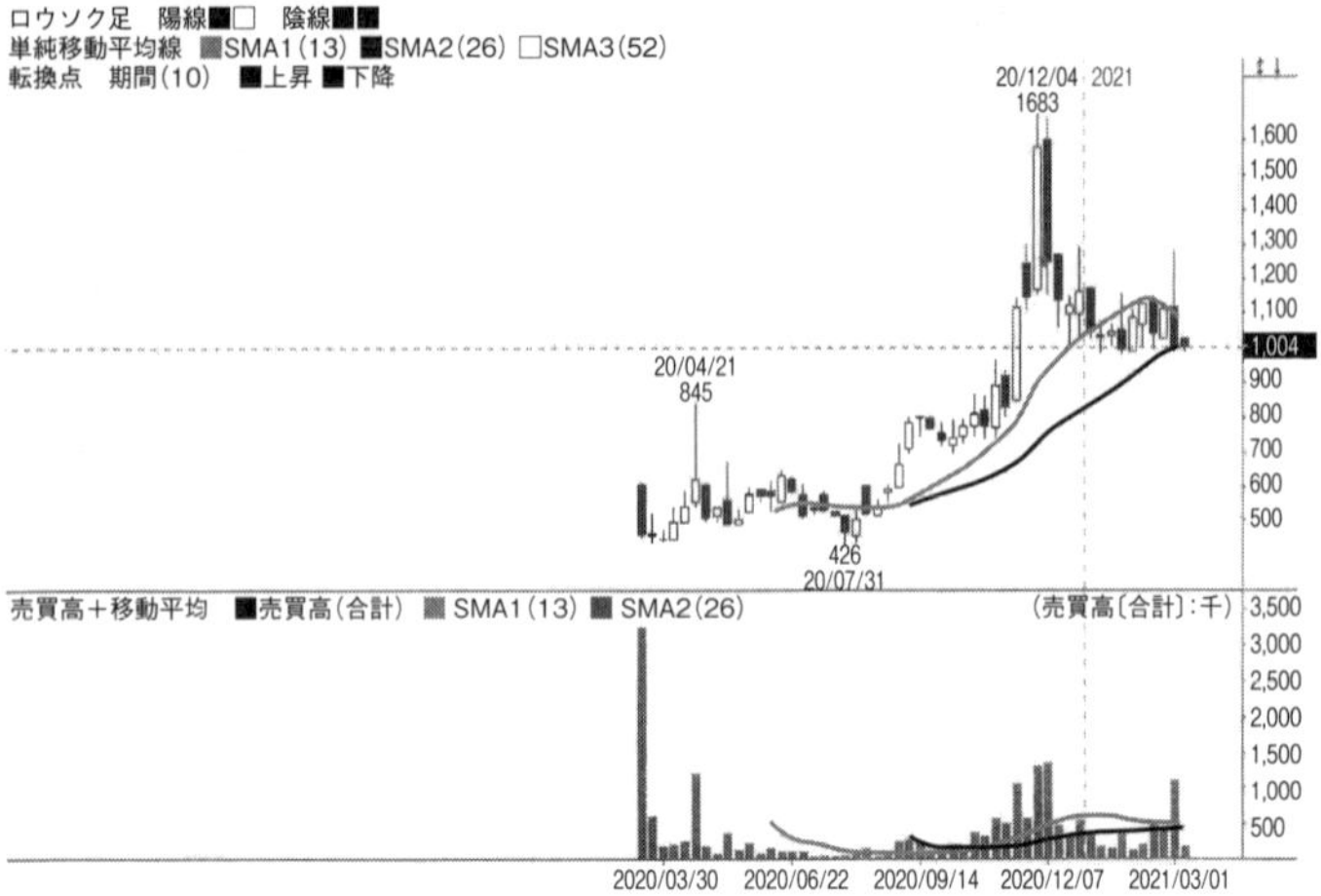

す。

コロナが追い風となり、社員の在宅が増えた結果、空いた本社スペースをゆとりのあるデザインオフィスに改装している企業が増えてきているのです。働き方改革の流れにも乗っています。

同社の経営者は三菱地所のアドバイザー。大型ビルのエントランスやテラス、消費者に行ってみたいと思わせるような商業ビルのデザインを請け負っていると、ＩＲ担当の方から聞きました。大型案件が増加中。ディフェンシブな成長企業として注目しています。

「ユーピーアール（７０６５）」

第１章でも取り上げた企業ですが、再度要注目になっています。同社は毎年運搬用パレ

ドーン（2303/T）

週足2019/01/07～2021/03/08［113本］ロウソク足

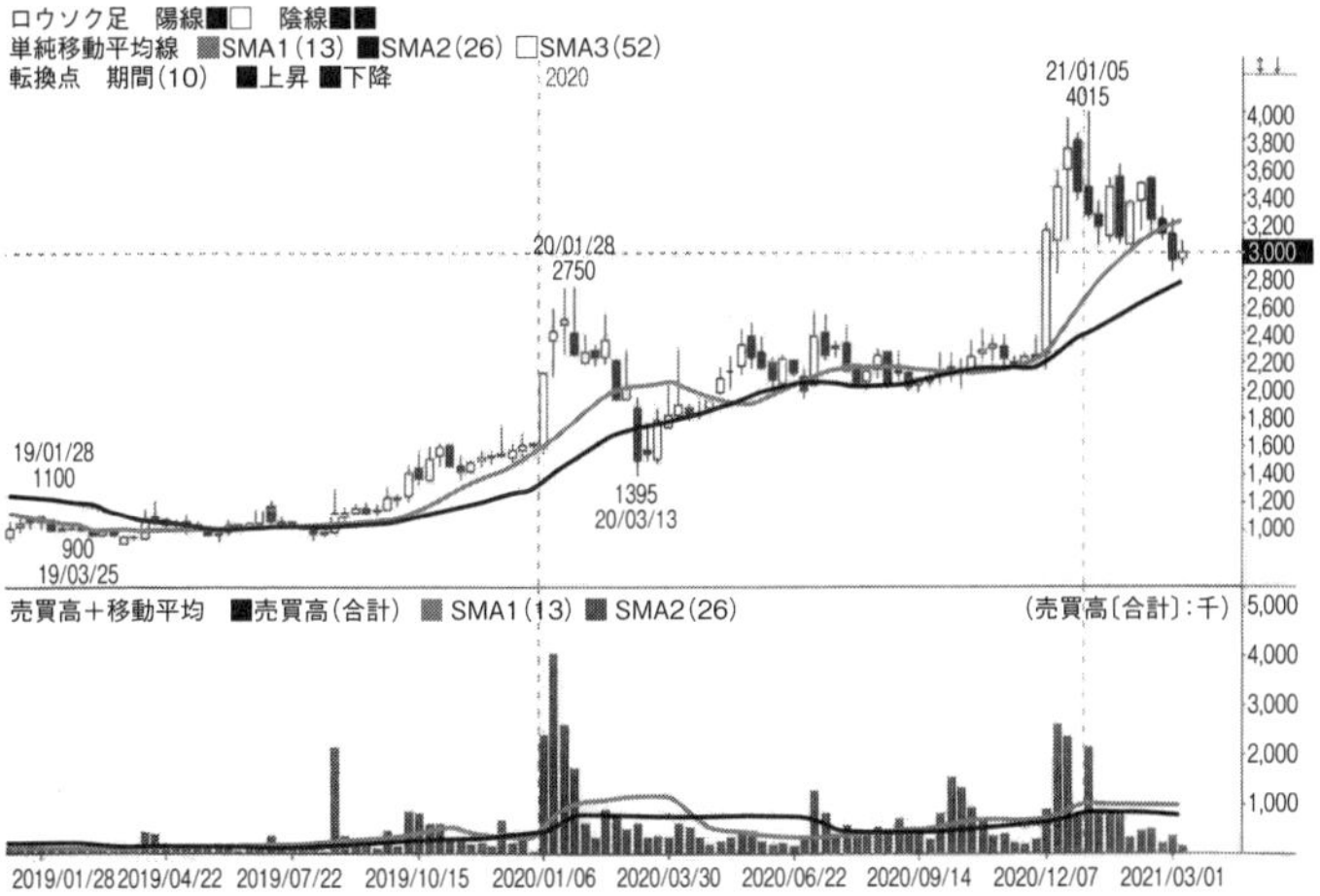

ットを大量購入しており、ニーズが高まっているパレットのリースに対応しています。

働き方改革の一環で、各企業は運搬従事者に負担をかけない機械化を国から促され、フォークリフトの利用が急増、当然、パレットに対するニーズも増えることに。

また、自社開発したアシストスーツをビックカメラで販売中。パレットに付帯するサービスで今後も伸びていきそうです。

【ドーン（2303）】

防災分野を中心としたクラウドサービスが主力事業です。消防署向けクラウド型緊急通報システム「NET119」が着実に増えています。全国に720の消防自治体があり、随時導入が期待できます。

地方自治体などは物品やシステムの採用実績がともなわないと、なかなか新規採用は困難なところがあります。その点、すでに実績を上げている同社には足枷《あしかせ》がありません。

新開発の映像通報システム（Ｌｉｖｅ１１９）を東京消防庁が試験運用しています。

兵庫県警では同じく（Ｌｉｖｅ１１０）の試験運用をしています。これは事故や盗難現場に居合わせた人がスマホで撮影して、１１０番に送れるというシステムです。事件の早期解決や証拠に使えます。

警察は一括導入のため、採用が決まると全国の警察でＬｉｖｅ１１０システムが使われるようになります。２０２１年前半にも入札の予定で採用に期待が高まります。

「日本コンセプト（９３８６）」

液体・ガスの国際物流企業で、上場時から地味な感じだけれど、ずっと継続して株価は上がっています。液体貨物などはドラム缶で運ぶのが一般的。けれども同社は国際物流のグローバルスタンダードといわれる「タンクコンテナ」で海上、陸上輸送を行っています。

今後、水素やアンモニアの輸送が増えることを想定すると、成長期を迎える可能性が高いと思われます。自社のグローバルネットワークを駆使、片道運賃での輸送を可能とし、クライアントの物流コスト削減に大きく寄与しているのも評価できます。

日本コンセプト（9386/T）

週足2019/01/07～2021/03/08［113本］ロウソク足

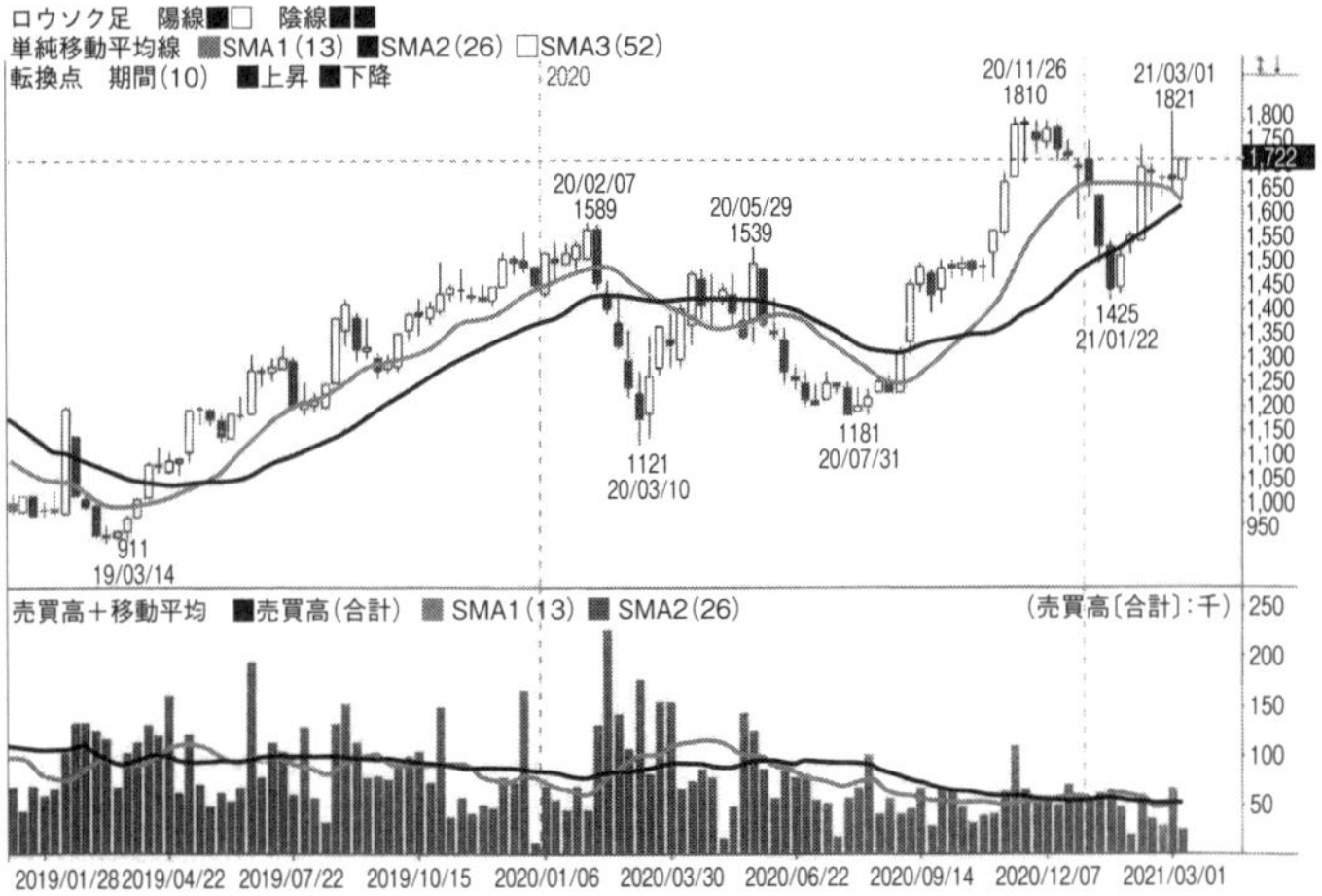

ビーイングホールディングス（9145/T）

週足2020/12/15～2021/03/08［13本］ロウソク足

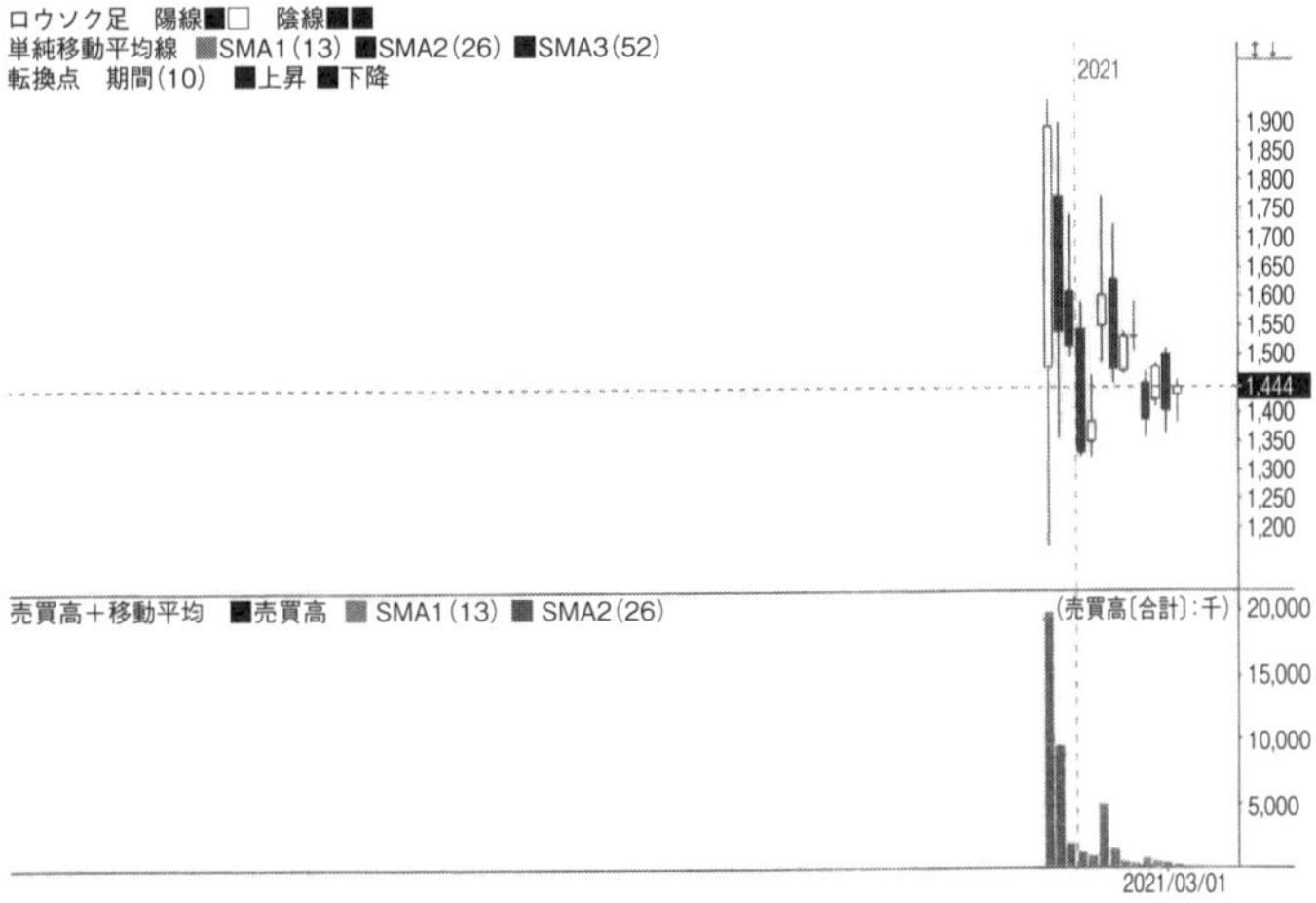

「ビーイングH（9145）」

石川県に本社を置く生活物資に特化した3PL（物流一括受託）事業を展開しています。北陸を地盤に全国へエリア拡大している。

昨年は千葉県、京都府に物流センターを新設。物流倉庫を拠点とすることでコスト競争力が強い。ECが伸びている現状を考えると、物流の新興IPOとして評価されてくると思うので、私は注目しています。

成長の条件を満たしている中小小型株

続いては中期上昇トレンドが続いている中小小型株です。

「リタリコ（6187）」（2021年4月1日から東証1部〈7366〉に変更）

ここは「障害のない社会をつくる」というビジョンを掲げ、働くことに困難のある人向けの就労支援サービス「LITALICOワークス」、学ぶことに困難がある子ども向けのオーダーメイド学習教室「LITALICOジュニア」などの店舗を展開する会社です。

2016年から発達障害ポータルサイト「LITALICO発達ナビ」を運営、同サイトへ

LITALICO（6187/T）

週足2019/01/04～2021/03/08［114本］ロウソク足

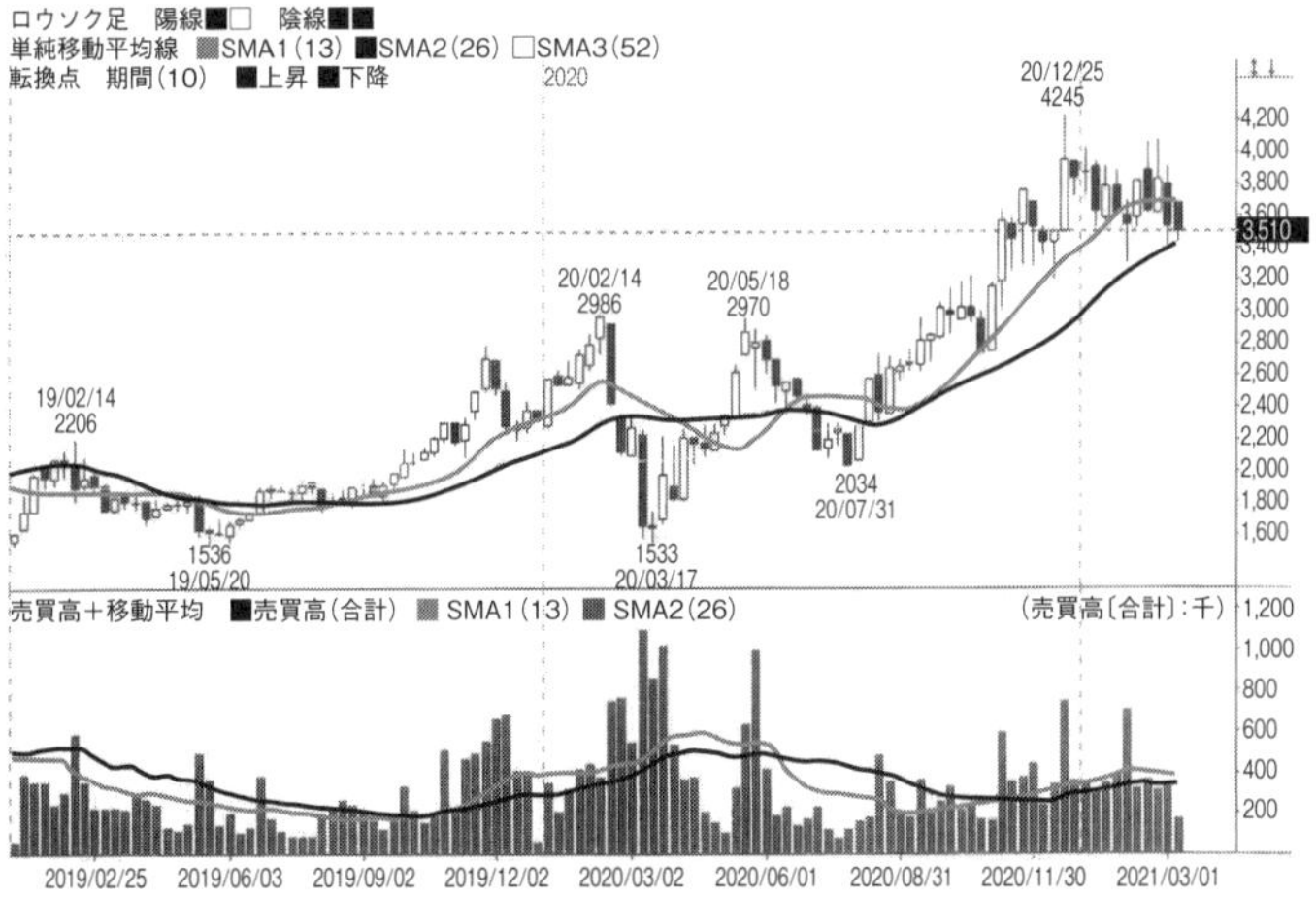

の月間訪問件数は実に328万人にも上っています。

　また、障害のある人向けの就職情報サイト「LITALICO仕事ナビ」、障害福祉で働きたい方の転職サービス「LITALICOキャリア」などを運営しており、出店数はどんどん拡大しています。

　オンライン事業も好調で8期連続増収増益。SaaS強化に向けて福祉ソフト株式会社の完全子会社化も終えています。当然、社会的意義のある事業なので、ESG投資やSDGs投資の対象にもなりやすい。

　同社は間違いなくオンリーワン企業であって、事業の性格上、私は第2のアンビスのような捉え方をしています。新規性のある事業、ニッチ、シェアトップ（オンリーワン）とす

SREホールディングス（2980/T）
週足2019/12/19〜2021/03/08［65本］ロウソク足

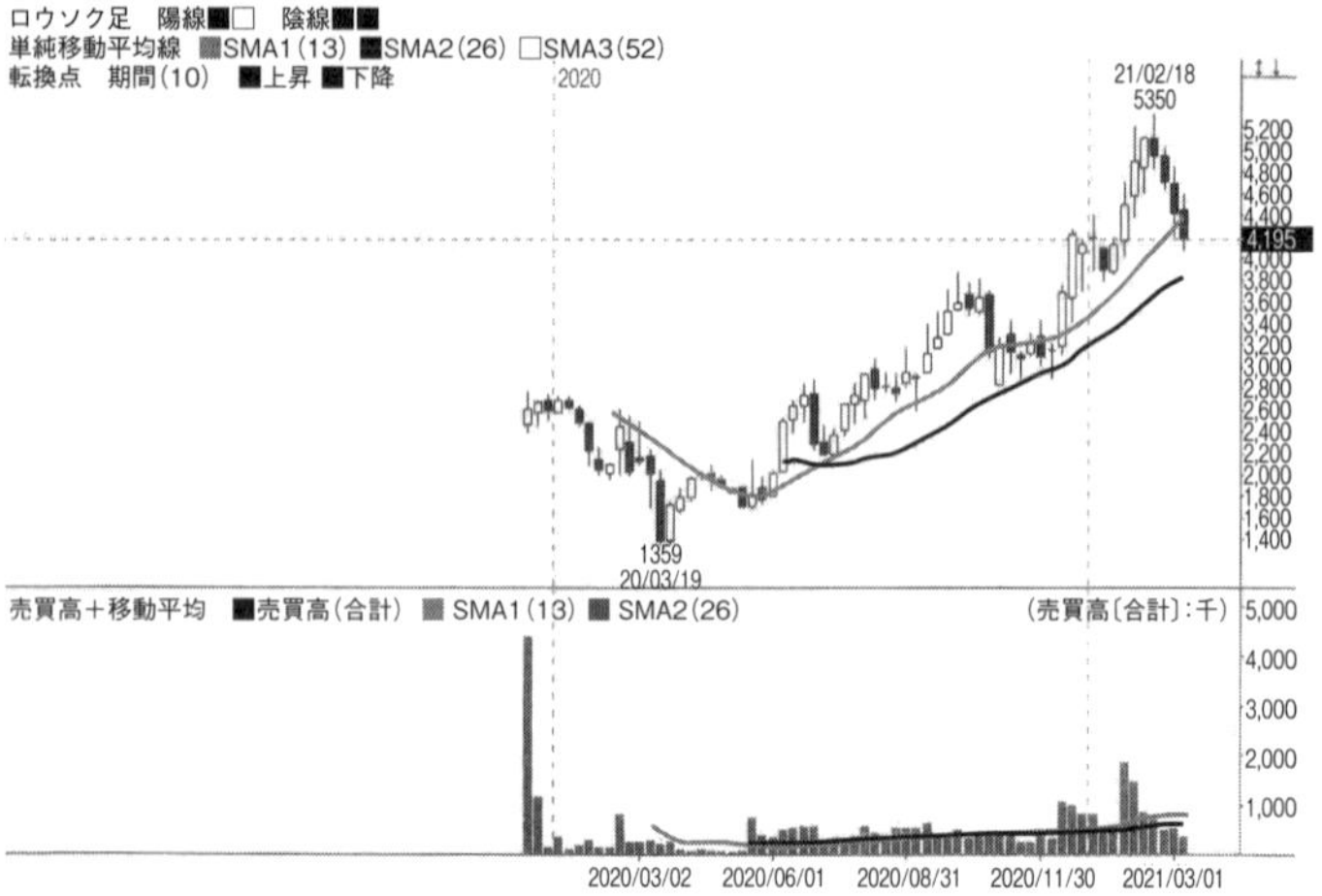

る成長の条件を完全に満たしているのですから。

意外と浮動株が少なくて3%しかありません。海外+投信が28%程度を保有しています。投資資金が入ってくれれば、株価は割高とはいえ、中期上昇トレンドに乗っていける銘柄だと思います。

「SREHD（2980）」

旧ソニー不動産。21年1月時点での主要株主はソニー39%、Zホールディングス（旧ヤフー）22%。

AIクラウド&コンサルティング事業と不動産事業の2本柱でともに好調。クラウドサービスは不動産仲介業者向けに、業務プロセス全体をカバーしています。物件査定では過

ミクリード（7687/T）

週足2020/03/16～2021/03/08［52本］ロウソク足

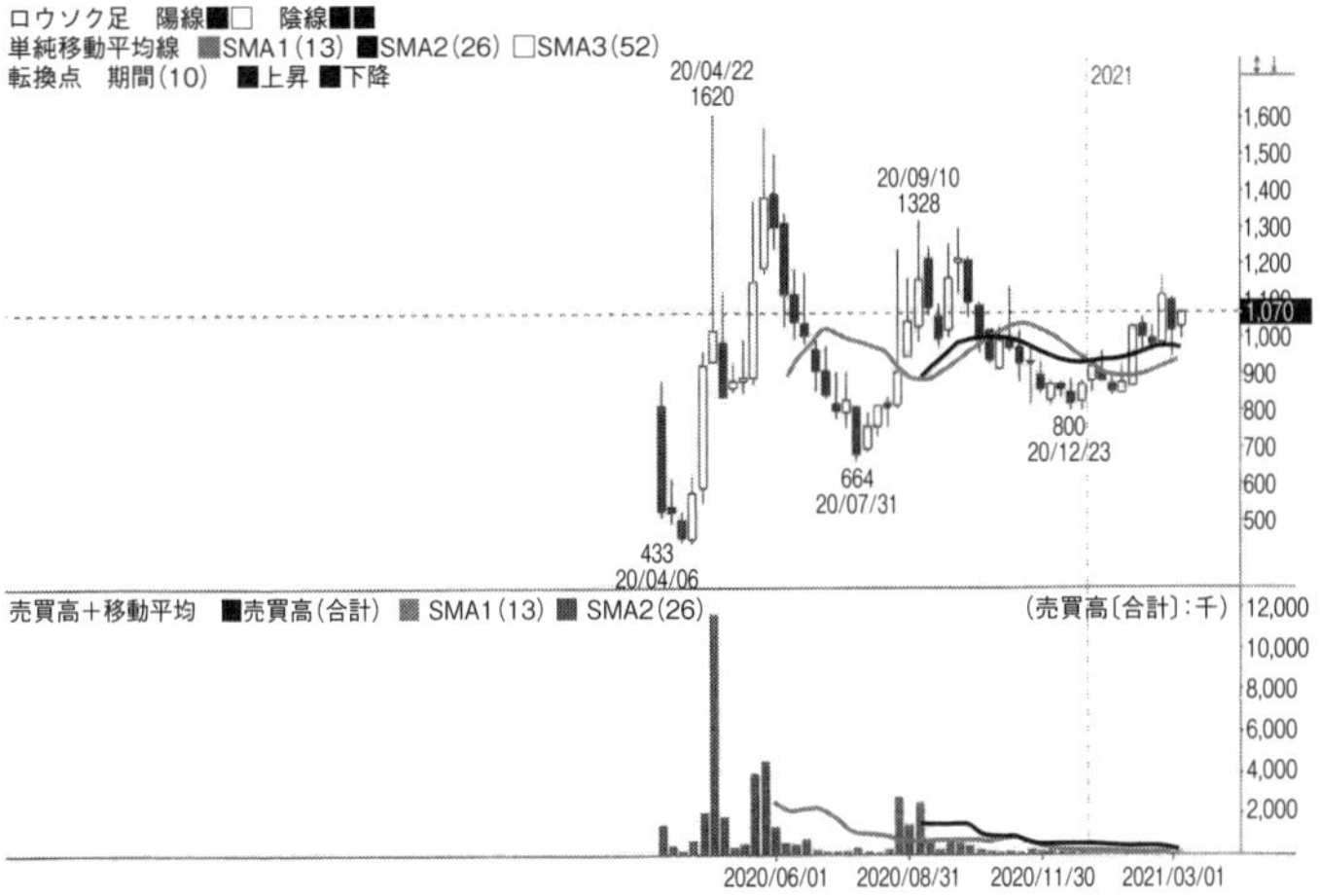

去の膨大なデータをＡＩが短時間で査定する。

売買契約書や重要事項説明では定型文のシステム化など半自動化、作業を6割削減。記載漏れの低減に成功。他にも電力業界向け需要予測や、旅行業界向け自動プライシングなども展開しています。

ストック収入が8割で解約率は0・5％。ＳａａＳ企業として安定した収益構造を確立。不動産テック・ＡＩ市場の1・3兆円をターゲットと考えている。

「ミクリード（7687）」

全国の個人経営居酒屋向け食材卸。個人経営の居酒屋がターゲットで、彼らのセントラルキッチンの役割を担うというのが同社のコンセプト。

NexTone（7094/T）

週足2020/03/30～2021/03/08［50本］ロウソク足

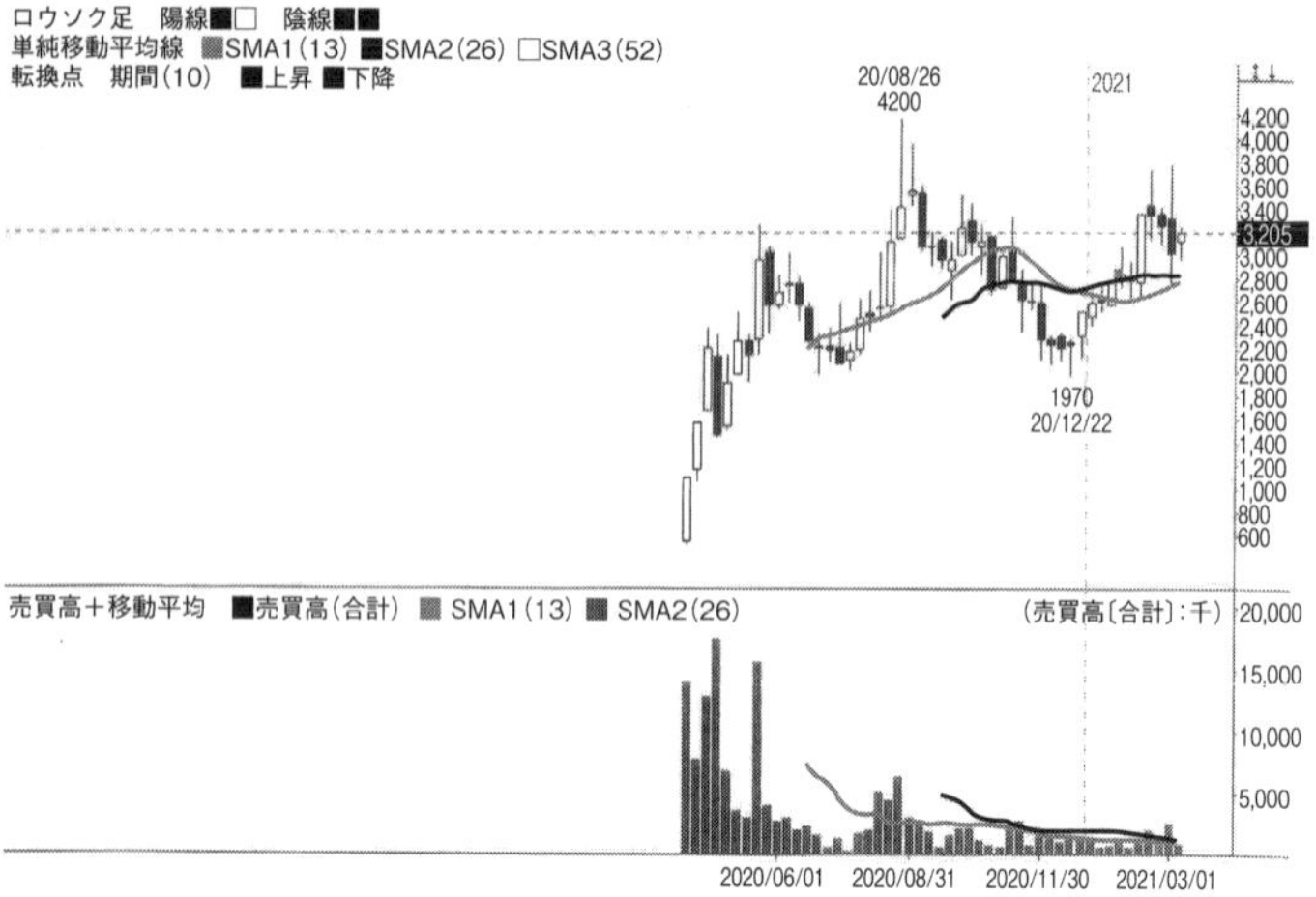

大手チェーンと違い、個人経営の居酒屋は常連により支えられ経営を維持していることから、売り上げの落ち込みも比較的少なく済んだ。昨年ＩＰＯで財務面での問題はなく、コロナ後積極投資に移れる土台がある。

同社は時価総額が低く50億円程度。居酒屋が復活してくると、突然株価が大きく動き出す可能性があります。

「NexTone（7094）」

音楽著作権の管理会社。ほぼ独占状態にあったＪＡＳＲＡＣ（日本音楽著作権協会）に対抗するために大手2社が合併した。事業内容を見ると、同社に著作権を管理してもらったほうがアーチスト側にメリットがあることから、ＪＡＳＲＡＣから移るケースが増えているようです。

コロナ禍で音楽・動画配信ニーズが拡大。ライブビューイング開催制限の影響はあったものの、リアルライブとライブ配信の共存による新たなライブエンターテインメントサービスが始まりました。これらはポストコロナでも一般化していくものと思われる。4期連続の増収増益。

株価については、最初に買われた後、調整に入り底値を付け、このところ上昇の気配を見せてきている。コロナ後の景気正常化の動きをとらえる一環として注目したい銘柄です。

景気敏感株のなかでの注目株

最後は景気敏感株における注目銘柄です。

「OKM（6229）」

昨年12月に東証2部に上場。

産業用バルブを製造販売している会社。流体配管に使用されるバタフライバルブを中心とした流体制御機器を製造、販売しています。売上高区分は「陸用」と船舶市場向けの「船用」に分けられます。前者は建築設備、化学、電力ガス、鉄鋼、紙パルプ、水処理業界などに、後者

オーケーエム（6229/T）

週足2020/12/17〜2021/03/08［13本］ロウソク足

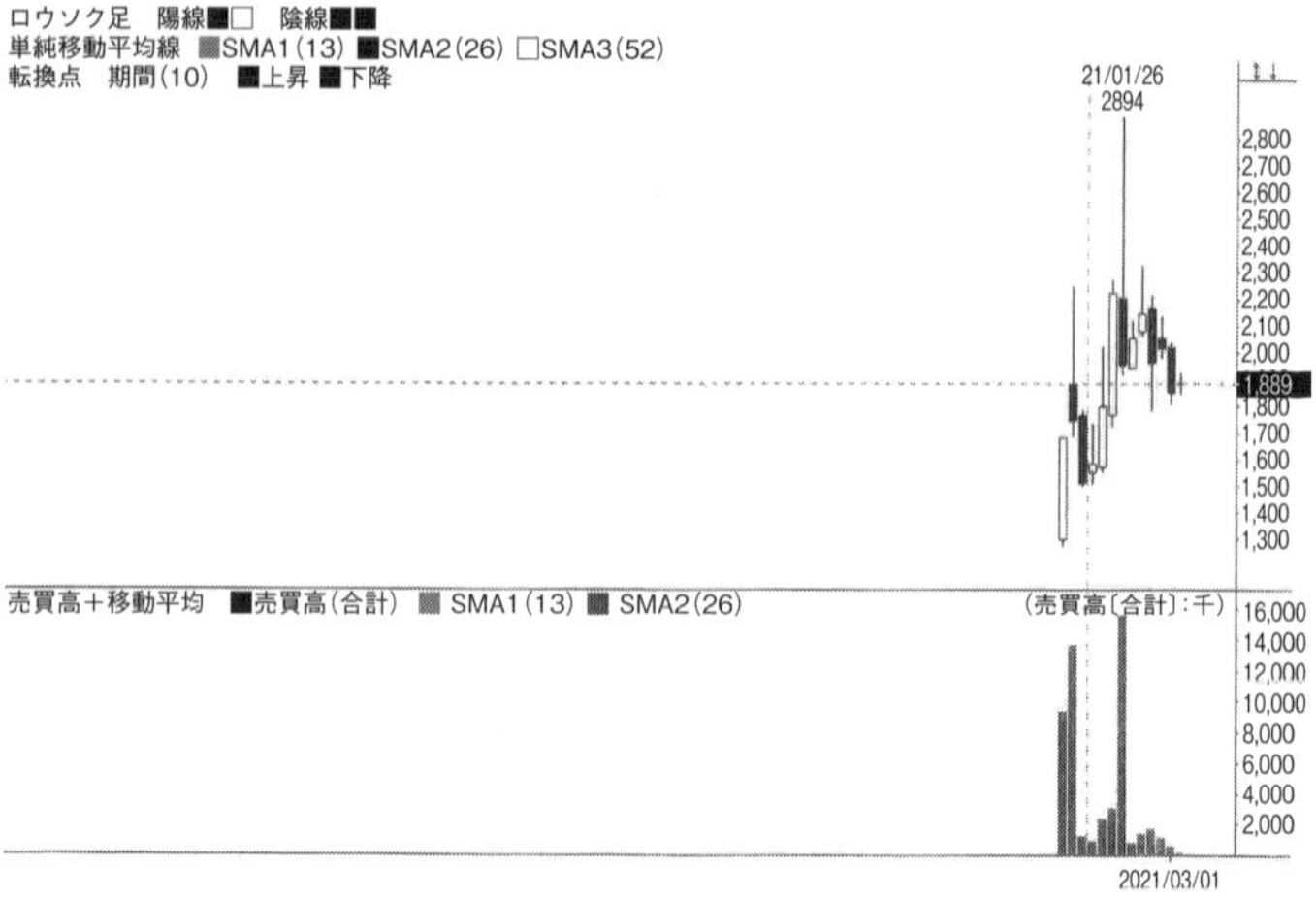

は各造船所に納入しています。

同社の船舶排ガス用バルブは、国際海事機関（ＩＭＯ）の定めるＮｏｘ（窒素酸化物）規制に対応した製造販売認証を取得済み。耐熱性や耐腐食性を高めた製品シェアは50％と世界トップ。当面の成長シナリオは、排ガスやバラスト水の環境規制強化による船舶需要の高まりです。

代替エネルギー政策の加速により、自動車燃料用の液体水素やアンモニア輸送の需要増に対応するタンカー新造も期待され、これらの動きが同社の追い風となる可能性が高い。

新型コロナによる生産停止の影響を受けた製造業は減収減益ですが、今後はコロナの影響一巡で、船舶用を中心に巻き返しが見込めます。

インスペック（6656/T）

週足2018/12/03〜2021/03/08［118本］ロウソク足

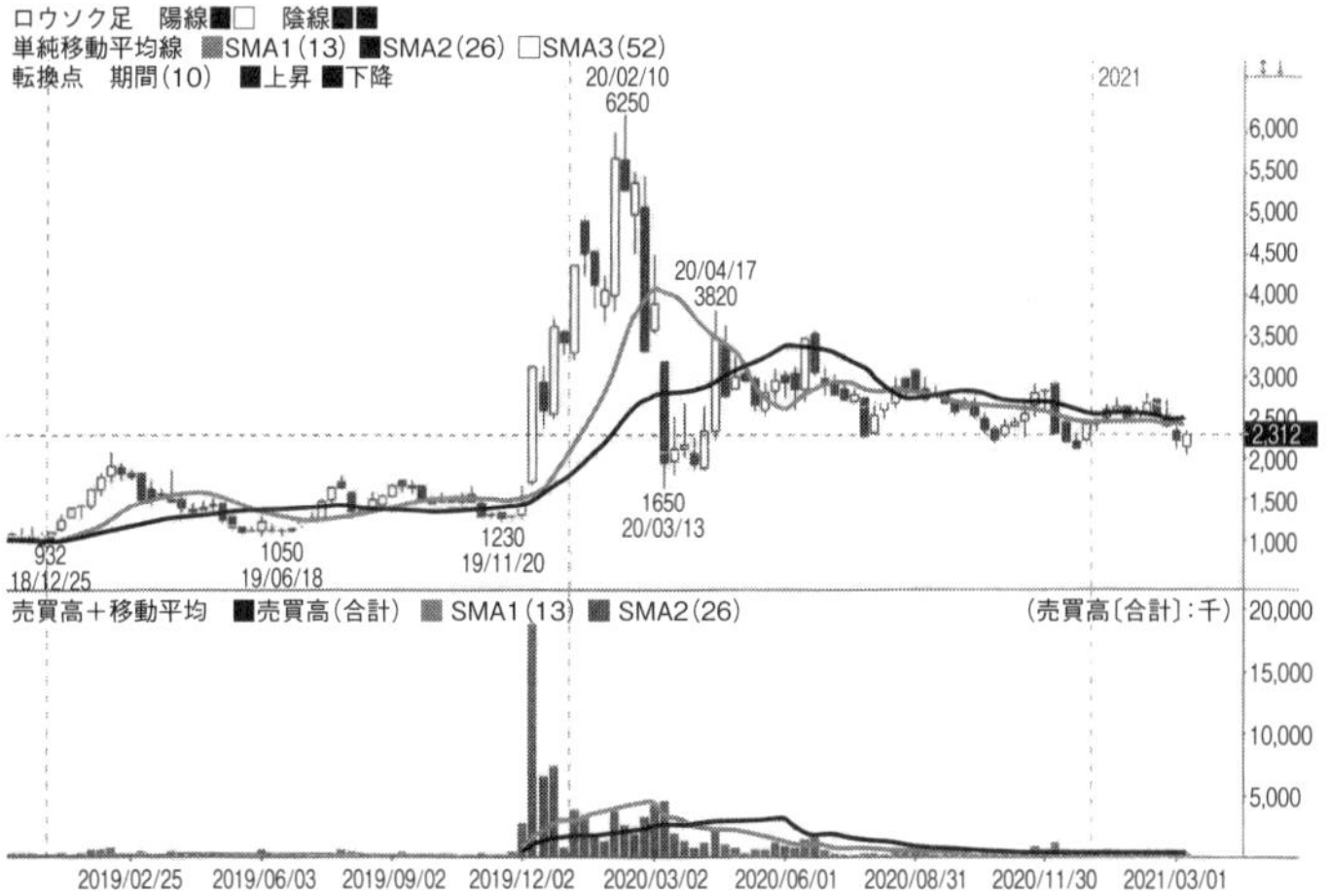

株式市場は2022年3月期決算、要はコロナ収束以降を見据えた動きになっており、景気敏感株が買われる流れも出ているのです。

ユーピーアール、木村工機など同じ東証2部株の直近IPOが上昇したこともあり、同社の株価の動きも注目されています。

「インスペック（6656）」

ここは材料株として非常に面白い存在です。同社は秋田県に本社を置く光学式外観検査装置メーカーです。

テスラ社製のEV自動車「モデルS」の車体には毛細血管のごとくワイヤーハーネスが張りめぐらされており、総延長は3000メートルにもなります。これを軽量柔軟なFPC（フレキシブル基盤）化することで、100

メートルに抑えられ、大幅な軽量化・品質向上・コストダウンが実現できるのです。

インスペックが開発に成功した「ロールtoロール型シームレスレーザ直描露光機RD3000」は最大露光長6メートル。世界で唯一自動車のFPC化に対応ができるとのこと。自動車向けワイヤーハーネス市場は5兆7000億円（富士キメラ総研）、そのうち10％がFPC化できれば5700億円の売り上げにつながると同社は試算しています。

最後に情報サービス関連で面白い銘柄を紹介しましょう。

2017年に上場した**「ユーザベース（3966）」**はなかなかしっかりとした動きを見せています。オンラインの企業情報サービス「SPEEDA」を提供している会社で、初値800円周辺から現在は3000円程度まで上げており、上昇トレンドが続いている銘柄です。

第1章でも言及した通り以前であれば、株式市場が活気づくと証券株が大きく買われました。ところが、現在は構造的な問題を抱えているメガバンク株や大手証券株は投資対象にはなりません。メガバンクはそれに加えて低金利が続いているため、投資対象から遠のくばかりです。

したがって、投資家は証券や銀行と比較的似通って成長している企業を物色しているようです。仮にそれが割高であっても買われる。そんな流れがあると、私は感じています。

そのうちの一つとして捉えているのがユーザベースですし、最近ですと**「ミンカブ・ジ・インフォノイド（4436）」**が注目を集めています。

証券コラム

ITバブルの再来とアメリカの事情

いまの世界の株式市場の状況について、私は2000～2001年のITバブル相場のときと似ているという印象を持っています。

本来であれば、クラウドを中心とする新たなITサービス、SaaS（用途が決められたソフトウェア）、PaaS（プログラムの実行環境の提供）、IaaS（情報システムの稼働に必要なインフラの提供）などは数年後に本格化するはずだったのが、コロナ禍が到来したことで加速化され、昨年、かなり前倒しとなって本格導入され始めたという背景があります。

だからBASEなども3、4年後にブレイクするはずが、昨年急騰したのです。

以上のように、日本市場においても、IT銘柄を中心にバブル化する可能性が十分見受けられるのです。そのなかで日経平均が3万円超えもあるし、さらに伸びる可能性もあります。

世界的に中央銀行からここまで膨大にマネーが供給されている以上、それが絞られるという現実が見えてこないかぎり、需給関係からITバブルの再来があると、私は捉えています。NASDAQのアップル、マイクロソフト、クラウドストライクあたりがバブル化したときに、日本市場のどの銘柄が上がるのか楽しみです。

あとは地政学的な変化も大きいのではないでしょうか。

日本株が1990年から暴落したとき、世界はどのような状況だったか。振り返ってみれば、ベルリンの壁が崩壊し、アメリカの仮想敵国であったソ連が脅威ではなくなったことから、アメリカが日本を防波堤として可愛がる必要性が消滅した、ということもあったのではないでしょうか。

そこを日本は勘違いして、「アメリカにNO ！と言える日本」とか、ロックフェラー・センターやコロンビア映画などアメリカのシンボルを買ったりして、その後、アメリカから強烈なしっぺ返しを食らいました。

アメリカは自分の頭を超えようとする国に対しては強硬な態度に出ます。トヨタをレクサスの安全性問題で、東芝をココム違反だと、合法的にナンバー2に台頭してきた国を押さえつけにかかりました。それと同じことがアメリカの脅威として急迫してきた中国に対しても行われるのでしょう。

　ですから、トランプ前大統領がどうこうではなく、アメリカの反中政策はアメリカの総意だと思います。今後アメリカが中国と敵対していくのであれば、日本を可愛がっておかないといけない。そうしたアメリカの事情というか、価値観から、日本の株指数も上がるチャンスに恵まれるのではないでしょうか。

第7章

不人気業種の銘柄を考察する

外食銘柄への投資は期間限定と割り切る

外食の銘柄には、いくつか気をつけるべき点があります。

一つには、ブームになったときには、フランチャイズ制を採っているところが多いので、短期で売り上げ・利益が急上昇し、株価が上昇する傾向が強いのです。その代表格がいきなりステーキを展開する**「ペッパーフードサービス（3053）」**でしょうか。

ブームに乗ったときの株価の上昇は目を見張るものがありましたが、結局は期間限定でした。その要因は、外食産業は真似をされやすい点にあると思います。そして大きくブームになると、飽きられやすいという側面があります。

中長期にわたり上昇する外食株はかなり少ないと言えるでしょう。しかしながら、店舗拡大の時期には株価が急速に上昇するので、期間限定で利幅を取るという戦略は可能ではないかと思います。

次のチャートは**「串カツ田中（3547）」**の日足チャートです。この銘柄には、われわれもずいぶんとお世話になりました。分割しているので中途半端な価格ですけれども、2016年に737・5円で上場しました。上場直後に出来高をともなう高値を付けてから半年以上、揉

串カツ田中ホールディングス（3547/T）

日足2016/09/14～2018/03/01［358本］ロウソク足

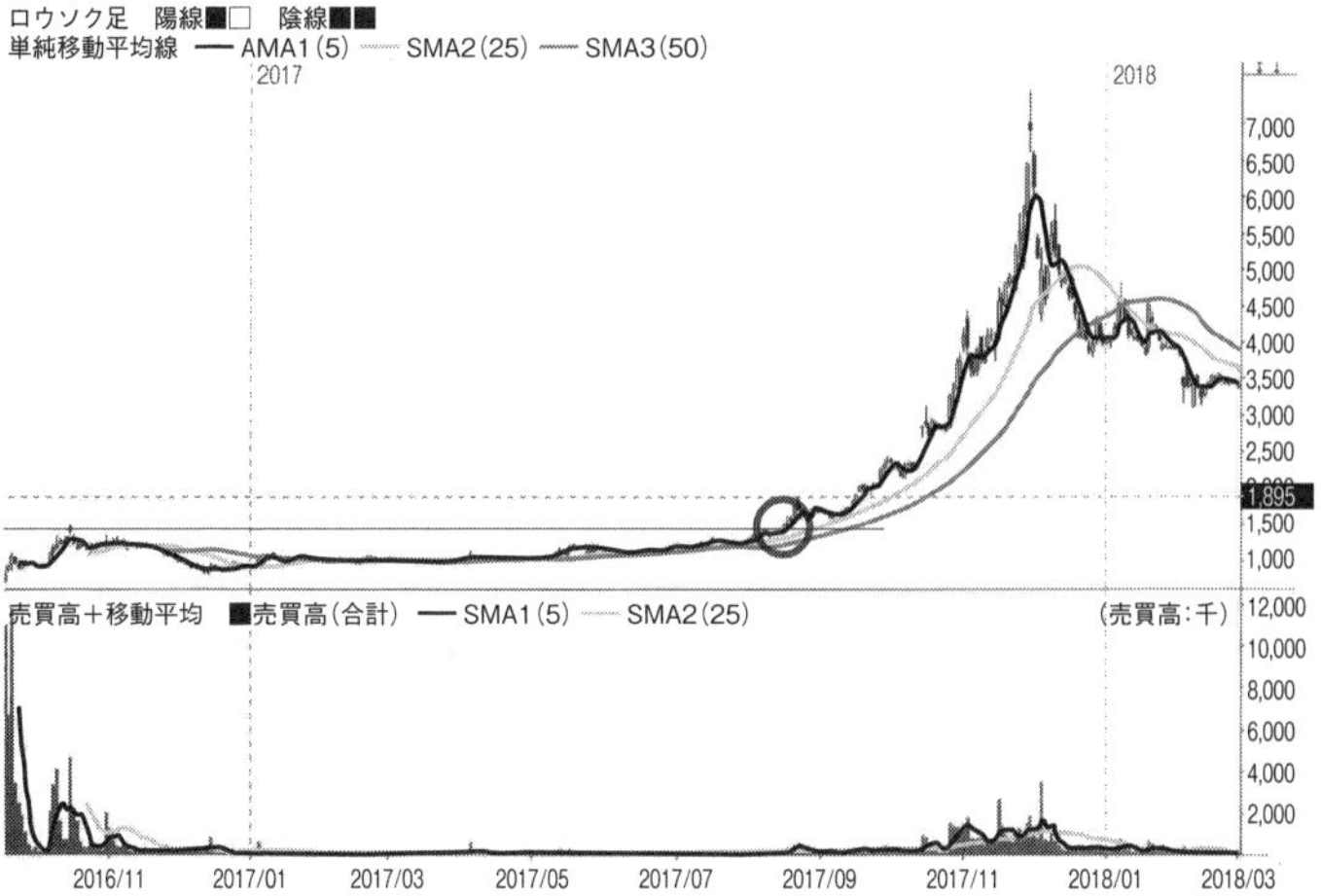

み合いが続きました。

その後、上場高値を超えたことで上昇にはずみがつき、高値は７４８０円までありました。1年で10倍になったのです。この時期はインバウンドの追い風も吹いたこともプラスにはたらきました。

その後は軟調な展開が続いています。上場当時、関東には、関西発祥の串カツの店がなくてブームが発生したものの、長続きはしませんでした。真似をする店も出てきましたし、飽きられたこともあると思います。

外食や小売業は、ＦＣ展開がある程度全国に行きわたったら、成長が止まってしまうので、新規事業を始めるか海外展開に進出することが多いと思います。外食の場合は特にそうですが、やはり外国の人々とは食文化の違いが大きく、海外展開での成功はきわめて難しいと思います。

ですから、人気があって全国に店舗が増えていったとしても、それは全国に行きわたるまでのことなのです。私は高知県出身なのです。高知にかぎらず地方にということですが、人気の外食のFCが登場する頃には、株価はピークアウトしていることが多いと思います。

もう一度、串カツ田中の日足チャートを見てください。最初は出来高が多くて、上場直後のこの高値のときにも出来高がともなっていました。それからはほとんど出来高がないのに、重たかったであろう高値を静かに超えてきました。そして少ない出来高でじりじりと上昇していきます。

こういうときは要注意だと、本書で幾度か申し上げてきました。先ほどの高値更新した位置は◯印の位置です。この時点で買ったとしても株価は1500円程度でした。そこから4カ月の間は上昇を楽しめたのです。

次のチャートは外食の優良銘柄である**「物語コーポレーション（3097）」**の年足チャートです。2008年に上場時の株価は599円でした。当時は焼き肉のチェーン展開がメインでしたが、いまはラーメンやお好み焼きのチェーン展開も行っています。

ここは外食銘柄としては異例の長期的な上昇トレンドを描いています。「串カツ田中」同様、

物語コーポレーション（3097/T）

年足2008〜2021［14本］ロウソク足

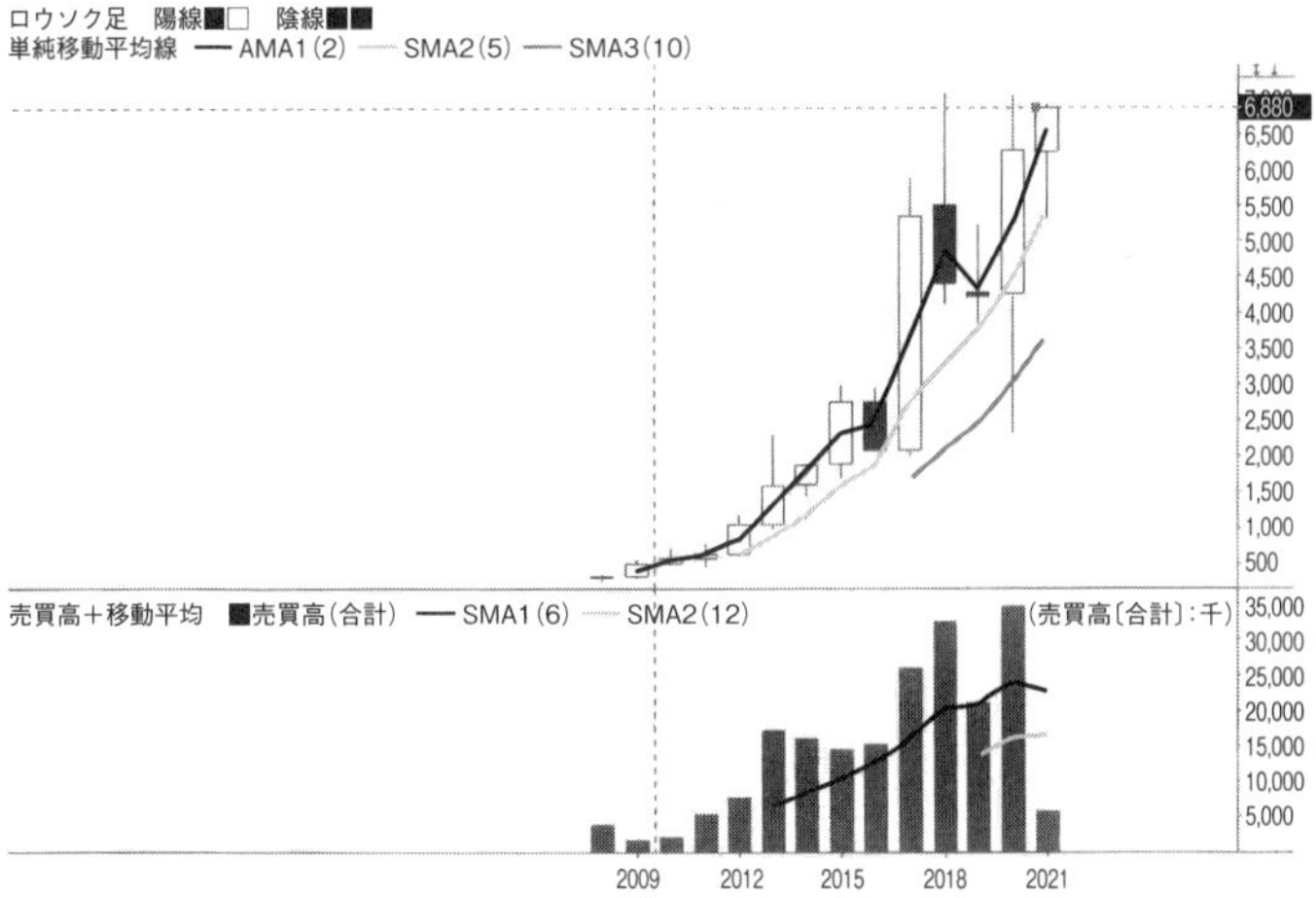

鳥貴族ホールディングス（3193/T）

年足2014〜2021［8本］ロウソク足

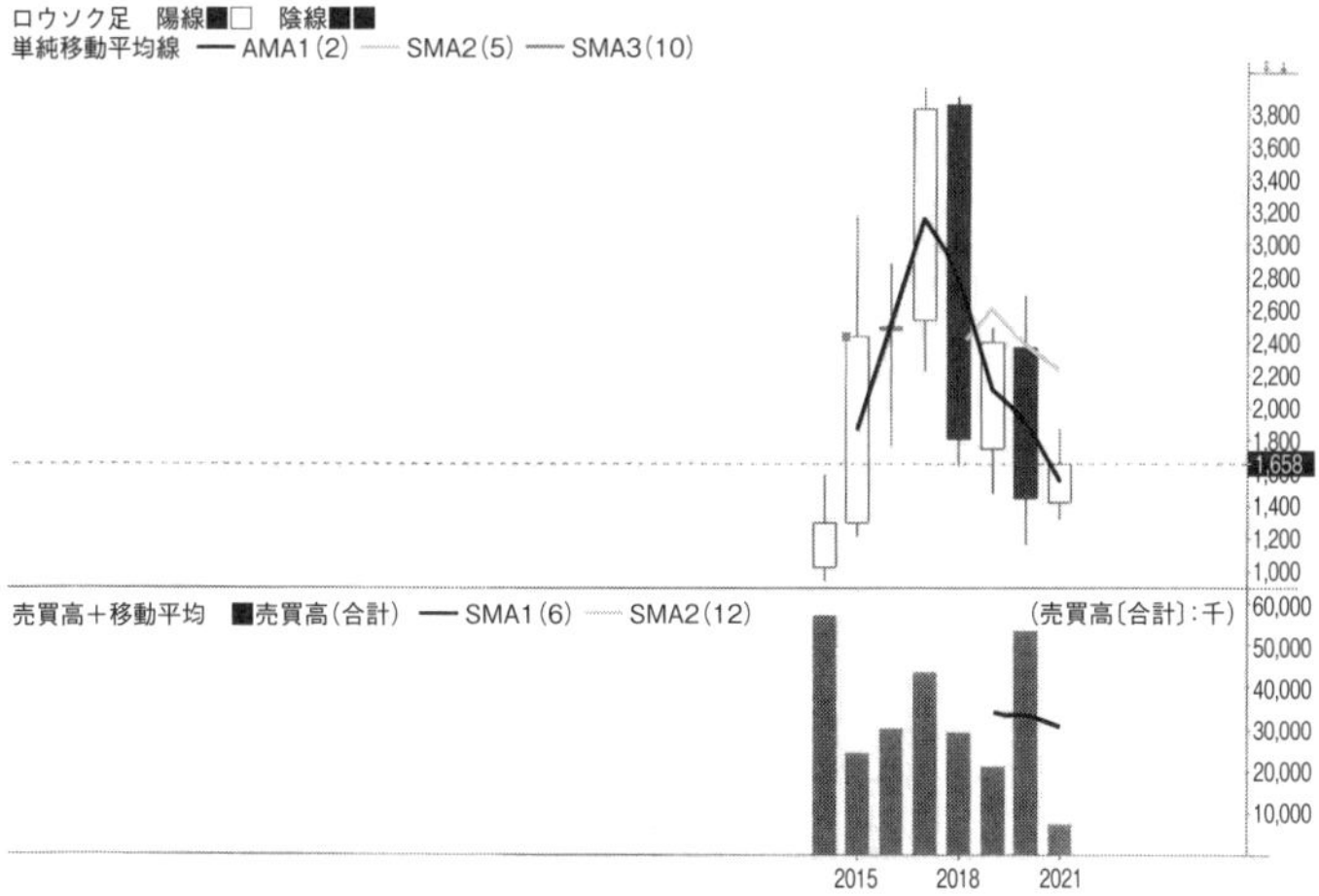

2018年のインバウンドブームの際にぐんと株価を上げ、調整後、直近では再び高値圏で推移しています。こういう外食IPOは珍しく私もたびたび投資をおすすめしています。

2018年に上場した**ギフト（9279）**も順調に成長している外食企業です。直営店の横浜家系ラーメン「町田商店」やFCに似たラーメン店のプロデュース事業を展開して成長しているユニークな外食企業です。昨年はコロナ禍に巻き込まれましたが、徐々に株価も立ち直ってきています。外食の新興企業では、物語コーポレーションと並んで注目しています。

下にあるのは**「鳥貴族ホールディングス（3193）」**の年足チャートです。上場時はジャニーズのタレントの父親が経営していることでも話題になりました。上場初値は1000円。その後4年間で4000円近くまで株価を上げて、現在は調整中です。これも期間限定ですが、これだけ上昇していけば、投資する価値は十分あったといえます。

外食銘柄で注意すべき点は、成長が見込める企業であれば投資を考えてもよいのですが、あくまで期間限定と割り切ることが大切だと思っています。

もう一つ、自分の好き嫌いで、あるいは先入観で、その外食産業を評価しないことです。世間がそこを受け入れているかどうかで判断してください。串カツ田中をすすめたとき「私は串カツ好きじゃないから」と話していたお客様は意外に多く、今でもよく笑い話になります。

鳥貴族が人気を得たのは、1回の飲食で1人当たり2500円以下の予算を目指したからだ

ゼネラル・オイスター（3224/T）
年足2015～2021［7本］ロウソク足

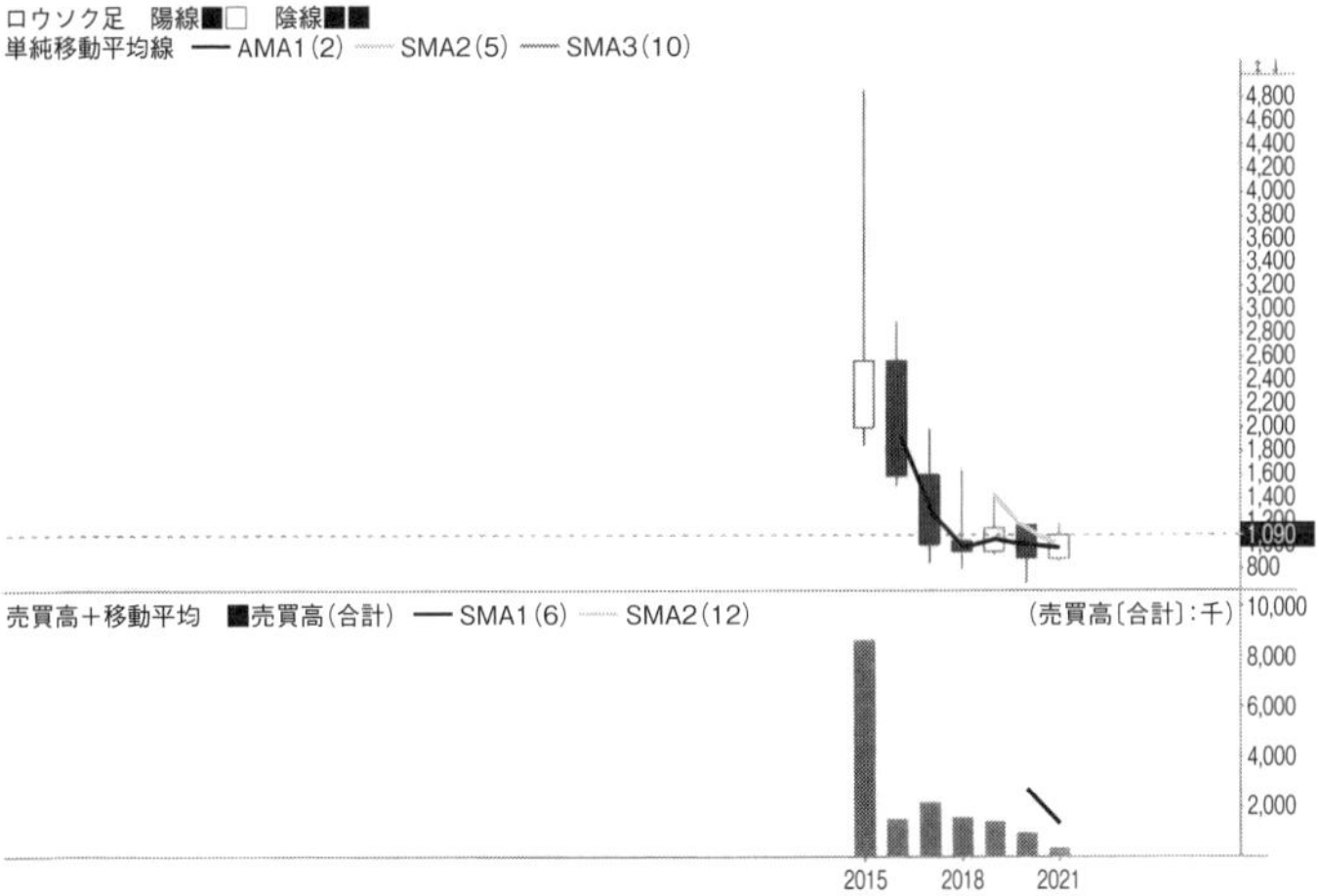

と思います。鳥貴族は2500円以下だと、顧客がリピートするというデータを元に展開して、その戦略が見事に成功したわけです。

上は**「ゼネラル・オイスター（3224）」**の年足チャートです。上場初値は2000円近辺から、すぐに4800円まで上昇します。2015年当時、オイスターバーがちょっとしたブームになり始めていました。

同社は海洋深層水で生ガキを洗浄することで食中毒を起こさない。こんなキャッチフレーズを掲げて、生ガキの提供とレストランの展開を行っていました。しかしながら、廉価なオイスターバーが続々とオープンしたことから、業績が低迷し、現在に至っています。

クラウドで安定収入を確保している大手ゲーム企業

ゲーム関連銘柄や電子マンガ関連銘柄についても要注意だと思います。かつてのガンホーなどの成功で、株価が何十倍にもなった、そうした体験を投資家たちは覚えているから、初値では人気になったりしやすい。でも、その効果も徐々に薄れてきています。

ヒット作が出れば、短期で株価が上昇することがあるけれど、実は外食関連銘柄よりも人気になる期間が短いことが多いのです。

電子マンガ関連はここ数年、上場が増えました。やはり5G時代になれば需要が出てくるとの期待が膨らむからです。私が期待をかけた企業もあるのですが、なかなか株価が上がりません。一つには、電子マンガ関連企業の乱立。もう一つが、海賊版の横行です。そうした要因で、電子マンガ関連企業の収益が低迷しているようです。したがって、ＩＰＯで人気が高いといっても、投資には慎重になるべきでしょう。

これは**「エディア（3935）」**の月足チャートです。2016年に上場した銘柄ですが、中長期的には低迷が続いていると言わざるを得ません。現在、同社はゲームから撤退し、電子書籍へとシフトしているものの、ここでも苦戦しています。

エディア（3935/T）

月足2016/04～2021/03［60本］ロウソク足

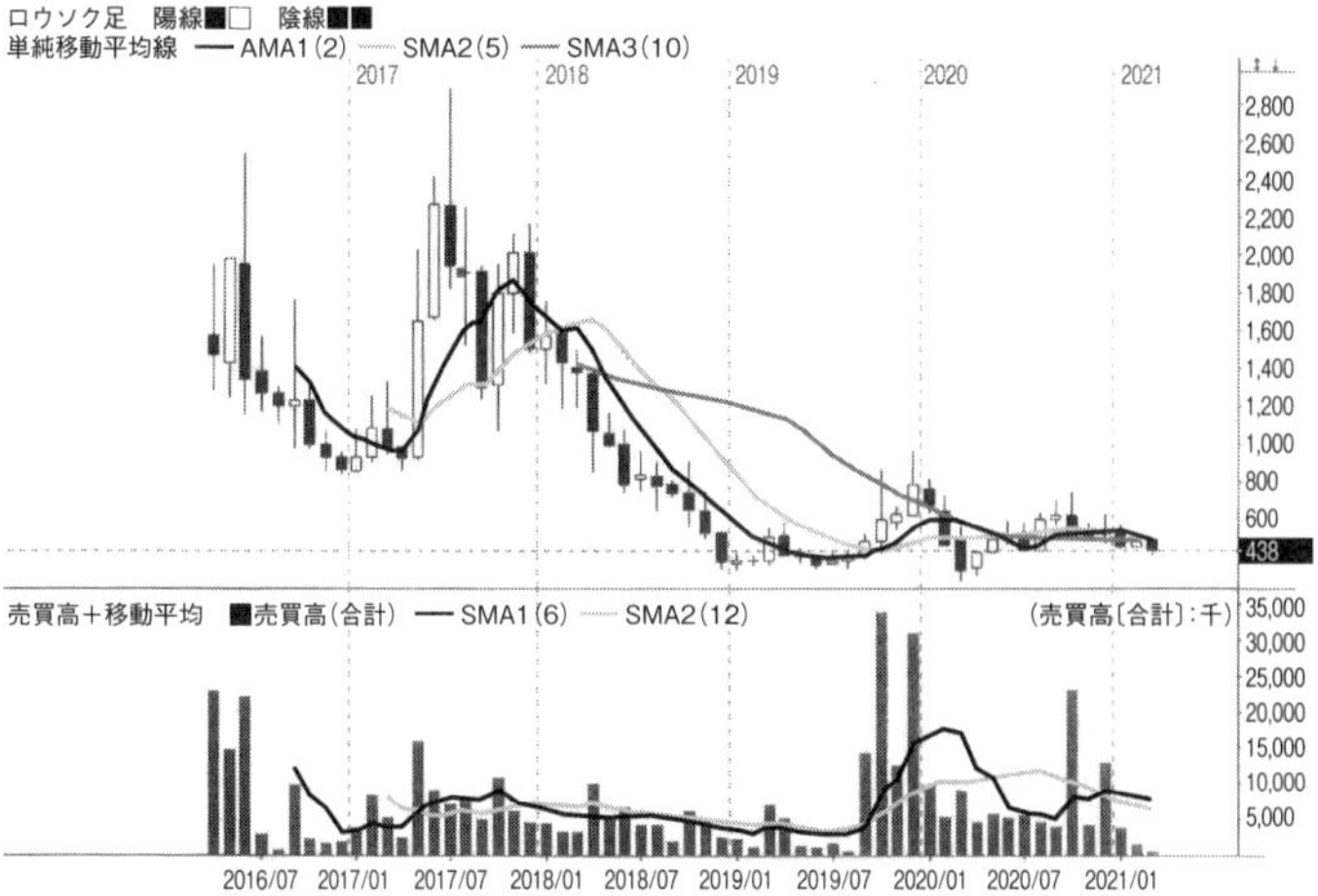

アカツキ（3932/T）

月足2016/03～2021/03［61本］ロウソク足

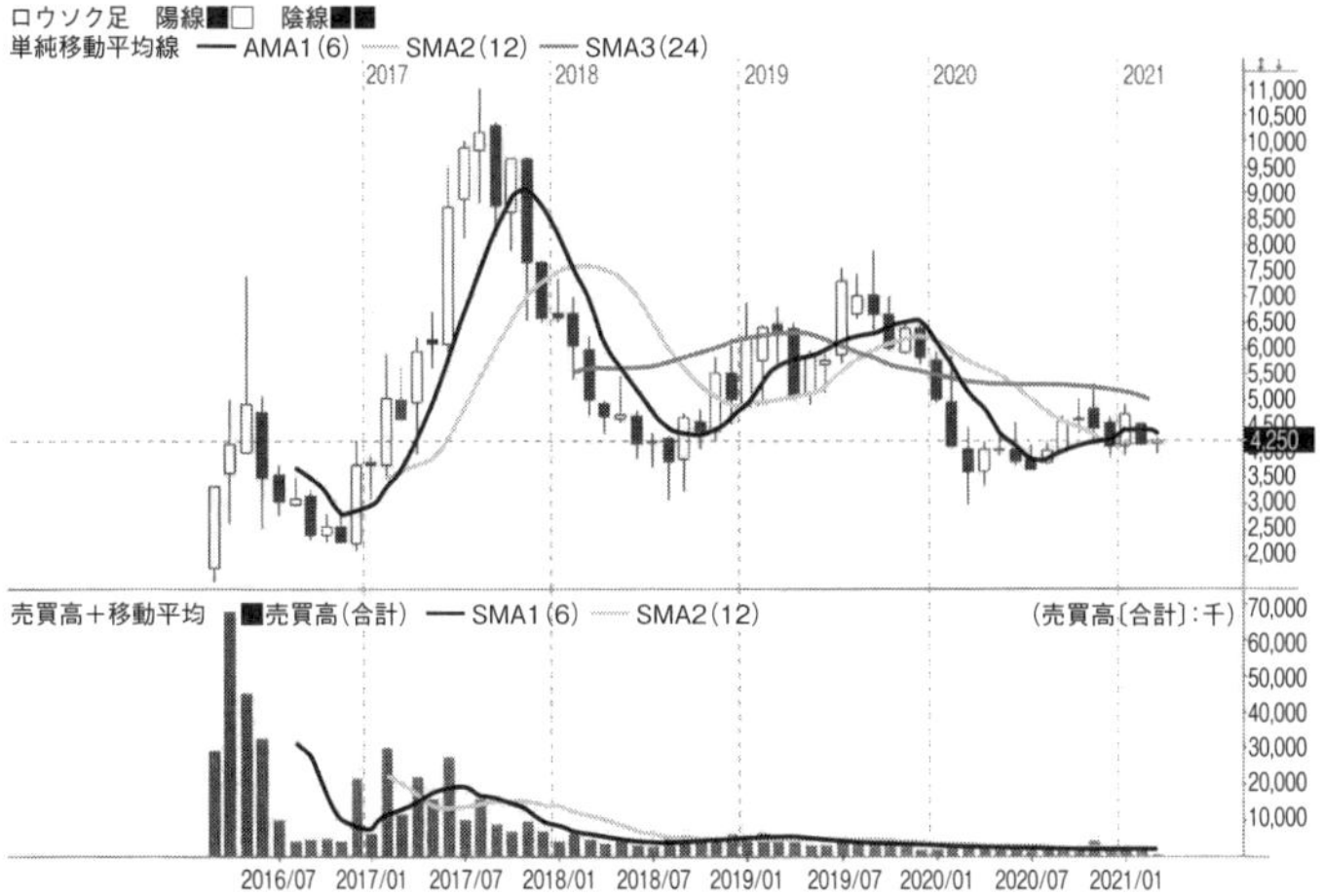

その下はスマホゲームの企画・開発企業**「アカツキ（3932）」**の月足チャートです。かつて人気があった銘柄で、IPOは2016年。業績もそこそこ伸びているのですが、それでも株価は2017年に上場来高値を付けてから低迷を続けています。

次はスマホゲーム攻略記事サイト運営の**「GameWith（6552）」**。上場直後に話題になり、株価を上げた銘柄です。しかし、ここもほぼ下落トレンドに見舞われてしまっているのが見て取れます。

それに対して、このところ株価を上げてきているゲーム関連株は、どちらかというと大型のバンダイナムコのような企業なのです。

バンダイナムコにかぎらず**コナミ（9766）**だとか、**コーエーテクモHD（3635）**なども有望です。昨年は**スクウェア・エニックス（9684）**が上がってきました。**任天堂（7974）**も上昇しています。

これらの大型ゲーム株が上昇している大きな要因は、ゲームがクラウドになってきて、安定した収入を得られるようになったからです。

その前はソフトの売り切りでヒットさせてきたけれど、たとえばスクウェア・エニックスについては、次のドラクエがリリースされるまで時間がかかるので、業績の凹凸が出てきます。

GameWith（6552/T）

月足2017/06～2021/03［46本］ロウソク足

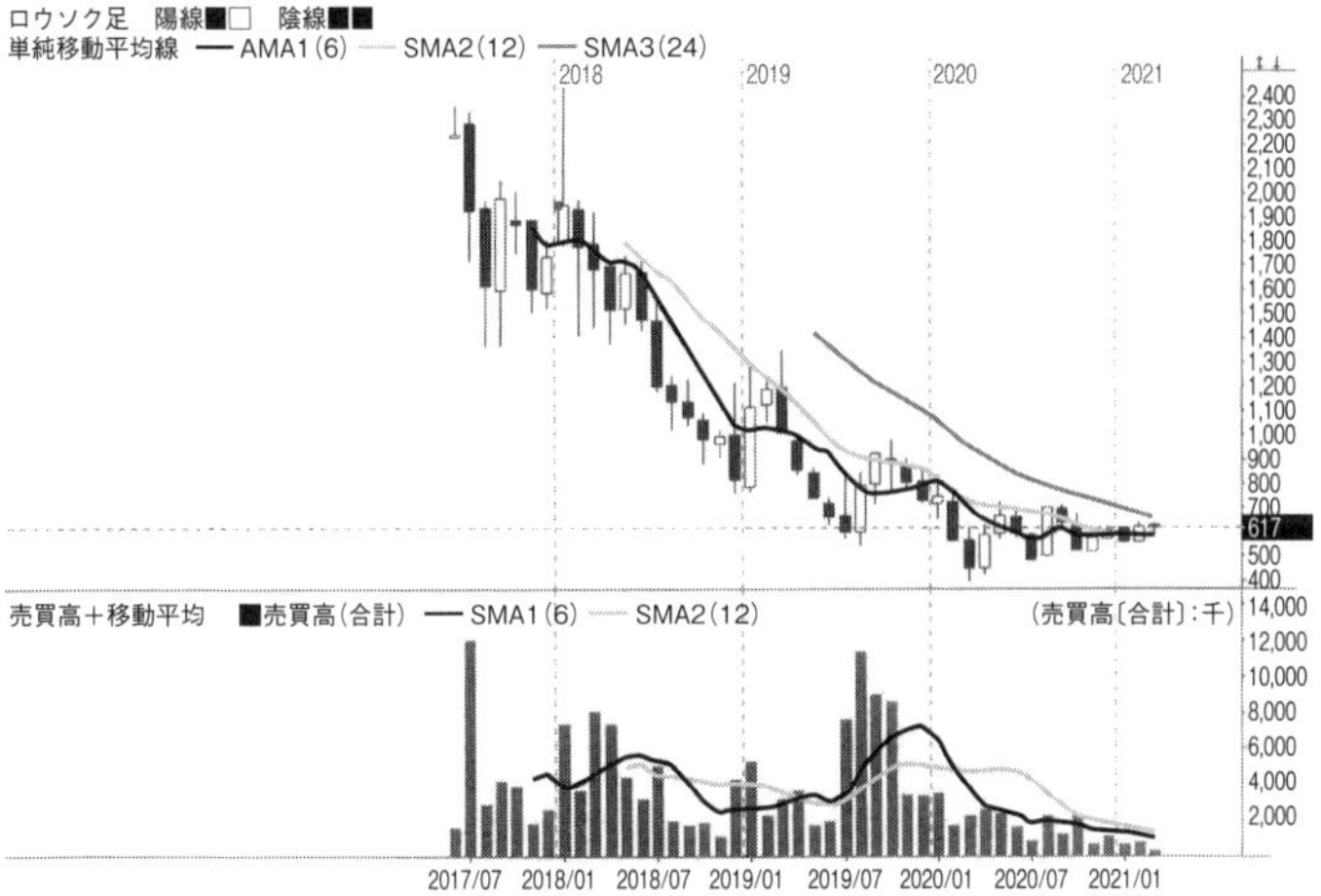

そのうちにシリーズ物のパートがいくつも出ると、なかなか前ほどは売れなくなる。

いまはクラウドで基本無料なのだけれど、ゲームのなかで強くなるためには課金が必要で、プレーヤーから継続して課金するというシステムに変わってきています。

そうなるとやっぱり大手が強い。大手はキャラクターもたくさん持っているから、さらに有利です。このような環境下、中小型のゲーム株においてはよほど特色がないかぎり、上場してきても市場から相手にされないし、人気にはならないと思います。

また、繰り返し言及してきたけれど、バイオ銘柄は基本的に業績は悪いです。売り上げが立たないとかで、赤字企業も多い。しかもバイオがまだ珍しかった時期ならともかく、いまは赤字でまったく駄目なバイオ株が市場に転がっている状況です。さすがにバイオ銘柄の初値投資については、基本的には参加しないほうがいいと思います。

台頭する新興ファブレス化粧品メーカー

逆に、私が注目しているのが、このところ上場の多い新興の化粧品メーカーです。先に取り上げたプレミアアンチエイジング、新日本製薬、そして最近上場したばかりの**アクシージア（4936）**など。

これらの共通点はすべて新興でファブレス経営ということです。自社工場を持たずに委託生産させ、経営資源を研究開発と企画にだけ集中するシステムで動いています。まあ言ってみれば、化粧品のSPA（製造小売業）みたいなスタイルでしょうか。

本来は半導体メーカーがこうした手法を用いていたのですが、それが化粧品分野にも浸透してきた。こうした新興ファブレス化粧品メーカーの台頭により、国内の大手化粧品メーカーが苦戦を強いられています。先般、資生堂がヘアケアブランド「TSUBAKI」、男性用の「uno」などを含む日用品事業について、欧州系投資ファンドのCVCキャピタル・パートナーズに1600億円で売却したのも、もはや低価格帯の商品では彼らに太刀打ちできなくなったからです。

資生堂などはとりわけ中国市場で売り上げを伸ばしている一方、国内市場ではかなり伸び悩んでいるのが実相です。

いま私が追いかけているのはアクシージア。ここの代表と副社長は中国人で、取締役にも数人中国人が就いています。最大の特徴は中国向けの売り上げが80％を超えていることと、電子商取引（ＥＣ）がメインであることで、もともと日本国内市場をあまり相手にしていません。

おそらくアクシージアの中国ビジネスがスムーズに進むのは、やはり経営者が中国人で大陸のカルチャーやビジネス環境を知悉《ちしつ》しているからだと推測されます。経営者は琉球大学に留学後、日本で起業しています。実質的には中国の企業という感じがします。

しかしながら、化粧品メーカーの国内販売が頭打ちのなか、中国という巨大市場を手の内に入れているのはアクシージアの強みですし、中国では依然として化粧品市場は伸びています。

先般、上海市場に上場して株価を上げている化粧品メーカー（珀莱雅化粧品）があるのですが、その企業のＰＥＲ（株価収益率）はすでに60倍以上です。そうした状況を踏まえると、景気をいち早く持ち直した中国向けの販売シェア80％を維持する公算は大きいと思われ、注目に値するのではないでしょうか。

アクシージアのＩＰＯの公募売出は数十億円レベルで、公募価格は１４５０円。初値は

アクシージア（4936/T）

日足2021/02/18～2021/03/11［15本］ロウソク足

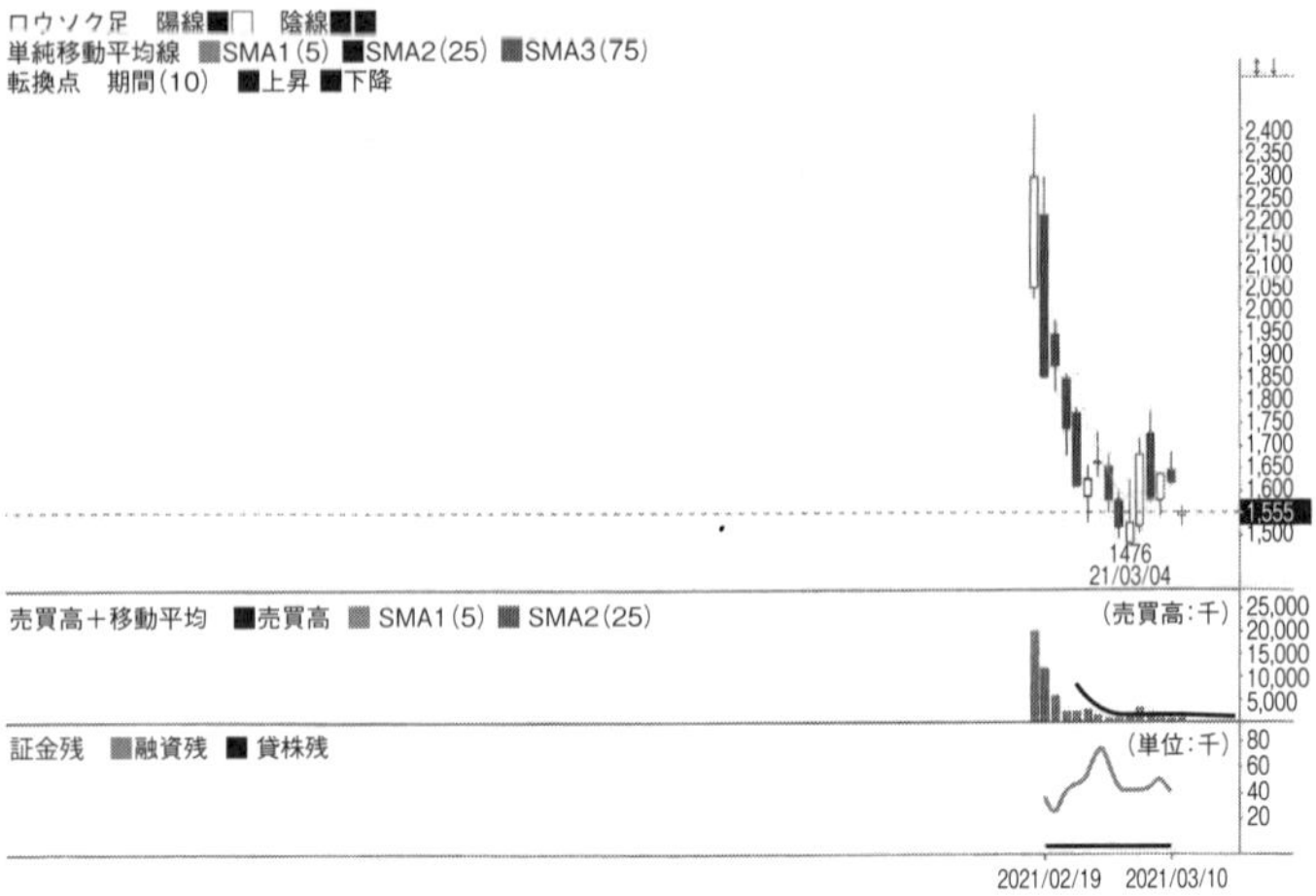

２０５１円でしたから、初値騰落率は41・44％でした。ですから、株価は無茶苦茶には上がっておらず、時価総額も比較的小さかった。加えて、ベンチャーキャピタルの持ち株もありません。大株主には半年間のロックアップがかかるから、大株主の売りも出ません。流通株はたかが知れているので、株価は一度人気になれば上がりやすいはずです。

中国人に「日本のモノで何を買いますか？」というアンケートを実施すると、20数％が化粧品と答えています。中国人からすると、日本発の化粧品にはブランド力があるわけです。アクシージアのホームページを見ると、各商品、なかなか値段が高くて、化粧品が１万円以上もします。

たしか昨年は宣伝広告費を戦略的にかけた

ことから、少し減益にはなっていました。けれども、このコロナ禍のなかでも20％以上の増収で、今期も増収予想なので注目です。ただ中国人の経営者も含めた中国関連のＩＰＯはオプトランやＭＴＧなどあまり良い印象がないので、しばらくは様子を見て考えても良いし、プレミアアンチエイジングが中国進出に本格的に乗り出すようだと、このセクターではそちらのほうが良いかもしれません。

機関投資家に人気のない業種

昨年12月に上場を果たした**「ポピンズＨＤ（７３５８）」**という会社があります。ここは元テレビ朝日の女性アナウンサーが１９８７年に創業した、女性を支援するためにつくられた会社です。

事業内容はベビーシッターの派遣や保育所の運営、介護サービスなどで、ベビーシッター業界の最大手として知られています。国連が提唱するＳＤＧｓ（持続可能な開発目標）に適合する事業を資金使途とする「ＳＤＧｓ-ＩＰＯ」の国内初の事例となりました。時流に添ったことから、市場ではかなり投資資金が集まるのではないかと期待が高まっていました。ところが、あにはからんや、人気がなかったのです。公開価格２８５０円に対し、初値は６％下回る

ポピンズホールディングス（7358/T）
日足2020/12/21～2021/03/11［54本］ロウソク足

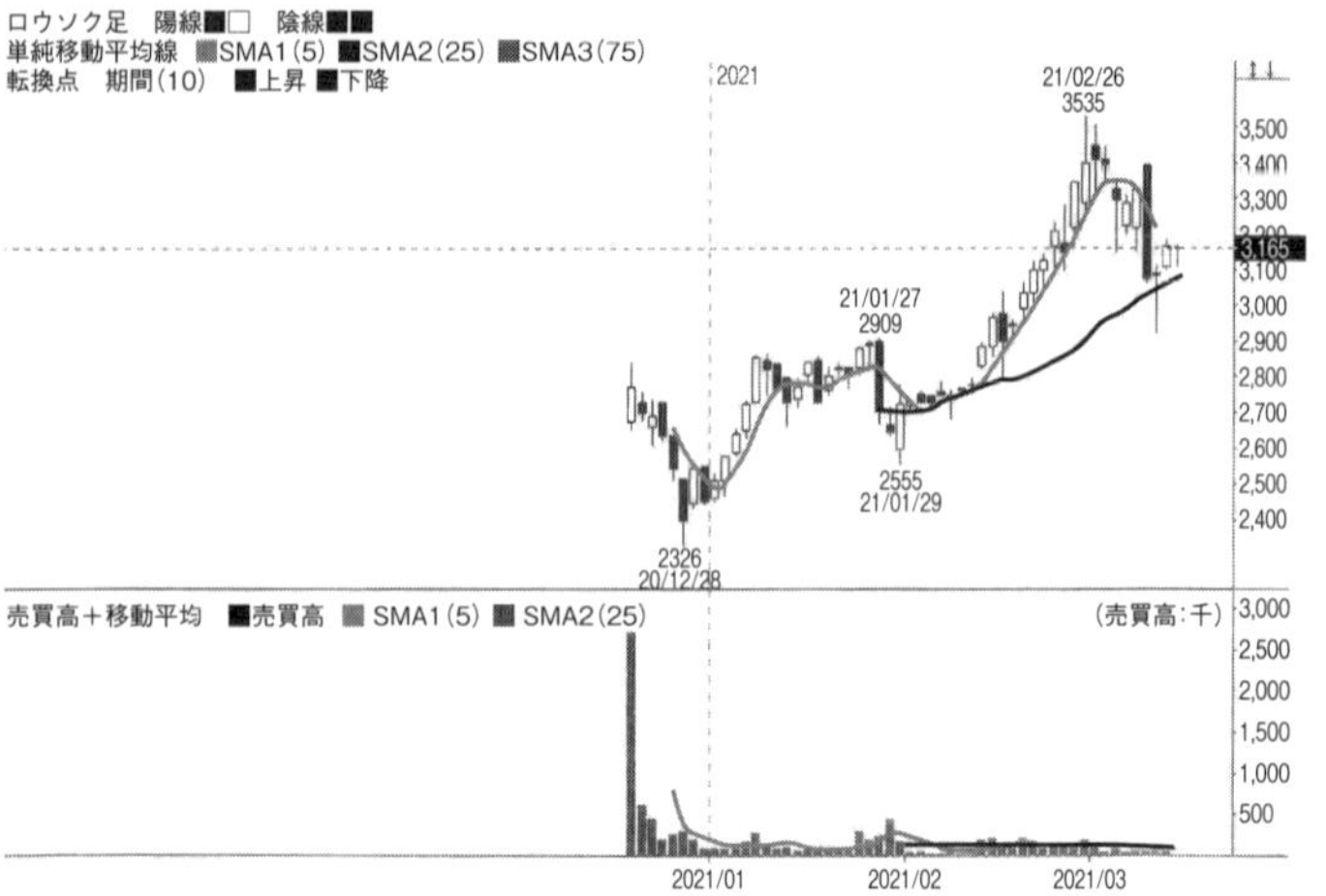

2679円でした。今年2月末現在でも3200円と、あまり上がっていません。

こうした保育・子育て支援事業の銘柄に人気がないのには、それなりの背景があるものです。よくよく考えてみると、幼稚園や保育所の運営、あるいは介護サービス業などのカテゴリーについては、基本的に機関投資家から人気がないのです。

なぜなら、一つは日本が少子化という背景を持っているからです。それから訪問の幼児教育、ベビーシッターサービス、訪問介護サービスはどうしても閉鎖された空間になるので、事故や事件が起きやすい、トラブルが発生しやすい。

そうしたネガティブ事案を、株式市場はとりわけ嫌います。当然、株価に悪影響が起きやすいからです。それよりもこうしたカテゴリーを機関投資家が好まないのは、先に指摘したように、補助金をもらっているケースが多いことでしょう。さらにはこれまでにも補助金を多く請求したり、不正請求をしたりで、トラブルを起こしてきたこともありましたから。

このカテゴリーに属するＳＥＲＩＯ、グローバルキッズ、ＪＰホールディングス、キッズＳＨなどの財務内容を見ると、売り上げは順調に伸びているとはいえ、営業利益を見ると赤字なのです。人材調達にコストがかかったり、あるいは稼働率が悪いのが、その原因と思われます。ところが、最終利益を見ると黒字を計上しているところがある。これはどういうことなのでしょうか。

昨今は待機児童の問題があって、国が保育所の新設を奨励しているのです。それで新規で保育園をつくった場合には、開設補助金をもらえるのです。ですから、保育所のチェーン展開をしている企業はどんどん新たな保育所をつくって、どんどん補助金をもらって、業績を伸ばしているのです。ある意味で、本当の利益がわかりにくくなっています。

だから営業利益は赤字なのに、最終利益が黒字のところが出てくる。その点、保育・子育て支援事業最大手のＪＰホールディングスとポピンズは開設補助金を計上していないことを明らかにしています。

補助金はいつまでも出るわけではありません。政策変更により、補助金がストップするなら、株価が大きく左右されるはずです。投資家としては、補助金が出なくなったときに成長が止まることを恐れて、やはりこのカテゴリーの銘柄には投資がしづらい。

株価については、最大手のＪＰホールディングスだけは、最初は急伸したけれど、たちまち失速し、いまは低迷しています。

保育・子育て支援事業のどの銘柄もここ4～5年は上場時の株価が高く、時間の経過とともに例外なく、惨憺《さんたん》たる結果を招いてしまっています。

機関投資家も個人投資家もみなひどい目に遭わされてきたので、こうしたカテゴリーの株に投資をしたくないと思っているのではないでしょうか。

だから、鳴り物入りで東証1部に上場してきたポピンズＨＤも、いままでのところは投資家の心を動かすことができていません。しかしポピンズＨＤは、高度な幼児教育という新しい観点やＥＳＧ投資の対象にもなるのではないかと思い、私は注目しています。

ただ前述した通り、女性が経営者で非常に意識が高いこと。ＳＤＧｓの観点から、ひょっとしたら投資対象に今後なるかもしれない可能性をポピンズＨＤは秘めています。女性を支援するための企業を掲げているので、同じように人気がない同業者とは一線を画しているのです。

このギャップを投資家が認知するならば、株価急伸につながるのではないか。私はそこに注目したいと考えているところです。皆さんもそういう観点で、一つの研究材料として気にかけていけば面白いのではないでしょうか。

東南アジアに進出しているデジタル通貨関連企業

リネットジャパン（3556）は、リユースのネットオフ小型家電の回収を展開している企業です。カンボジアで中古車販売やマイクロファイナンスを新規事業として育成中です。政権に問題のあるカンボジアでの新事業が注目ということで、材料株の域を抜けない感もあります。東南アジアに新規事業を立ち上げる中小型株は話題が先行しても、なかなか株価的には中長期で成功するのは難しいといった印象があります。

PC回収で大阪市と協定締結、政令市で17例目。4月1日時点で小型家電リサイクルの連携自治体は400を超えており、本業も地道に成長しています。昨年はコロナ禍で減収減益を余儀なくされましたが、今期は回復傾向。カンボジアではデジタル通貨バコンの利用が増えていることが4月7日の日経新聞でも報道されました。2020年2月に発表されたカンボジアでのバコンを活用するネット銀行参入にむけたソラミツ社とのJV設立について、数カ月内の設立に向けて協議中と2月15日発表の決算補足説明資料に出ています。デジタル通貨は今後大きなテーマになる可能性もあると思いますので、注目していくのもよいかもしれません。

世界に通用するアパレルとしないアパレル

アパレル銘柄も全般的にIPOとしては不人気の業種です。

2000年のデフレ真っ只中の頃、ファストファッションと呼ばれる、上から下まで1万円で全部揃います、みたいなアパレル会社が一時人気になっていました。ユニクロの**「ファーストリテイリング（9983）」**はその当時から人気になっていましたが、アパレルでずっと王道を歩き続けられたのは、ここだけでした。

アパレルの大半が安かろう悪かろうで、飽きられてしまいました。どうやら日本のファッション企業の勢いは長くは続かないようです。

最近のIPOでは婦人靴のダブルエー（7683）、神戸ファッションを主張するスタジオアタオ（3550）などがありますが、業績面でも株価面でもうまく波に乗り成長企業になった銘柄はなかったと思います。アパレルは基本的には、投資対象としては避けたほうがよいと思います。

あとは「日本で初めて世界に通用するファッションブランドを目指す」と宣言して上場して

ファーストリテイリング（9983/T）

年足1997～2021［25本］ロウソク足

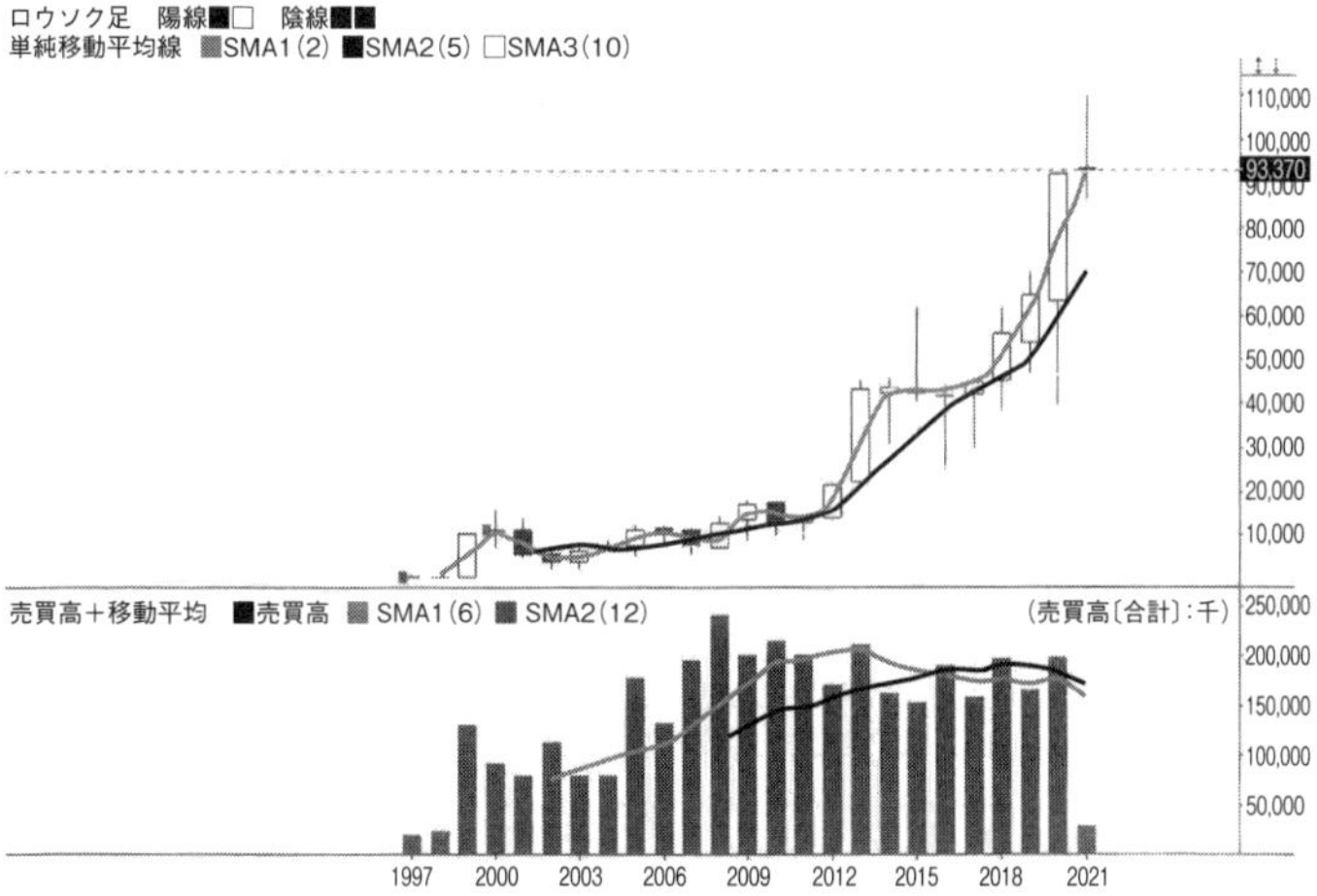

サマンサタバサジャパンリミテッド（7829/T）

年足2005～2021［17本］ロウソク足

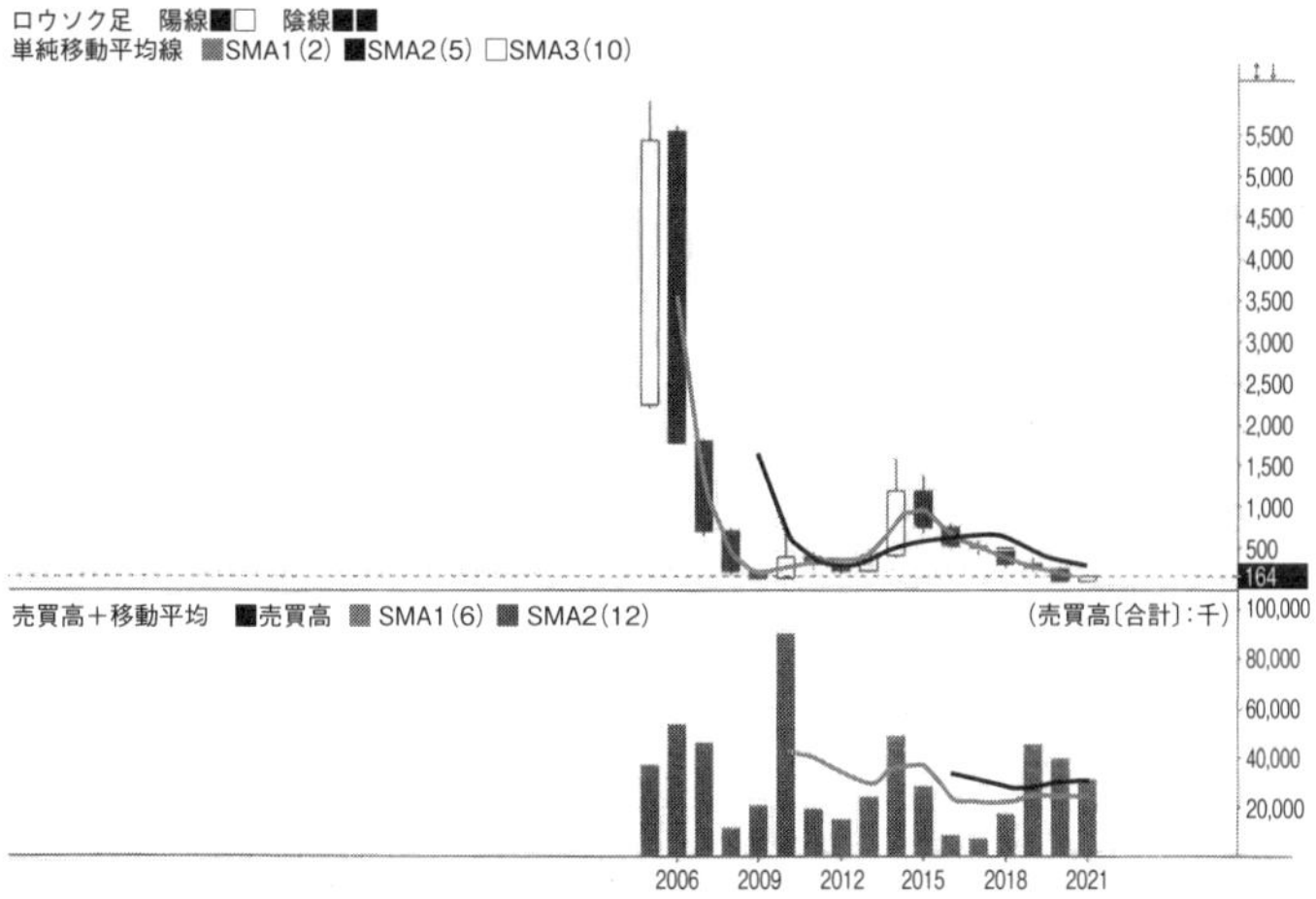

きた、当時若い女性に人気のあった**「サマンサタバサ（7829）」**も注目されたのは最初だけでした。

ユニクロが成長している要因は、価格がリーズナブルということもあるでしょうが、軽さ、涼しさ、温かさなどを実現する機能性が消費者に受け入れられたことが大きいと思います。

あまり知られていない話ですが、ユニクロがＳＰＡ（製造小売業）に目覚めたのは、１９８０年代前半、柳井会長兼社長が中国の広東省のアパレルの縫製委託工場を訪れたときでした。そこに柳井氏を連れて行ったのは、香港のアパレルブランド・ジョルダーノの創業者、ジミー・ライ氏でした。すでにライ氏はＳＰＡで巨万の富を築いていました。仮に柳井氏がライ氏に出会わなければ、いまのユニクロはなかったかもしれません。

ゲームストップ事件の真相　その❶

証券コラム

個人投資家が〝共闘〟する格好の舞台となった手数料無料スマホ専業証券会社

皆さんもご存知のように、ヘッジファンドの手口とは、株の買いと売りを“セット”にして利益を出すものです。さまざまなデータをもとに、全体の相場が下がっても上がっても利益が出るような仕組みを編み出しています。

ごく単純な例を挙げると、業績の悪い銘柄、株価が割高と思われる銘柄を空売りして、その一方で成長性に富むハイテク銘柄などを買い進めます。

すると、相場が下がるときはアップルみたいな強い銘柄はそんなには下落しないけれど、空売りしたような駄目な銘柄はひどく株価を下げることが多い。その差額でヘッジファンドは儲けているのです。

そんな強欲なヘッジファンドの鼻を明かしたいと考えていた、アメリカの個人投資家らがSNS掲示板「レディット」に集結した。彼らが着目したのは、ヘッジファンドが空売りを大きく溜めている銘柄を個人投資家が一気に買い上げれば、苦しくなったヘッジファンドは上がった銘柄を買い戻さなければならなくなる。すると、さらに株高になるわけです。そこまで株高にしてやれと、個人投資家が“共闘”したのです。

いまは世界中にマネーが溢れ返っており、個人も凄まじい資金力を備えています。かつてはいまのようにSNSで個人投資家同士がつながるシステムなどなかったのが、世の中は様変わりしました。

以前は分断され力を持てなかった個人が集結、共闘できるようになった。しかも、格好の舞台装置が整っていた。それが「ロビンフッド・マーケッツ」という“手数料ゼロ”のスマートフォン専業証券会社でした。そのロビンフッドに個人投資家（彼らはロビンフッダーと呼ばれる）が集結、共闘して、空売りで大儲けしてきたヘッジファンドを締め上げた、というのがゲームストップ事件のあらましです。

ゲームストップ事件を起こした個人投資家の言い分はこうでした。「ヘッジファンドもわれわれと同じことをしているじゃないか。われわれが買った割高の銘柄にヘッジファンドは売りを仕掛けて、株価を下げる。

困ったわれわれは損を被って売る。株価がさらに下がったところで、ヘッジファンドが買い戻す。その真逆をわれわれがやって何が悪いのか」と。

個人投資家はSNS上でこうした議論を交わしたすえ、同一行動を取ろうという結論に至り、一斉に買いを仕掛けた。

個人投資家から集まった資金は市場の想像をはるかに上回りました。昨年末から1月27日までの1カ月足らずで、ゲームストップという赤字会社の株が17倍まで急騰したのです。とりわけ1月27日は凄まじくて、1日の出来高がなんと3兆円にまで膨らんだ。これは東証一部市場の1日の売買代金に匹敵する数字なのです。

ということで、さすがにこれは行き過ぎだろうと米金融当局から、規制をかけるべきだとする声が上がってきました。

ゲームストップ株価の推移

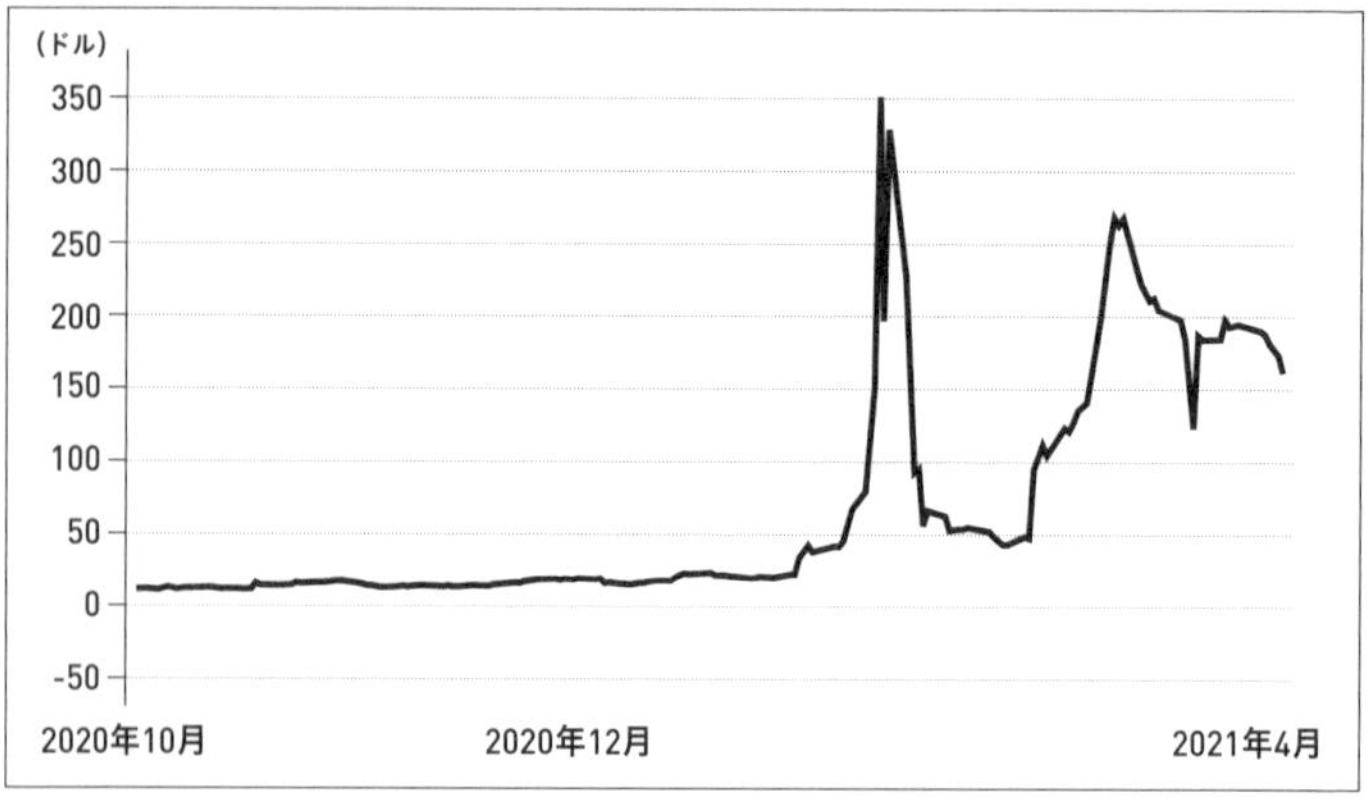

第8章

最強の日本株はこれだ！

私としては、今後も成長株のほうが皆さんのパフォーマンスが上がるのではないかと思っています。ここで紹介する5銘柄はいずれもマザーズ市場に上場する成長株です。

ヤプリ　（4168）マザーズ上場

スマホアプリ作成分野で世界初の上場企業

同社のメイン業務は、アプリ運営プラットフォーム「Yappli」というサービスの提供です。Yappliの最大の特徴はノーコード、つまりプログラミング言語の知識がなくても、アプリケーションの開発ができるのです。マウスの簡単な操作でスマートフォンの開発、運用ができます。なおかつ、アイフォン（iOS）、グーグル（アンドロイド）の2つのプラットフォームに対応できるため、一度に両方のアプリケーションを開発できるのです。

極論を言うならば、「Yappliシステム」を使いこなせば、IT技術者は要らないわけです。従来であれば、専門のエンジニアを使って一からプログラムをつくる作業が不可欠でした。それがYappliだとプログラム開発については最短で約1カ月、費用は数百万円で済みます。開発期間およびコストともに従来の約10分の1に抑えられると言われています。

ヤプリ（4168/T）

日足2020/12/22〜2021/03/11［53本］ロウソク足

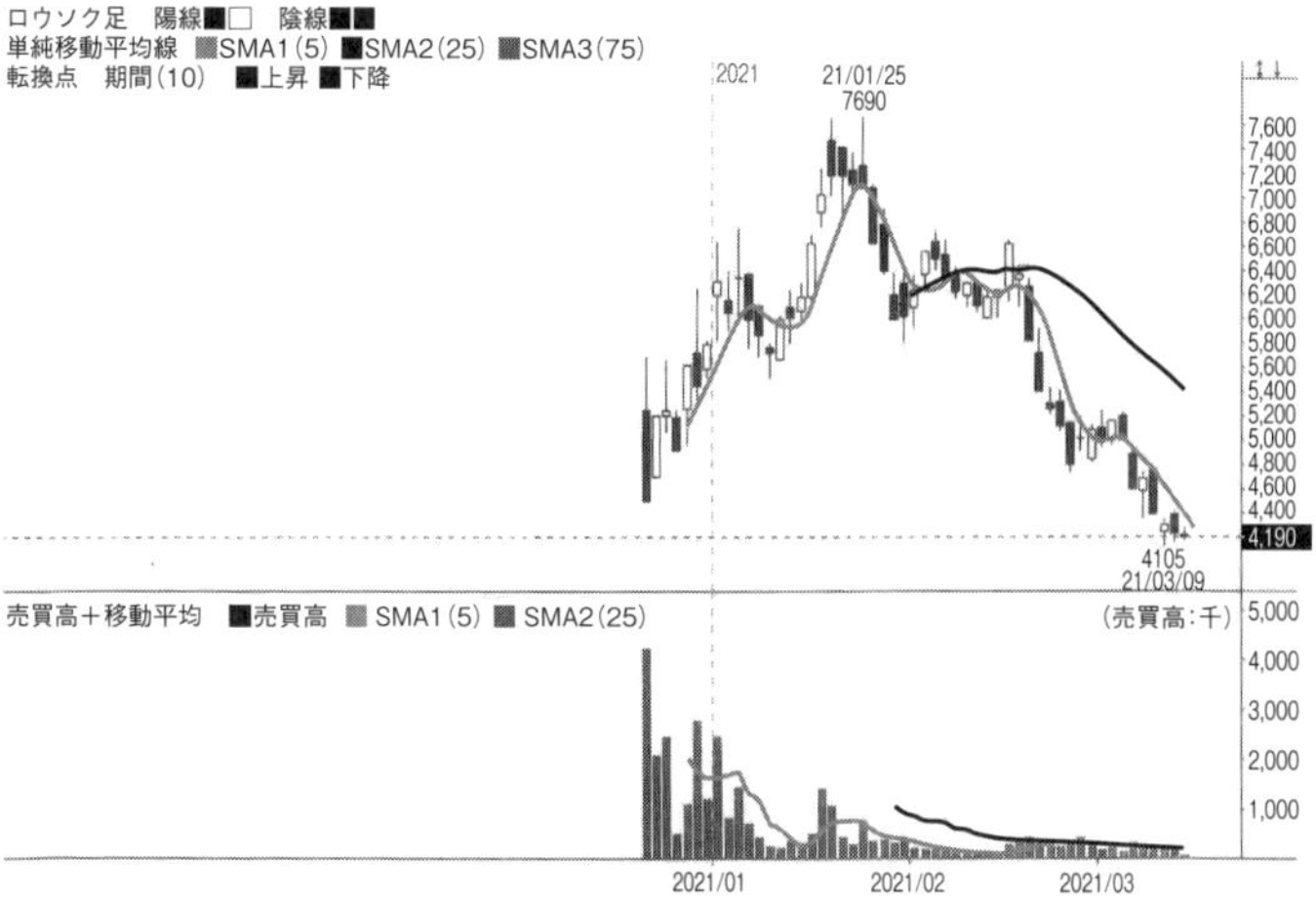

ヤプリは上場で調達した20億円を使って事業を拡大し、3〜5年後には現在のクライアント520社を1000社規模に増やす計画です。

ヤプリ同様、ノーコードをツールに躍進を遂げている企業はいくつか見られます。アマゾンキラーとして知られNASDAQに上場するカナダのショッピファイ、一昨年マザーズに上場し、昨年、大きく株価を伸ばしたBASEもこのカテゴリーに入ります。そして、ノーコードをツールとするスマホアプリの作成企業として、おそらく世界で初めて上場を果たしたのがヤプリなのです。

Web、ECに続きモバイルのアプリ開発もノーコードの時代へ突入してきたのですが、ここでヤプリのクライアントを眺めてみましょう。トヨタやヤマハなど国際的な大メーカー、NECや富士通といった情報通信企業もヤプリのサービスを導入しているのです。

これはECやBtoCの営業目的のみならず、社内資料を印刷せずアプリ化することで、経費削減を図っているのです。

契約アプリ数は継続的に拡大しており、2017年から2020年第3四半期まで年平均増加率は36%。Yappliの導入企業は初期費用に加えて、毎月のシステム利用費、オプション機能費を支払う仕組みになっています。

年間合計のMRR（毎月決まって発生する売上＝月次収益）増加率のほうも88%の上昇、それにともない売上高もここ3年間で平均成長率69%を達成しています。

一方、これだけ顧客数、単価拡大のなかでも、解約率1%未満を維持しているのは特筆ものでしょう。しかも年々減少している。2020年第1四半期～第3四半期においては0・88%。コロナ関連を除いた解約率は0・72%でした。

IT人材の不足を補う日本のSaaS市場

日本のDX（デジタルトランスフォーメーション）市場は2030年あたりまで拡大一途と予測されているなか、国内のIT人材の慢性的不足は否めません。以下は「国・地域別の総人口

に対するＩＴ技術者の比率」です（２０１８年）

アメリカ	１・47％
イギリス	１・41％
韓国	１・29％
シンガポール	１・03％
ドイツ	１・02％
香港	１・01％
日本	０・86％

見ての通り、日本の低さが際立っているのです。さらに、非ＩＴ企業におけるＩＴ人材の比率（２０１５年）を見ても、日本は欧米に大きく水を開けられています。

	ＩＴ人材	**非ＩＴ人材**
欧米	61％	39％
日本	28％	72％

こうした数字を見ると、日本国内で専門的なＩＴエンジニアを獲得しづらい現実が浮かび上がってきます。ＩＴ人材不足の観点からも、Ｙａｐｐｌｉの導入は進みやすいのではないでしょうか。

ヤプリのように、クライアント側がソフトウェアを購入するのではなく、ネットワーク経由で利用して継続的にサービスを利用し、費用を払い続けるビジネスモデルは「ＳａａＳ（Software as a Service）」と呼ばれています。

日本のＳａａＳ市場はＩＴ人材の不足を補う形で成長中です。アメリカのＳａａＳ導入率79％（２０１８年）に対し41％と半分程度でしかないため、日本のＳａａＳ市場のポテンシャルは２０２４年には２０１９年の１・８倍になると予測されています。

次は業績動向です。売上高については順調に伸びてきており、２０２０年12月期（予想）には23億７０００万円。ただし営業利益については、ヤプリはまだ赤字です。20年12月期も6億１９００万円の赤字を計上しています。これはシェア獲得目的で、テレビＣＭなど広告宣伝費を大幅に投入したためでした。ＳａａＳビジネスの重要性がますます高まる環境下、それほど問題はないと考えています。

ヤプリは昨年12月22日、マザーズに上場したばかりです。公開価格は３１６０円で、資金調達額は１７６・１億円となかなか大きな規模となりました。初値は５２４０円と公開価格から65％の上昇でした。かなり割高に買われてきたと言っていいでしょう。

２０２１年3月1日現在で４９８５円、最初が高すぎたので少し上げて現在調整中で初値も割り込んで下値模索が続いています。信用取引の買い残が多いので、しばらくは調整が続きそうです。次の決算発表を見たいと思います。

プレイド　（４１６５）マザーズ上場

顧客に良い体験をさせることは最高の差別化

ＤＸ（デジタルトランスフォーメーション）の一環であるＣＸ（顧客体験）プラットフォーム「ＫＡＲＴＥ」というサービスを提供している会社です。一言でいうと、クラウド型ＣＸ（顧客体験）プラットフォーム「ＫＡＲＴＥ」を提供する情報通信業です。

いまＥＣで非常に重要性が高まっているのが、顧客として良いと感じる体験と言われています。それは以下のようなアンケート結果によってもわかります。

プレイド（4165/T）

日足2020/12/17～2021/03/11［56本］ロウソク足

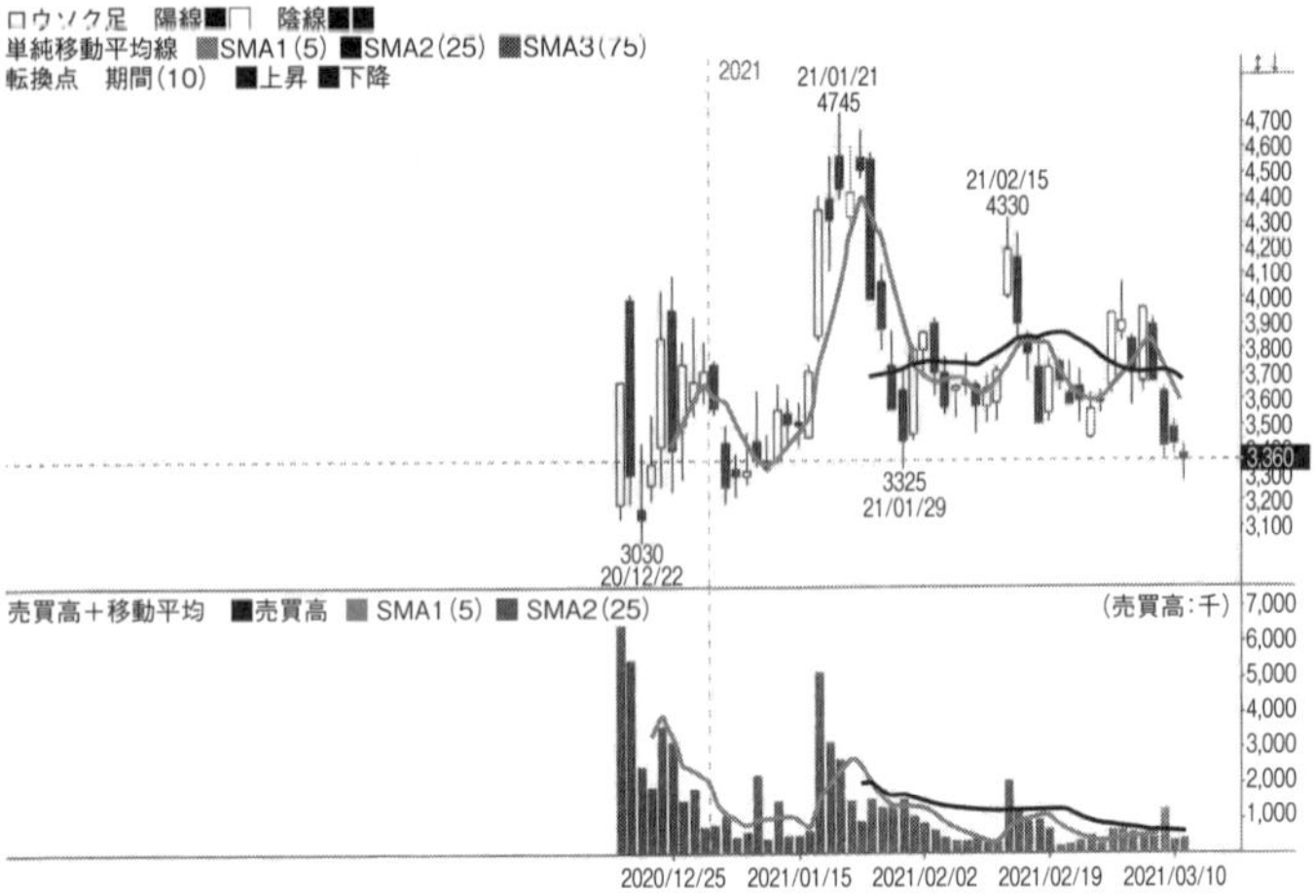

・82％のトップ企業においては、人々の経験に対して細心の注意を払っている。

・73％の人が購買前の体験が購買決定の重要な要素であると回答している。つまり、Ｗｅｂサイトを訪れて気持ちの良い体験、やりやすかったとか好感が持てる体験が購買を後押ししている。

・65％のアメリカの顧客は、ブランドでのポジティブな体験は、優れた広告よりも影響力があると考えている。

・59％のアメリカの顧客は、そのブランドが好きでも、何度か悪い体験をした後は購買しない。

加えてオラクルの調査によると、89％の人が不満足なＣＸが原因で、他のブランドに乗り換えたとされています。

たとえば顧客目線で考察しますと、「Ｗｅｂサイトは難しい。自分が欲しいモノがどこにあるのかたどり着けない」「Ｗｅｂサイトに登録はしたけれど、頻繁に送られてくる大量なメッセージがひどく煩《わずら》わしい」などといった不満が生じています。

逆にマーケター側の目線からすると、「リアルタイムで顧客がどういうふうにサイトに訪れて行動しているのかがわからない。それに対する働きかけ（営業）ができない」「Ｗｅｂサイトを訪れている顧客ごとにコミュニケーションが図れない」などが課題となっているのですね。

このように顧客の気持ちを理解しないまま企業が営業努力を行っても、必ずしも顧客の良い体験につながっていないことがわかります。

ここで、なぜ顧客の良い体験が必要なのか、というテーマに立ち戻ってみましょう。現在はあまりに情報が氾濫して、製品やサービスの差別化が困難になってきています。たとえば売れ筋のサイトがあれば、みんなそれを真似するので、またたく間に差別化がなくなってしまう。

そんな現状のなか、顧客がより良いと感じるサービスこそが差別化につながり、次の購買を生む。そんなコンセンサスが形成されているのです。

マーケティングについて補足すると、１９８０年代まではユニークもしくは印象的なテレビCMをばんばん打てばモノが売れた時代でした。90年代以降は、サービスや集客力の時代に移りました。インターネットが普及したことから、メルマガをどんどん出したり、見栄えの良いホームページを作成して、顧客に来てもらっていた。

しかし、そうしたフェーズはとっくに陳腐化していて、いまは「顧客に価値を伝える」フェーズに変わっています。

ECは基本的にはストックビジネスではないので、リピートしてもらうことが企業経営の安定と拡大に直結します。そこをフォローするのが「KARTE」というサービスなのです。

戦略的パートナーシップを組む米グーグル

KARTEの最大の特徴とは、導入企業のECサイトにアクセスした訪問者一人ひとりを可視化し、リアルタイムで解析。ワンストップで施策を実行することです。

ネットで訪ねてきた顧客がどういう人なのか。企業側は名前、来訪履歴、購買履歴など詳細な情報を蓄積しています。KARTEはリアルタイムで顧客の行動を〝可視化〟することにより、その顧客がより良い体験を得られるためのさまざまな施策を導き出します。

ある顧客が同じページに5分以上滞留していると、KARTEが過去のデータと合わせてそれを解析して、顧客と適切なコミュニケーションをとることが可能なのです。

たとえば、商品選びで悩んでいるようならば、チャットで話しかけたりします。「現在、お客様がご覧になっている商品ですが、27人がご覧になっていますよ」このように、顧客の購入意欲を高めることが可能ですし、「そのブランドと一緒に買われる商品はこちらです」と画面に広告を出したりできます。

皆さんも経験があるのではないでしょうか。スマホを見ていると、「50%ポイント還元」だとか「初期購入限定キャンペーン・クーポンプレゼント」などのポップアップ広告が出ています。これもプレイドが行っているサービスの一つです。

それでKARTEの年間契約件数の推移を見ると、この4年間、年平均成長率27%を記録、2020年9月期時点では710社でした。プレイドによると、KARTEの導入可能なWebサイトは1万9100件で、導入余地は96%にもなる。依然としてKARTEの成長余地はまだまだ大きいとしています。

KARTEが導入されているWebサイトの業界別分布は、やはりECが多い。代表的なところを挙げるとゾゾタウン、モノタロウ、不動産のスーモ等々です。

プレイドの売上高比率を見ると、サブスクリプションが95・3%と圧倒的です。また、2017年以降の売上高の年平均成長率は70・3%と好調に推移しています。さらに注目すべきは、上場前の2019年から米グーグルが戦略的パートナーシップとして、同社に出資していることです。

先に取り上げたヤプリも上場以前から米国 salesforce.com, inc の出資を受けています。

業績動向について申し上げると、今期予想の売上高は52億円、営業利益のほうは赤字から黒字予想に転じています。これは広告宣伝費用の大幅縮小による効果です。

プレイドも先のヤプリ同様、昨年12月17日に上場しています。公開価格は1600円、資金調達額は240・9億円でしたから、ヤプリよりもさらに大きな規模になりました。初値は3190円で公開価格から99・38％と、この規模としては異例の上昇でした。

2021年3月1日現在で3590円となっていますが、株価はボックス圏での推移となっています。ボックスから上放れてくるタイミングで注目したいと思います。

クリーマ　（4017）マザーズ上場

最大のライバルはGMOペパボ運営の「ミンネ」

同社のメイン事業は「ハンドメイド・マーケットプレイス・Creema」の運営です。

「本当に良いモノが埋もれてしまうことのない、フェアで大規模な新しい経済圏をつくろう」

これは同社のホームページに載っている同社が掲げるビジョンですが、なかなか素晴らしいな

クリーマ（4017/T）

日足2020/11/27～2021/03/11［70本］ロウソク足

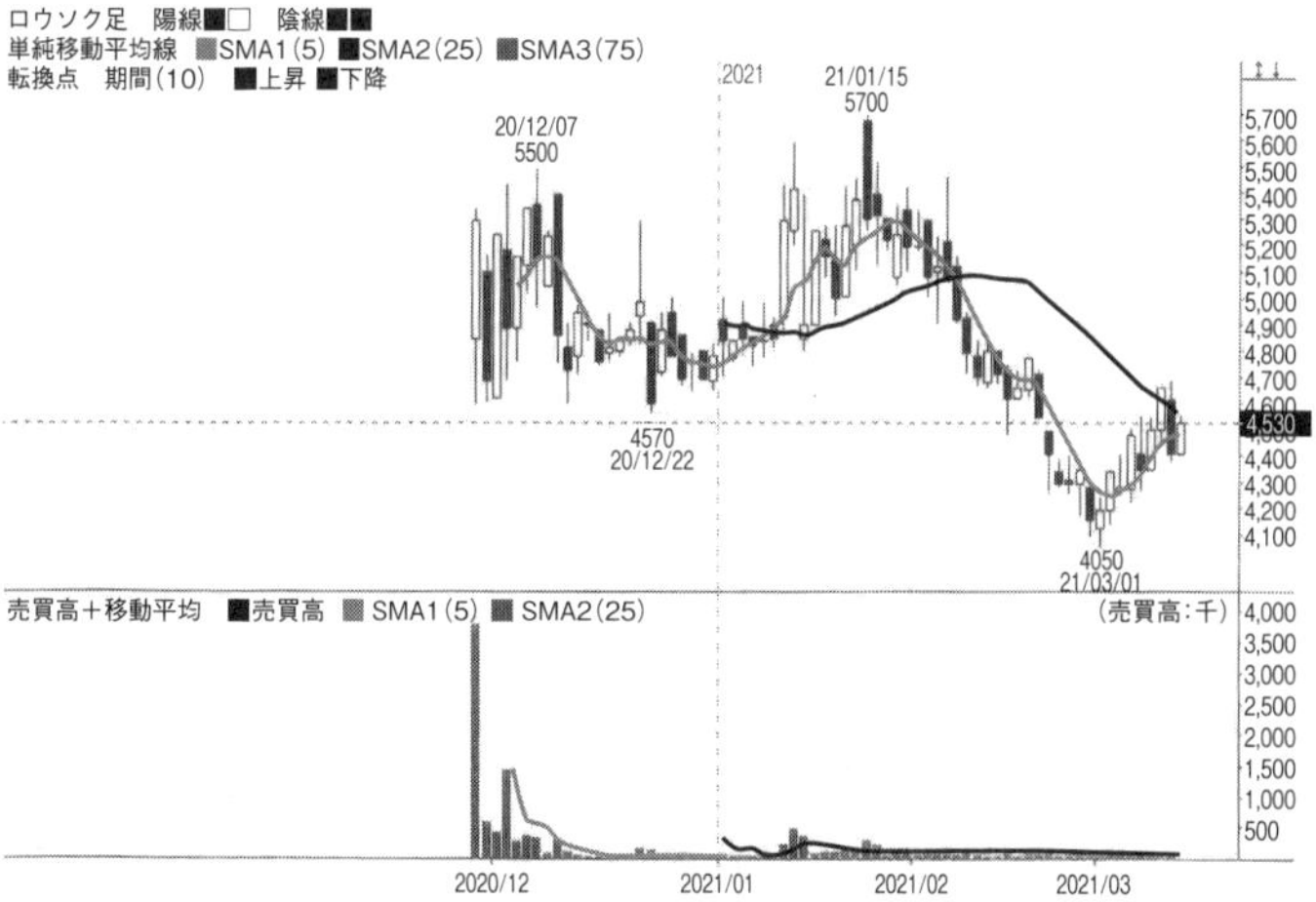

と思わざるを得ません。

アメリカではアマゾンキラーと呼ばれるＥＣ企業のショッピファイが大人気になっているし、日本においてもＥＣ大手のヤフー、楽天などに対抗して、小規模事業者あるいは個人が低コストで簡単に参加できるサービスとして登場したＢＡＳＥが２０１９年上場、非常に強い支持を得ています。クリーマもＢＡＳＥに似た存在感を備える企業になるのではないでしょうか。

クリーマのメイン事業は冒頭でふれた通り、ハンドメイド・マーケットプレイス・Ｃｒｅｅｍａの運営で、現在Ｃｒｅｅｍａは20万人のクリエーターによる１０００万点の商品を集め、それらをスマホやパソコン経由で販売しており、毎月の流通額は13億円程度。

現在のハンドメイド・マーケットプレイス市場においては二強が存在します。それはこのCreemaとGMOグループのGMOペパボが運営する「ミンネ」です。GMOペパボはすでに上場を果たしています。

業界一位の座をめぐりCreemaとミンネが熾烈《しれつ》な争いを繰り広げており、ほぼ横並びの接戦を演じているところです。流通額に関しては、Creemaが80億円（昨年2～7月）だったのに対して、ミンネは75億円（昨年1～6月）でした。どちらが業界のイニシアチブをとるのか、シェアをとるのか、今後も注目です。

クリーマの二番目の事業がプラットフォームサービスになります。これは大づかみに言えば広告ビジネスに該当します。Creemaのプラットフォームを活用して、法人向けPRサービスを展開しています。面白いのは地方創生に絡み、地方自治体とタイアップして、当該地方が生み出す商品をPRするサービスを展開していることです。

三番目の事業はイベント・ストアサービスです。こちらについてはコロナの影響を受けて、二子玉川店が今年1月に閉鎖になるなど、足元の事業はふるいません。

四番目の事業は、クリエーターが自身のプロジェクト資金を募るためのクラウドファンディング・サービスで、昨年6月にスタートしています。

巣ごもり需要の恩恵を受ける

同社では1月中旬に第3四半期の業績発表があり、前年同期比で売上高は42%増でした。営業利益については昨年同期が9000万円の赤字だったのに対し、今期は3億2400万円の大幅な黒字となっています。

カテゴリー別に見ると、やはりハンドメイド・マーケットプレイス事業が強く、前期比で79%も伸びています。広告のプラットフォーム事業についても47%増と好調でした。イベント・ストアは70%減ですが、全体で見れば、大幅な増収増益ということになりました。流通総額についても77%も伸ばしています。

それで通期業績に対する進捗状況を示しますと、通期売上予算が19億3700万円に対して、第3四半期時点で15億2300万円を売り上げていることで、進捗率は79%になります。営業利益については通期1億6200万円の予想に対して、第3四半期時点で3億2400万円となっており、すでに超過しています。達成率は199%でした。

ただし、先にも申し上げたように、ハンドメイド・マーケットプレイス市場のトップをミンネと争っている最中ですから、第4四半期には宣伝広告費をかける予定です。したがって、第4四半期は一時的に赤字になるのではないでしょうか。

けれども、こうしたクリーマの進捗状況は非常に好ましいと思っています。実は中間決算の売上高が10億3700万円で第3四半期が15億円ちょっとだと、第3四半期単期では5億円弱という売上高になります。これを見て、ほぼ横ばいで変わっていないではないかと思う向きもあるでしょうが。

でも、昨年の第1、第2四半期はいわゆる「巣ごもり」の時期だったので、売り上げはかなり伸びました。それに引き換え、第3四半期は皆さんが外に出ていたので、本来ならその反動で、売り上げが急減しても致し方なかった。にもかかわらず、5億円近く売り上げがあったというのは、クリーマが成長している証ではないでしょうか。

ですから、第4四半期に赤字になるのは気にしなくてもいい。むしろ、先行して宣伝広告に費用をかけてシェアを伸ばしていくほうが得策であり、同社に求められていることなのだと思います。あとは第4四半期は12~2月なので、ECの売り上げが上がりやすいという季節要因もあることから、上方修正をする可能性があるのではないでしょうか。

本年1月13日のQuickに、アメリカの手づくり品の電子商取引サイトのエッツィーの株価が12%上昇したとする記事がありました。コロナ禍での「巣ごもり消費」の拡大で11~12月のサイト閲覧者数が前年同月比から倍増し、売り上げ拡大を示唆していたと続けています。ちなみにこのエッツィーは昨年、S&P500のなかでもっとも株価を上昇させた銘柄です。

日本も巣ごもりの流れが続いていることからも、同業のエッツィーがアメリカでブレイクしたことも、今後クリーマが成長する一つの裏付けになるのではないかと思う次第です。

クリーマの公開価格は3570円、資金調達額（公開規模）は65・7億円でした。初値は4850円で、公開価格から35・8％の上昇となりました。現在は5150円（1月21日）だから、上場後はあまり上がっていません。時価総額は311億円。

クリーマに関しては二つのポイントが挙げられます。

一つは、フィデリティ投信が8・18％の株式を保有していることです。これは上場後の購入でした。

もう一つのポイントはロックアップ条項が定められていることです。ロックアップとは新規上場後、大株主は一定期間、対象株式の売買を行わず、継続保有する契約のことです。具体的にはクリーマの上場前から投資しているベンチャーキャピタルが多いため、クリーマの株価が公募価格3570円の1・5倍の5355円になれば売却が許されます。

ということは、市場ではこのロックアップ価格である5355円がどうしても意識されることから、上値が重くなっています。

チャートを見ればわかるように、上場初日は頑張って上昇したのですが、翌日には売られます。その後は何度か上値にチャレンジしたけれど、結局、伸び悩みました。この時期がＩＰＯラッシュだったのも不運だったかもしれません。先に取り上げたヤプリやプレイドと比べると、話題性の点で注目が集まりづらかったと思われるからです。

実は決算前に期待含みでもう一度上昇したのですが、決算を見ての失望売り、あるいは業績の上方修正が行われなかったことなどの要因から、いきなり10％の下落を見ています。以降は株価のほうはもみ合いが続いているのですが、瞬間でなく明確にロックアップ価格である5355円を超えてくれれば、新たな展開が待っているのだと思います。

やはりミンネとの一騎打ちでクリーマが勝てるかどうかが、最大の鍵でしょう。

モダリス（4883）マザーズ上場

連結業績予想の下方修正も問題なし

モダリスは遺伝子治療薬の創薬ベンチャーで、切断しない独自のゲノム編集技術が最大の強みとされています。

こういうバイオベンチャー企業については、乱暴な物言いで恐縮ですが、売り上げとか赤字

モダリス（4883/T）

週足2020/08/03～2021/03/08［32本］ロウソク足

とかはあまり株価に反映されないのです。いかに優れた研究をしているかが、株式市場における評価のポイントになっています。

モダリスは昨年12月期の連結業績予想の下方修正を行いました。昨年度の第3、第4四半期に関しては売上高はほとんどなく、結局、1～9月の売り上げが通期の売上高として計上されています。したがって業績は、売上高11億円の予想から3億4000万円に、営業利益については3億5000万円の黒字から3億9800万円の赤字に転落しました。

この下方修正にショックを受けた関係者は多かったと思います。しかしモダリスという企業の可能性については、いささかの揺らぎもないと、私は思います。

下半期の売り上げが立たなかったのは、見

込んでいた大手製薬会社との自社モデルパイプラインのライセンス契約が金額面で合意に至らなかったからでした。

国内上場バイオベンチャーにおける創薬プラットフォーマーとして挙げられるのは「そーせいグループ（時価総額1301億円　昨年6月時点）」、「ペプチドリーム（6276億円）」でしょうか。モダリスは現在600億円台の時価総額となっています。

核酸（DNAやRNA）を基本骨格とする核酸医薬の2024年までの予想成長率は31・7%とされています。モダリスのフィールドである遺伝子治療においては、同185%以上。なおかつモダリスは昨年ノーベル化学賞を受けたピンポイントでゲノムを改変できる技術「CRISPR／Cas9」にも携わっていることから、今後も目が離せません。

現在モダリスは8本のパイプラインで創薬研究を行っています。そのうち5本についてはすでにアステラス製薬、エーザイなどの製薬会社がパートナーになっています。残り3本の自社モデルパイプラインのうちの1本、「MDL-101」についてのライセンス契約、これが不首尾に終わったため、先にふれた通り、売り上げを大きく落としました。

けれども、本年前半にもライセンス契約締結の可能性が高いと、モダリス側は言及しています。加えて、最新の8本目の自社パイプラインが完成しました。神経変性疾患領域を適応症とする「MDL-104」です。具体的な適応疾患名など詳細は特許の関係上、非開示としています。

ライセンス契約締結の時期については、2021年度を想定しているようですが、私としてはパイプラインが1本増えたことで、よりモダリスの成長の可能性が高まったと認識しています。

桁違いの成長余地を秘めるCRISPR領域

ところで、ノーベル化学賞の受賞テーマにもなりきわめて関心が高まっているCRISPR領域には、いくつかのメジャー・プレーヤーが存在しているのをご存知でしょうか。

まずはCRISPR TX。昨年6月の時価総額が39億ドル（4000億円）だったのが、わずか半年後の今年1月20日時点では140億ドル（1兆4620億円）に急騰しています。

昨年上場したBeam TXは時価総額14億ドルだったのが、同じく今年1月20日には58億ドル（5974億円）、これも3倍以上に跳ね上がった。ちなみにBeam TXの売上高は昨年も一昨年もゼロで、今年の売り上げ予想は3億円です。

モダリスについては先にも示しましたが600億円台です。こうした時価総額で見ると、成長余地の大きさをうかがい知ることができます。

株価の推移について解説しましょう。

2500円近辺で初値を付けてから、いったん調整に入ります。昨年9月あたりはマザーズ市場は強かったですから、IPO後には4000円台まで駆け上がりました。その後、マザーズ自体が調整トレンドに突入します。

そして前述した通り、連結業績予想の下方修正によって、一斉に売られました。その後、日足で見る下落トレンドをなかなか破ることができなかったのですが、その後は信用買い残がピーク時に比して3分の1程度に減ってきました。

そしてついに年初には下落トレンドから脱出、一服してから、さらに上昇を始めて、戻り高値を取ってきています。これは復活のトレンドに変わってきていると、私は見ています。

BASE（4477）マザーズ上場

マザーズ市場の先行指標の役割を果たす

小規模事業者を対象とするノーコードでのECプラットフォーム「BASE」を運営、昨年大きく成長を果たした会社です。

業績については申し分ないくらい伸長しています。2019年12月期（前々期）売上高38億4900万円だったのが、2020年12月期（前期）には82億8800万円と、100％以上

BASE（4477/T）

週足2019/10/25～2021/03/08［73本］ロウソク足

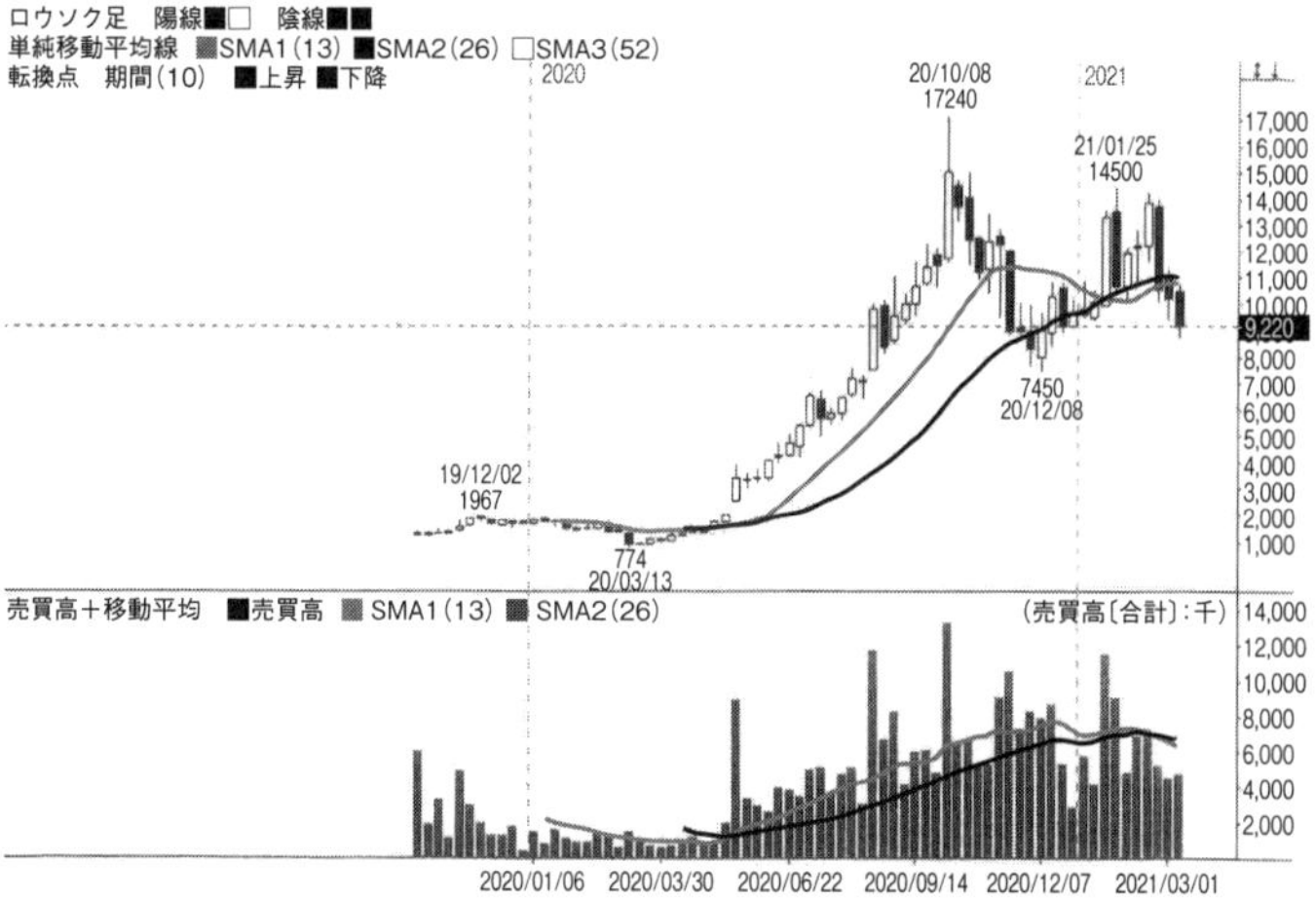

の増加となっています。コロナという追い風が吹いたとはいえ、ここまで成長しているところはなかなかありません。

皆さんには何度も申し上げているのですが、本来であれば数年後に来るべき急成長期が、コロナによる巣ごもり需要のために〝前倒し〟で訪れたのですね。来期以降に関してはこのような急成長はしないでしょうが、着実な成長はまず間違いないと思います。会社四季報も同様の評価を与えています。

株価の週足チャートを見ると、2020年10月前半には1万7000円台にまで上昇を見せ、マザーズ市場を牽引しました。さすがに上がりすぎたので、その後は調整トレンドに入りました。マザーズ市場もそれに倣《なら》うように、1週間遅れて調整トレンドに移行しています。

周知の通り、マザーズ市場は長年の低迷から脱して、昨年は指数を大きく上げたわけですが、ＢＡＳＥが先行指標になっていたと言っても過言ではありません。

その後、下落トレンドが続き、昨年12月前半のＩＰＯラッシュ時にはかなり売られたけれど、再びブレイクの兆しを見せています。マザーズ市場がまだはっきりと底入れが確認できていない状況のなか、年始に底値を取ってきたのです。ぐずぐずしながらも、ようやく下落トレンドをしっかりと上回ってきています。

先にも申し上げたように、ＢＡＳＥはマザーズ市場の先行指標ですから、その動きが本物なら、マザーズ市場自体が反騰トレンドに移行してくるサインなのかもしれません。

ウェルスナビ　（7342）マザーズ上場

ロボアドバイザー最大手。ロボットソフトウェアによる自動運用の「ＷｅａｌｔｈＮａｖｉ（ウェルスナビ）」は、目標設定からポートフォリオの構築、発注・積み立て・再投資、リバランス、税金最適化まですべてのプロセスを自動化しています。金融工学に基づく資産運用アルゴリズムに従い運用しており、分散に関しては6～7銘柄のＥＴＦ（上場投資信託）を通じ、世界約50

カ国、1万1000銘柄以上に投資する運用です。いわゆるお任せ運用となります。日本は預貯金の比率は52%台と諸外国に比べてかなり高いのですが、最近は2000万円問題が契機となりNISA口座が伸びるなど、積立運用にも大分理解が進んだイメージがあります。

現在利用者の3割が投資初心者とのことですが、この比率が上がってくるものと思います。日本人の株嫌いもいまだ多く、でも積み立てをしていかなくては、と考えるなかで、こうしたお任せロボアドに新規加入していくかもしれません。もしかしたら、ここが投資ブームに火をつけるかもしれません。手数料は預かり資産に対しての1%とわかりやすく、資産の増加が収益になるわけですので、今後は預かり資産の増加を見ていけばいいわけです。

ここは100億円増えるごとに発表しています。従来25~30日くらいで増加していましたが、直近はなんと7日で3900億円になったとの発表がありました。前期決算においてはまだ赤字ですが、新規獲得のための広告宣伝費をのぞけば収益は黒字化してきたとのことです。預かり資産が今のような増加ペースであれば、期待できるのではないでしょうか。

Sansan （4443） 東証1部上場

法人向けクラウド型名刺管理サービス「Sansan」と、SNSの仕組みを取り入れた個

Sansan（4443/T）
日足2020/09/30～2021/03/11［110本］ロウソク足

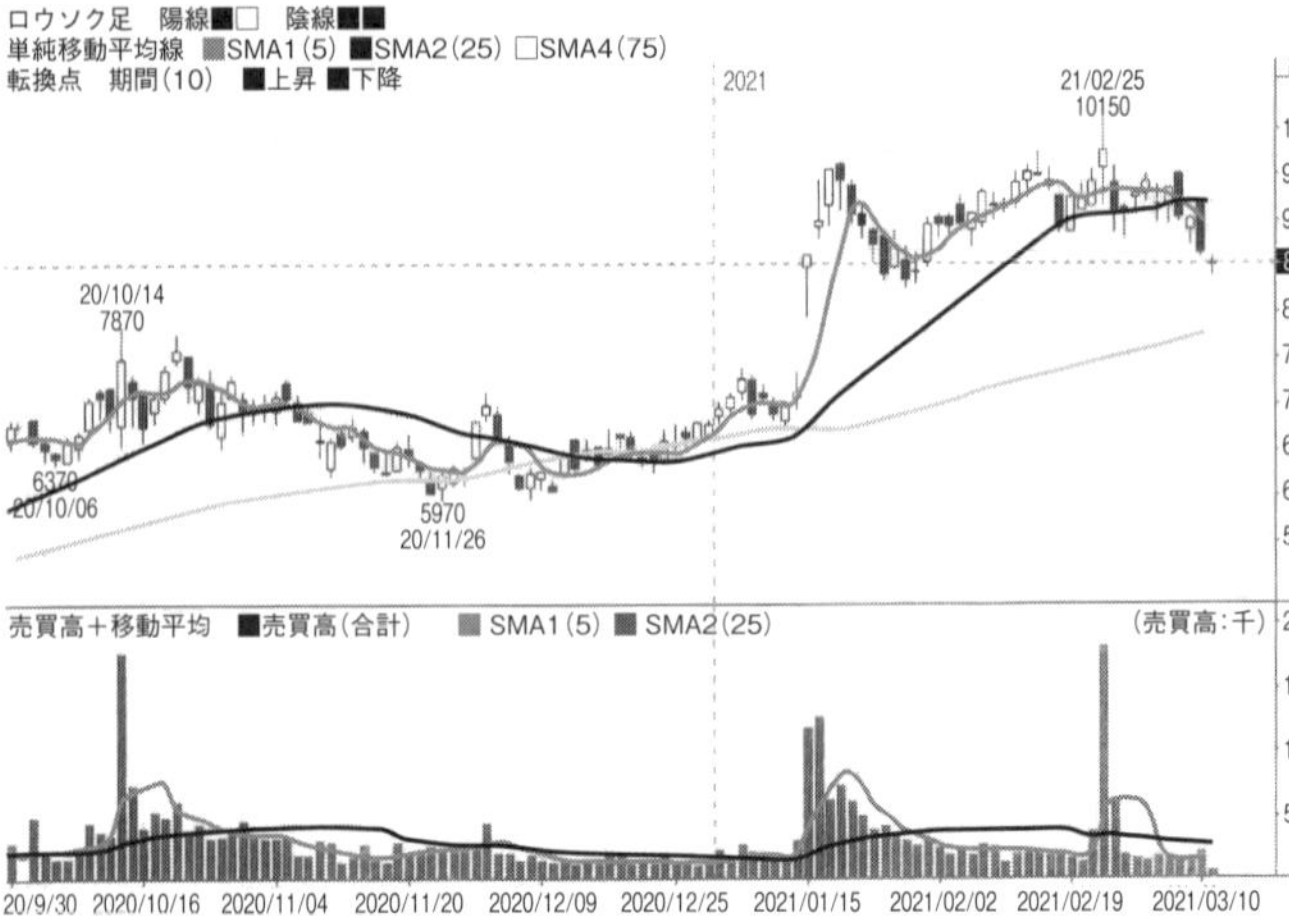

人向け名刺アプリ「Ｅｉｇｈｔ」を開発、提供しています。

主力の「Ｓａｎｓａｎ」は、名刺に記載されている情報をデータ化、可視化し、共有できるようにすることで、企業の生産性向上や業務改善などを支援するサービス。利用者は名刺をスキャンするだけで、同社により情報がデータ化され、クラウド型のアプリを通じて名刺管理機能などを利用できる。

「Ｅｉｇｈｔ」は、仕事で交換した名刺を管理する機能に加え、交換した相手と交流できるＳＮＳ機能などを備えています。日本ではＳＮＳと言えばプライベートの利用が多いのですが、欧米などでは積極的にビジネスシーンで活用されており、今後の期待が高まります。現時点では赤字を縮小させている状況ですが、売り上げを急拡大させることで収益化に貢献させていく考えです。そして現在大きな注目を集めているのはクラウド請求書受領サービス「ビルワン」が好調です。弁護士ドットコムや勘定奉行クラウドとも連携をスタートさせています。

また請求書を代わりに保管するサービスも同時に行っており、企業にとっては法定帳簿を自社で保管する必要がなくなります。請求書の山で大変といった事務の労力、時短に大きく役立たせるものと言えるでしょう。日本の200万社がターゲットになりうる膨大な市場を開拓したことになるかもしれません。

交換できるくん（7695）マザーズ上場

住宅設備機器（ガスコンロ、食器洗浄機、トイレ、給湯器など）を工事とセットでインターネットで販売するサービスを手掛けている企業です。WEBで見積もりができて注文ができる手軽さと低価格に強みがあります。現在は在宅ワークが増えていますので、住宅機器を使う機会も増えて故障も多くなります。写真送信により見積もりから受注までインターネットで完結できるので、コストダウンと大量仕入れにより低価格を実現しています。上場したことで知名度も上昇しており、最近では博多華丸大吉さんのCMでも有名です。

交換できるくん（7695/T）

日足2020/12/23～2021/03/25［62本］ロウソク足

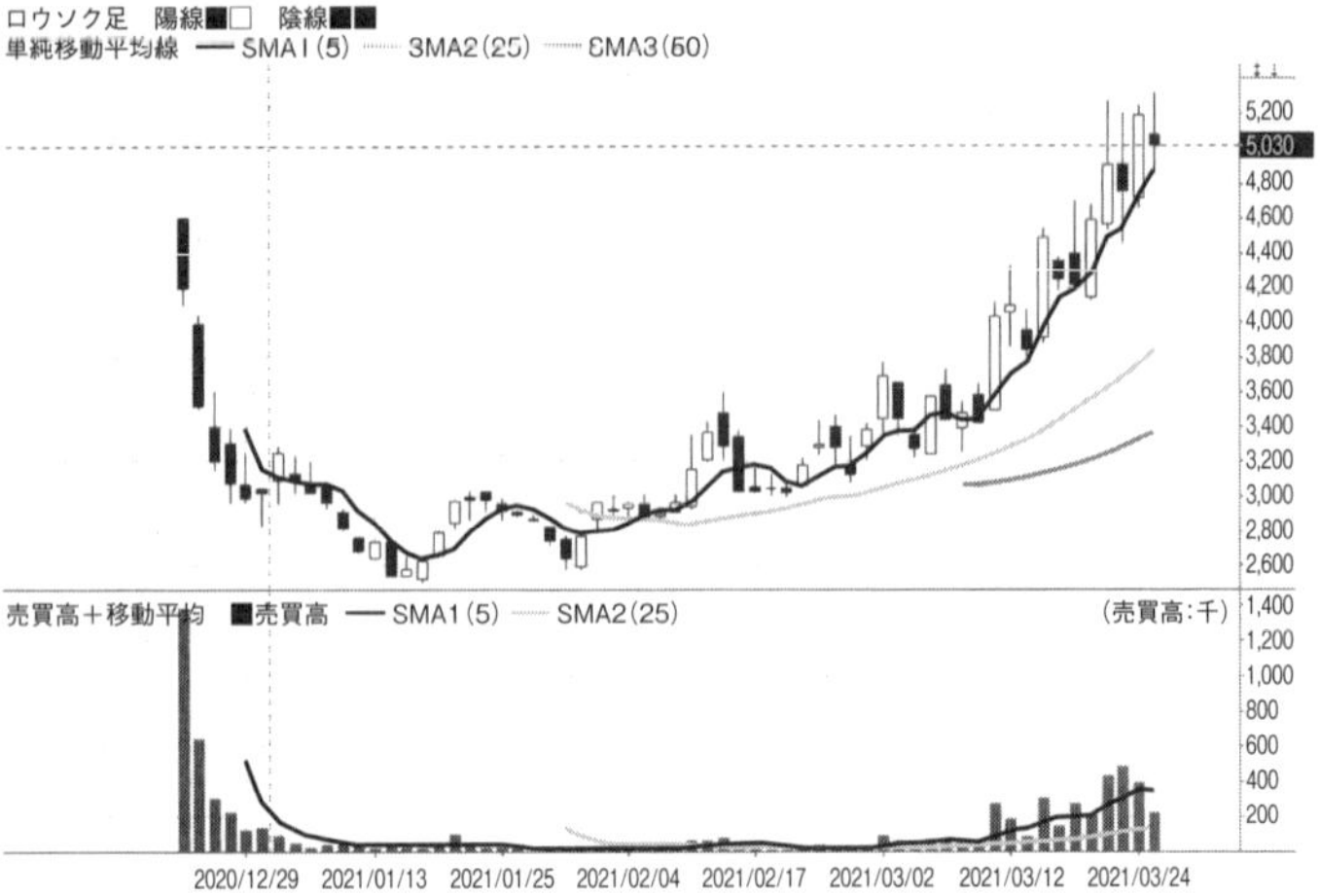

　業績も拡大が続いており、コロナ禍が追い風になっています。インターネット業界では、先にシェアを取ったほうが有利になります。そもそも住宅設備メーカーはネットでの販売がタブーとされていました。そのため当初は当社を敵視するメーカーもあったようですが、ネット通販が普及したためメーカーの考えも変化してきています。大量購入により安い価格でサービスが提供できています。

　こういった住宅設備機器のネット通販は新しい業態の可能性があり、ありそうでなかった業種に当てはまる可能性もあります。

　時価総額も100億円前後と業績次第では伸びしろがありそうです。株価は上場直後の高値にチャレンジしつつあり、期待したいと思います。

マークラインズ（3901）東証1部上場

自動車業界に特化したオンライン情報サービスが主力で「情報プラットフォーム」事業を国内外で展開。入手するには手間やコストがかかる世界各国のサプライヤー情報（発注・納入、拠点データ、動向等）、生産・販売に関する統計データ、技術・市場動向に関するレポート、予測を含めたモデルチェンジデータ等を、独自収集して業界の実務者向けにデータベース化を行う日・英・中の3カ国語で提供している有料会員制情報サービス。海外新規契約が6～7割のペースで伸びており、海外売上高が全体の47％にまで伸びてきています。

その他BtoBのプロモーション支援サービス『プロモーション広告：LINES』、およびコンサルティング、人材紹介、市場予測データ販売等を中心とした『課題解決サービス：エキスパート』など自動車産業ポータルを運営。

2021年12月期は売上高31億円（＋16・4％）、営業利益11億円（＋14・5％）で11期連続の過去最高益の見通しとなっています。

世界的環境規制を背景にテスラなど既存の自動車メーカーを超えるEVメーカーが勃興《ぼっこう》し、自動車産業の電動化の流れが急加速しています。EVに関する販売台数やモデルチェンジなどの関心が高まっている。さらにコンサルティングやベンチマーキング関連事業でも電動化に関

マークラインズ（3901/T）

月足2014/12～2021/03［76本］ロウソク足

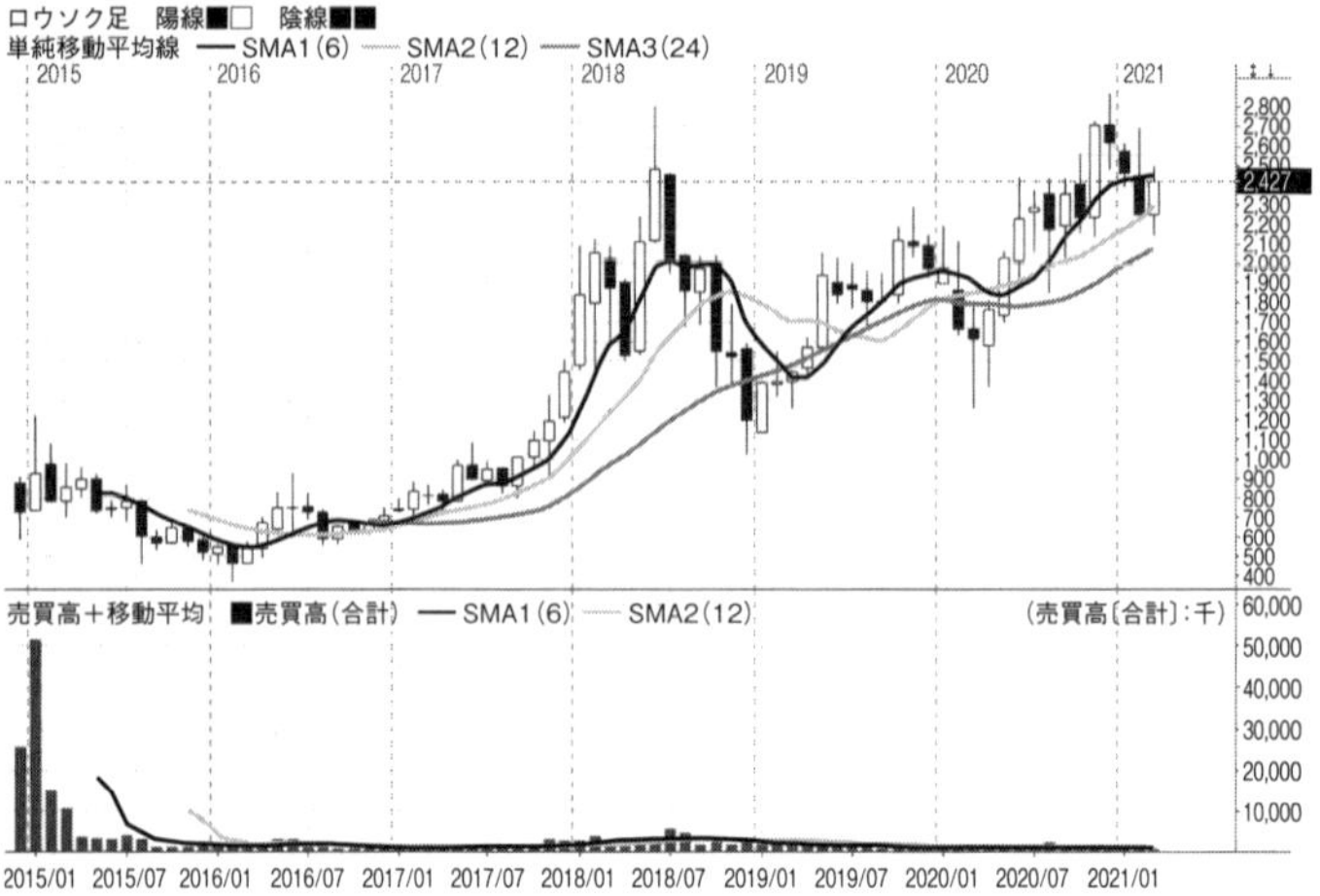

する案件が増加していて、今後の業績の伸びしろは大きい。

また未契約の欧州完成車メーカー（ＶＷ・ＢＭＷ）の新規契約獲得と利用人数が少数にとどまっている欧米完成車メーカーの深耕開拓を図る。

ＢｔｏＢで一般には馴染み薄いが、日本発の自動車テック企業として注目しています。情報プラットフォームの月次契約数も昨年１年間で３７１社の増加でしたが、今年は１月と２月の２カ月間で１０８社と増加傾向にあり注目しています。

ダイレクトマーケティングミックス（7354）東証1部上場

電話が軸だが、直接訪問やＷｅｂコンタクト等のチャンネルを通して営業・マーケティングの成果の向上および当該業務で蓄積したノウハウや人材を活用してコンサルタントや業務受託、人材派遣等で顧客企業の営業効率の改善・強化を導くサービスをしています。

20年10月東証１部に新規上場。資金吸収額が２４３億円、時価総額５４１億円でファンドの出口案件ということもあり、初値（２６００円）が公募価格（２７００円）を下回る結果だったが、以下の要因もあって株価はじわじわと上昇基調にあるようです。

一般的なコンタクトセンターが問い合わせやトラブル対応など、インバウンドコールが主体で生産性を上げづらい形態であるのに対して、アウトバウンドコールを主な手段として営業支援を行っている。①成功報酬（＋行程報酬）による顧客獲得リピート化、②その結果高い顧客化が達成できデータ蓄積による高付加価値化が実現、③成果報酬の給与体系で実力のある人材が多数在籍とインバウンド型コールセンターを大きく引き離す業界随一の生産性となっていて参入障壁も高い。

主要顧客がＮＴＴドコモで成長余地の大きい通信インフラセクターを強みにしている。金融や不動産にも参入予定。２０２０年12月期は売上30％増。21年も20％増収見込み。

ダイレクトマーケティングミックス（7354/T）
週足2020/10/05～2021/03/08［23本］ロウソク足

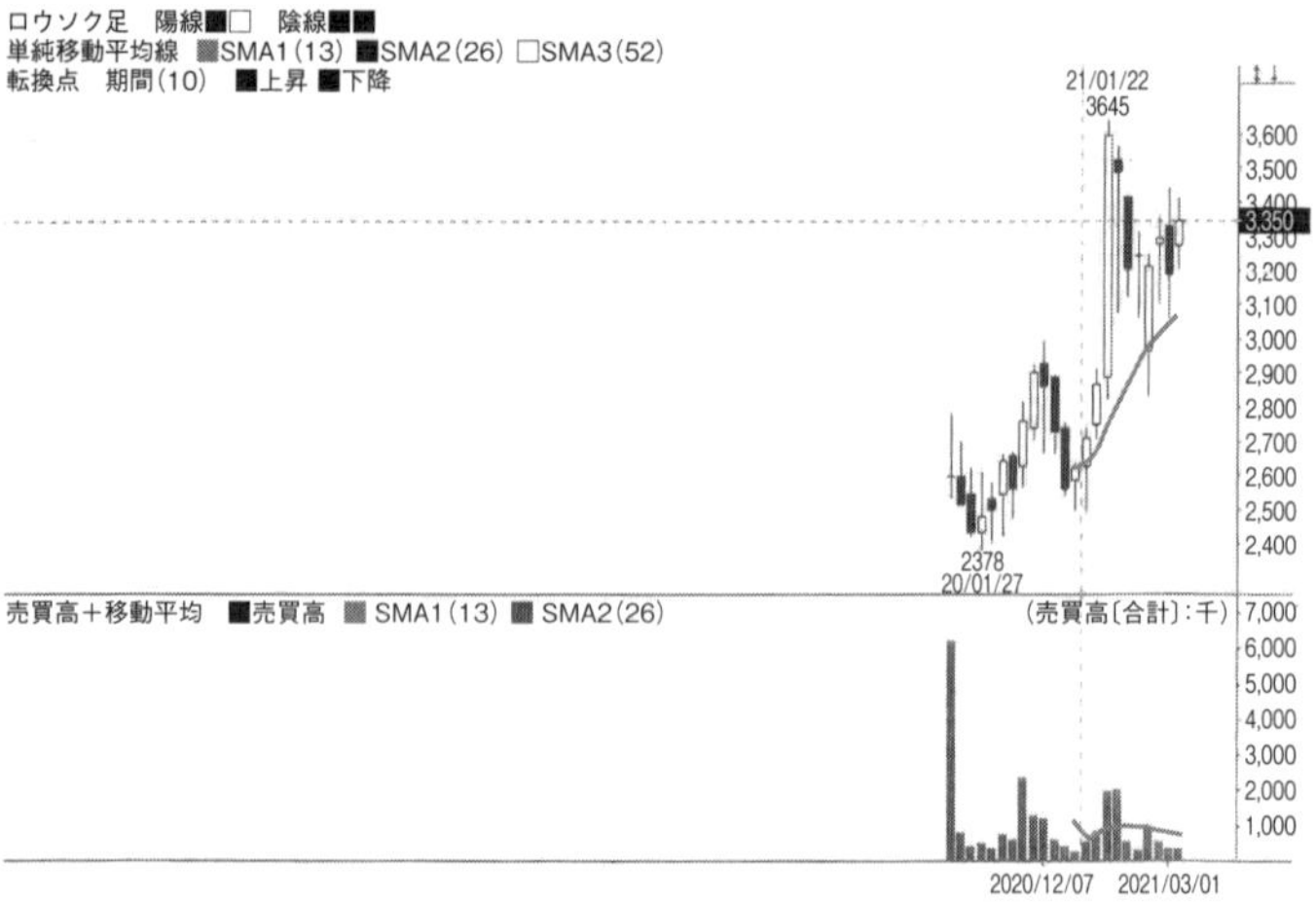

上場間もない企業には珍しく総還元性向40%を目指しているのも特徴です。上場時には不人気で公募価格割れでスタートしたが、その後は堅調な株価推移が続いています。

ラクスル（4384）東証1部上場

デジタル化の遅れている印刷・運送・広告といった伝統的産業に、インターネットを持ち込み新たな商習慣で生産性を向上させることを目指し、松本CEOがATカニーを経て2009年に起業しています。シェアリングサービスの代表的な企業です。

主力事業のラクスルは全国の提携印刷会社の保有する印刷機の非稼働時間で印刷することにより、高品質な印刷物を低単価で提供す

ラクスル（4384/T）

月足2018/05～2021/03［35本］ロウソク足

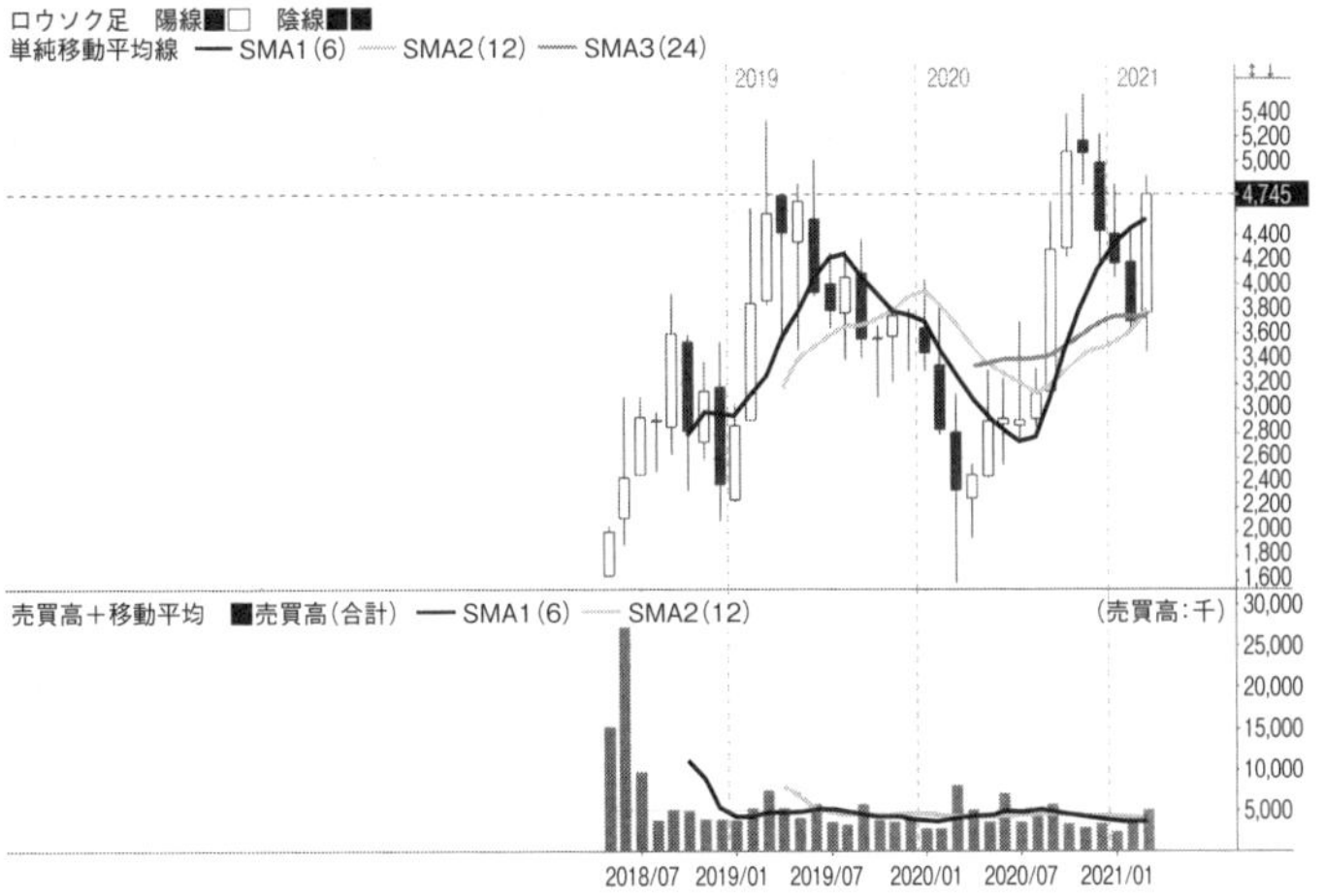

る仕組みを開発。集客活動を支援する新聞折込・ポスティングなどの広告サービスも提供。「ハコベル」により全国の提携運送会社の非稼働時間を有効活用し、高品質かつ低価格な運配送の仕組みを開発。サービス利用後に利用者がドライバーを評価する仕組みを設け、サービス品質向上を実現。

「ノバセル」はテレビＣＭなどの広告動画の企画・制作・放映・分析まで一気通貫して提供。広告効果を可視化させることで、改善のサイクルを向上させ企業の事業成長を支援。

各事業の市場規模が大きくＥＣ化拡大余地がある。ノバセルアナリティクスとハコベルコネクトはＳａａＳのビジネスモデル。21年２Ｑまで売上高＋28%、営業利益は過去最高益。緊急事態宣言下においても全社業績は堅調に推移している一方で、今後の経済回復期においても全事業がその恩恵を享受する見通し。

21年2月期にデジタルホールディングス社が保有していた全株を売り出し→機関投資家比率が7－8割に上昇しています（内、海外投資家比率52％）。

株価は3月に下落トレンドを抜け出しており、新しい上昇波動に入っている可能性が高いと思います。

ココナラ　（4176）マザーズ上場

2021年3月19日に東証マザーズに上場しました。

公募価格段階での公募売り出し総額は166・9億円、時価総額は257・7億円。

知識・スキル・経験を商品化して「ECのように売買できる」マッチングプラットフォーム「ココナラ」を運営しています。

一般的なクラウドソーシングと違い、制作系だけではなく相談系も扱っている。またクラウドソーシングがビジネス利用中心なのに対して、個人のプライベート利用も多いようです。

手数料は出品者のサービス提供完了時に25％。

以上のこともあって、ココナラは幅広いカテゴリーを対象にマッチングサービスを提供しています。例としてビジネス（企業相談・定量調査・WEB集客等々）、プライベート（恋愛相談・ダイエットアドバイス・占い・副業等等々）。

会員登録数184万人（前年同期比37％増）、流通高62億円（前年同期比62％増）、有料購入者数38％増、1人当たりの購入額も17％増と順調に伸びている。

ココナラの高成長の要因としては同業では知名度が高く、一方で多くのカテゴリーを持つことは参入障壁を高くしている。また多くのカテゴリーがあることで、特定の目的で利用したユーザーが他のカテゴリーを利用する傾向が高いことがあげられる（会社HP作成マッチングをした人がWEB集客でも利用。恋愛相談を利用した人が見た目効果などで別途相談など）。

総務省によると「スキル×シェア」の利用は米国29・6％に対して、日本は3・7％と利用率が低い。副業解禁など米国と同等の条件がそろうと、飛躍的に伸びる可能性がある。上場時の海外配分株数が56％と高いことも注目要因。類似企業であるイスラエルの世界最大手ファイバーインターナショナルがNYSEで高く評価されていることも注目要因です。

AppierGroup（4180）東証マザーズ上場

2021年3月30日に東証マザーズに上場しました。

公募価格段階での公募売り出し総額は313・9億円、時価総額は1598億円。

AIでマーケティングとセールスの全領域を支援するシステムをSaaSモデル提供している。（1）機械学習とディープラーニングを活用し潜在ユーザーを予測。Google、Facebook、Twitter等と接続してAIがマーケティングキャンペーンを実行し最高価値のユーザーを獲得するCrossX（クロスエックス）、（2）AI予測機能でユーザーの維持と関係構築を目的にするAIQUA（アイコア）、（3）ユーザーの行動パターンを予測して効率的なインセンティブ（クーポンなど）を提供して収益を維持しつつ売上の最大化を実現させるAiDeal（アイディール）、（4）顧客企業が保有する消費者データの有効活用をするAIXON（アイソン）、以上4つの段階ごとにSaaSで提供している。

一般的なSaaS企業は4つのいずれかの段階に特化したサービスがほとんどだが、Appierは見込み客集客から購入後のデータ分析まですべてカバーしたサービスが特色で、各サービスのクロスセルが可能だ。1顧客あたりの年間成長率が36・6％となっている。

解約率は0・82％、年間経常収益94億円。

もともと台湾企業として発足していて、名目上の本社は東京だが、グループの統括本社機能のあるシンガポール法人は台湾法人となっており、実質台湾企業ともいえる。

アジア太平洋地域中心に15カ国地域に拠点があり、827の企業グループサービスを提供している。

売上高の大きい台湾発の世界展開しているAIを活用したSaaS企業。エンジニアの7割は修士または博士号を取得、CEOはハーバード大学で博士号を取得。

公募時の時価総額が1598億円とSansan以来の大型のユニコーン。ソフトバンクGも出資しています。

IPO時の海外配分比率は75%で、この企業も海外からの評価が高い。

しかし上場後一時は公募価格を下回るなど、IPOとしては低評価。やはり営業利益が赤字ということが不人気につながっているようですが、私は注目しています。

Abalance（3856）東証2部上場

ESG・SDGsを推進するグリーンエネルギーの総合企業。太陽光・風力・バイオマス・蓄電池などグリーンエネルギー事業を主軸に、アジア圏における再生可能エネルギー企業を目指している。ベトナム太陽光パネル連結子会社VSUNとの連結が開始して通期で2021年6月期は売上高175億円超上乗せ。バイデン政権の米国から大型受注が相次ぎ、ハノイ市場上場の計画もある。来期以降は四季報によると、大幅増収増益の期待もあり、注目しています。

スパイダープラス　（4192）東証マザーズ上場

2021年3月30日に東証マザーズに上場。

公募価格段階での公募売り出し総額は102億円、時価総額は369億円。

建設業を主な対象とした建設図面・現場管理アプリ「SPIDERPLUS」の開発・販売をSaaSモデルで展開しています。

建設現場は人手不足の深刻化が進む典型的な産業。建設業の情報技術（IT）化といえば、かつては設計などデスクワークの段階までだった。ただモバイル端末の発達と人手不足を背景に、近年は現場レベルでのIT化が急速に進んでいる。2014年から2019年にかけての建設業界のIT投資額は3・7倍に上った。

「SPIDERPLUS」は現場の膨大な図面や写真、検査記録をクラウドで一元管理できるサービス。導入後は平均2・5時間／日の業務改善が実現した例もある。

「SPIDERPLUS」の契約数も3年で7倍、鹿島や住友電設など大手建設や、電気設備会社等も顧客に名を連ねる。なおシェアトップは未上場企業のアンドパッド社のようで、日経新聞によるNEXTユニコーンに選ばれているようです。

しかし導入事例を見るとスパイダープラスは上記のようにゼネコンに対し、アンドパッドは中堅やハウスメーカーが目立っており、現状ではどちらが優位かはわからない模様。すみわけになる可能性も含めて、今後のシェア争いの動向を見ていきたいと思います。

Macbee Planet（7095）マザーズ上場

インターネット広告代理店。美容業界と金融業界向けが主力。データ解析プラットフォーム「ハニカム」やウェブ接客ツール「Robee」などを用い、顧客のマーケティング課題を予測・コンサルティングにより顧客転換率と顧客解約率改善による顧客の満足度を上げて、顧客一人あたりの利益拡大を図る。

美容業界と金融ともに売り上げが伸びているが、特に美容（EC）と金融（証券）の拡大が業績をけん引しています。

3月発表の2021年4期の第3四半期の売上高は、前年同期比＋39・2％、営業利益＋

65・7%と高成長を持続しているので、今後の動向を見ていくとよいのではないでしょうか。

オキサイド　(6521)　東証マザーズ上場

2021年4月5日に東証マザーズに上場してきたIPO。公募価格段階での公募売り出し総額は34・9億円、時価総額は126・9億円。

最先端の光学製品を開発、製造、販売する企業です。光学単結晶ベンチャー企業で類似企業としては水晶デバイス関連があげられていますが、そのほとんどが電気信号用であって光学用としては類を見ない企業ということで注目しています。事業買収によって、光学分野における一貫した製造、供給ができています。

光学関連製品を半導体ウエハ検査装置メーカーや医療検査装置メーカーなどに販売していて、売上高の4割が半導体関連となっています。大株主でもあり、販売先でもある業績も株価も絶好調のレーザーテックとの連携も働きやすいと思います。技術力も高く優秀なエンジニアが多数在籍しており、また国内外問わず大手企業への納入実績があり、今春のIPOのなかでは相当に注目度は高いと思います。

ただ上場初値は6540円で133・5%上昇となっており、業績から見た場合、割高ではあるという評価が一般的です。ですが、注目だと思います。

株価が乱高下しがちなＩＰＯ銘柄

以上、銘柄を紹介いたしましたが、いかがだったでしょうか。

マザーズ市場は昨年大きく上昇した反動で今年に入っても動きが悪く調整中です。日経平均とＴＯＰＩＸは今年に入って上昇してきましたが、マザーズ市場については昨年10月に高値を付けて以降、調整トレンドに入り、依然として上値は重いという印象はぬぐえません。

2月から２０２１年の新規ＩＰＯがスタートしたこともあり、ＩＰＯ銘柄の需給はややルーズになってしまうところもあります。3月から4月にかけてもＩＰＯラッシュがあります。ですから昨年上場した直近のＩＰＯは厳しい状況が続いていると思います。

昨年3月からの上場相場は、まずコロナ禍で成長する銘柄が買われました。そして経済正常化に向けて景気敏感株やバリュー株が買われました。4月から経済が通常化していくなかで成長していける企業の株が上昇すると思います。いずれにしろ日米ともに成長株投資を行うほうが良いと思います。

ＩＰＯ銘柄は、当然、過去の株価データがないわけですから、株価が乱高下するケースが非常に多い。上場後日数を重ねていくうちに徐々に株価の振れ幅がおさまってきて、本来あるべき株価へと収斂《しゅうれん》していきます。

本当に良いIPO銘柄とは、初値からどんどん上昇していく銘柄だけではありません。初値から突っ走る銘柄には中小型の銘柄が多く、短期トレーダーの売り買いで動くだけで終わってしまうものも相当あるのです。

本当に良いIPO銘柄とは、上場直後は乱高下しても徐々に本格的に株価を上昇させる銘柄で、規模が大きくても機関投資家が買い進めるような銘柄が多いといえます。上場直後は下落中であっても、上場直後に買った短期筋が売り切ったり、その後の業績発表で成長力が確認できれば、それがきっかけとなって株価が上昇トレンドに変わることもよくあります。安易に買うのではなく株価の動きを観察していくことが大切です。そして買いのタイミングについては、本書で述べたタイミングを参考にしてみてください。

私は冒頭で朝倉社長から過大な評価の言葉をいただきました。実際の私は天才でも何でもありません。この本の内容も基本的な内容が多くて、特別な手法というものはないと思います。私は相場を見て相場に従って愚直に自分の手法をやり続けただけなのです。継続こそ力なりだと思います。本書を手にとって頂いた皆様の投資の成功を心より願っております。

証券コラム

起こるかもしれない日本版ゲームストップ事件

個人投資家の標的となり、空売りの買い戻しを強いられたヘッジファンドのメルビン・キャピタルは40億ドル超もの巨額損失に見舞われました。同社は1月29日に記者会見を開き、「もう空売りはこりごりだ。前途ある会社の株を買って、値上がりを待つ投資スタイルに変える」と敗北宣言をしています。

そして、ゲームストップ事件を演出した格好の手数料ゼロの証券会社・ロビンフッド・マーケッツも無傷では済まなかった。信用取引で個人投資家がゲームストップ株を買いまくった際、その都度ロビンフッド側は数百億円にも上る「保証金」を決済機関に納めなければならず、同社に対する経営不安が取り沙汰されるようになりました。取引銀行の与信枠を一部活用し資金を引き出したとも伝えられていました。

結局、ゲームストップ株が急落したことから難を免れたのですが、ロビンフッドは同時に、ゲームストップ株の取引停止を発表したのです。するとロビンフッドに対して、「勝手にルールを変えるな！」と個人投資家らを原告とする集団訴訟が起きました。

そうしたアメリカの株式市場の一部でのファンダメンタルズを完全に無視した株価の乱高下と、それをめぐるドタバタ劇により、世界の株式市場が一斉に混乱をみせたのです。

個人投資家により大量に買い上げられた銘柄はゲームストップのみならず、アメリカン航空や映画館チェーンのAMCエンターテインメント・ホールディングスなどでも同様の買い攻勢が猛威をふるいました。

ヘッジファンド側は、仮に株価を10倍にまで上げられたら恐ろしいほどの損失を被るので、空売りしていた株を買い戻さざるを得なかった。要は、ポジションを閉じたのです。

先に説明したように、ヘッジファンドは買いと売りの両建てで利益を出そうとします。ところが今回は、売りを買い戻した。そうすると買っているほうを、売らなければなりません。ということで、ヘッジファンドは市場の混乱のなか、おそらく優良株を中心に利益確定の売りを余儀なく進めなければならなかったはずです。

日本の東証においては、安値株を空売りで“売り叩く”という手法は禁止されています。たとえば、株価1000円の銘柄が下がって900円になって、本日の安値だとしましょうか。ところが、日本においては900円に向けて空売りを仕掛けるのは禁止されています。株価を意図的に売り崩す動きになるからです。それでも、901円とか902円とか指し値をして売るのならば問題ありません。これは個人投資家にも適用されます。

日本においては、たとえばマザーズ市場の銘柄は貸借銘柄でないものが多いことから、個人の空売りはできません。

ただし、機関投資家やヘッジファンドはマザーズ市場においても空売りができるのです。証券会社を通じて株券を調達してもらい、それを売るわけです。

それでは将来日本においても、アメリカのようにロビンフッダーたちが結束して機関投資家を出し抜くようなことが起きるのでしょうか？

絶対にないとは言い切れません。やはりネットがこれだけ発達して、人気のあるツイッターでは数万人、数十万人のフォロワーを抱えています。そうしたツイッターが拡散した「買い煽り」「売り煽り」で株価が動くのは、日本でもすでによくあることなのです。

風説の流布の禁止とか、株価操縦の禁止といったルールは存在するとはいえ、当局としては、それがどこまで適応されるのかについての判断は悩ましいのではないかと思います。

株式投資はリスクをともなう場合がございます。
投資の判断はご自身の責任においてお願いいたします。
本書は特定の銘柄を推奨しているわけではなく、
投資の判断材料として論じております。
投資の結果、不利益が生じた場合に著者および弊社では
責任を負いかねることをご了承ください。

ビジネス社編集部

著者略歴

西野 匡（にしの・ただす）

アセットマネジメントあさくらシニアアセットコンサルタント
高知県宿毛市出身。平成2年から太平洋証券(現三菱UFJモルガンスタンレー証券)に入社し、13年間営業に従事した後、退職。その後14年間、日本株を運用する。2017年5月、朝倉と長谷川の考えに共感し同社に入社。中小型の成長株中心に投資することを主眼に置き、世界経済の流れを読みながらファンダメンタルズとテクニカル両面から需給を予想して銘柄を選別する。
2018年夕刊フジ「株-1グランプリ」グランドチャンピオン決勝戦進出。
2021年5月、同社取締役に就任。

編集協力／加藤 鉱

人生を逆転する10倍株入門

2021年5月8日　第1版発行
2021年8月1日　第3版発行

著　者　西野 匡
発行人　唐津 隆
発行所　株式会社ビジネス社
〒162-0805　東京都新宿区矢来町114番地　神楽坂高橋ビル5階
電話　03(5227)1602（代表）
FAX　03(5227)1603
http://www.business-sha.co.jp

印刷・製本　株式会社光邦
カバーデザイン　大谷昌稔
本文組版　茂呂田剛（エムアンドケイ）
営業担当　山口健志
編集担当　本田朋子

ISBN978-4-8284-2274-9